교육과정

권낙원 · 민용성 · 한희정 · 최화숙 · 이재철 공저

Curriculum

동문사

머/리/말

교육과정(Curriculum)이라는 용어는 한마디로 정의할 수 없지만, 학교교육에서 교육과정에 관한 가장 기본적인 질문은 "무엇을 어떻게 가르치고 배울 것인가?"에 해당된다고 할 수 있다. 이러한 질문은 흔히 지식, 가치나 태도, 기술이나 기능 등 흔히 쉽게 답할 수 있어 보이나, 구체적으로 그것이 어떠한 지식, 어떠한 가치, 어떠한 기술이어야 하느냐를 재차 묻게 되면 대답은 그리 간단하지 않을 것이다. 이 질문의 대답 이면에는 가르치지 않은 것, 가르치지 못할 것, 이러한 결과로 배우지 못한 것 등이 남게 되기 때문이다. 또한 "무엇을 가르치고 배울 것인가?"에 대한 답이 주어졌다 하더라도 그다음은 분명 "왜 그것을 가르치고 배웠는가?", "그러면 그것을 어떻게 가르치고 배워야 할 것인가?"와 "얼마나 잘 가르치고 배웠는가?" 하는 질문들이 뒤따를 것이다. 이러한 기본적인 네 가지의 질문에 대한 영역이 교육과정 학문 영역이라 할 수 있다.

이러한 교육과정은 교직을 선택하는 예비교사뿐만 아니라 전문적 지식과 학교 현장에의 적용 능력을 갖추고 있어야 할 현직교사들이 터득해야 할 내용 영역에 해당한다. 따라서 본 저서는 이러한 교사들의 다양한 요구들에 발맞춰, 교육과정에 관한 전문성을 제고하기 위해 교육과정에 관한 필수적인 기본개념과 현장에 적용할 수 있는 부분에 특히 강조점을 두었다. 이를 위해 본 저서는 제1부 교육과정의 기초, 제2부 교육과정의 개발, 제3부 교육과정의 실행, 제4부 교육과정의 평가로 구성하였다.

제1부 교육과정의 기초 부분에는 교육과정의 개념을 시작으로 교육과정의 이론적 기초, 교육과정의 형태, 우리나라의 국가 교육과정 변천사 등을 다루었다. 특히, 우리나라의 국가 교육과정 변천사 부분은 학교 급을 구분하여 우리나라의 초·중·고등학교 교육과정 변천을 이해할 수 있도록 자세히 기술하였다.

또한 제2부 교육과정의 개발에서는 교육과정 개발의 기초, 교육과정 개발 모형, 교육과정 개발 수준을 차례로 소개하였다. 이 부분에서는 교육과정 개발에 관한 기초적인 이론뿐만 아니라 교사수준의 교육과정을 개발해야 하는 현장 교사로서 터득하고 있어야 할 국가수준, 지역수준 및 학교수준의 교육과정 개발과정을 자세히 기술해 놓았다.

제3부 교육과정의 실행에서는 교육목표와 교육내용, 교수-학습활동 및 교육과정의 구성주의적 실행으로 구성하였다. 교육과정 실행은 교육과정 분야에서 현장 교사에게 필요한 가장 실제적인 부분이라 할 수 있다. 따라서 제3부의 구성은 이론적인 측면보다는 실제적인 측면을 더욱 강조하였고, 교사들에게 직접적으로 도움이 될 수 있도록 구성하였다.

제4부 교육과정의 평가에서는 교육과정 평가의 의미, 교육과정 평가모형과 교육과정 평가의 실제를 각각 다루었다. 이 부분에서는 구체적 교육과정 평가의 개념, 목적, 논리와 쟁점, 다양한 평가모형에 관한 기본적인 이론 등을 소개하였다. 특히, 교육과정 평가의 실제에서는 학교교육과정, 대학에서의 교양교육과정, 학교교육에서 활용할 수 있는 교육과정 개선을 위한 수업평가 등을 폭넓게 소개하였다.

본 저서는 학교 현장에서 교사들이 교육과정에 관련된 전문성을 신장시키는 데 도움이 되는 이론적 토대와 실천적 지침을 제시해 보고자 부단히 노력하였다. 이를 위해 저자들은 내용의 깊이와 폭을 결정하는 데 많은 부분을 함께 고민하였다. 하지만 탈고하고 보니 아직도 많은 부분에서 수정과 보완이 이루어져야 할 것 같아 아쉬움이 남는다. 앞으로 이 문제에 대해서 독자들의 많은 관심과 지도를 바란다.

끝으로 본 저서가 출판되기까지 인내심을 갖고 기다려 주신 동문사 사장님을 비롯한 직원 모든 분께 진심으로 감사의 말씀을 전한다.

2011년 12월

저자를 대표하여 권 낙 원

차/례

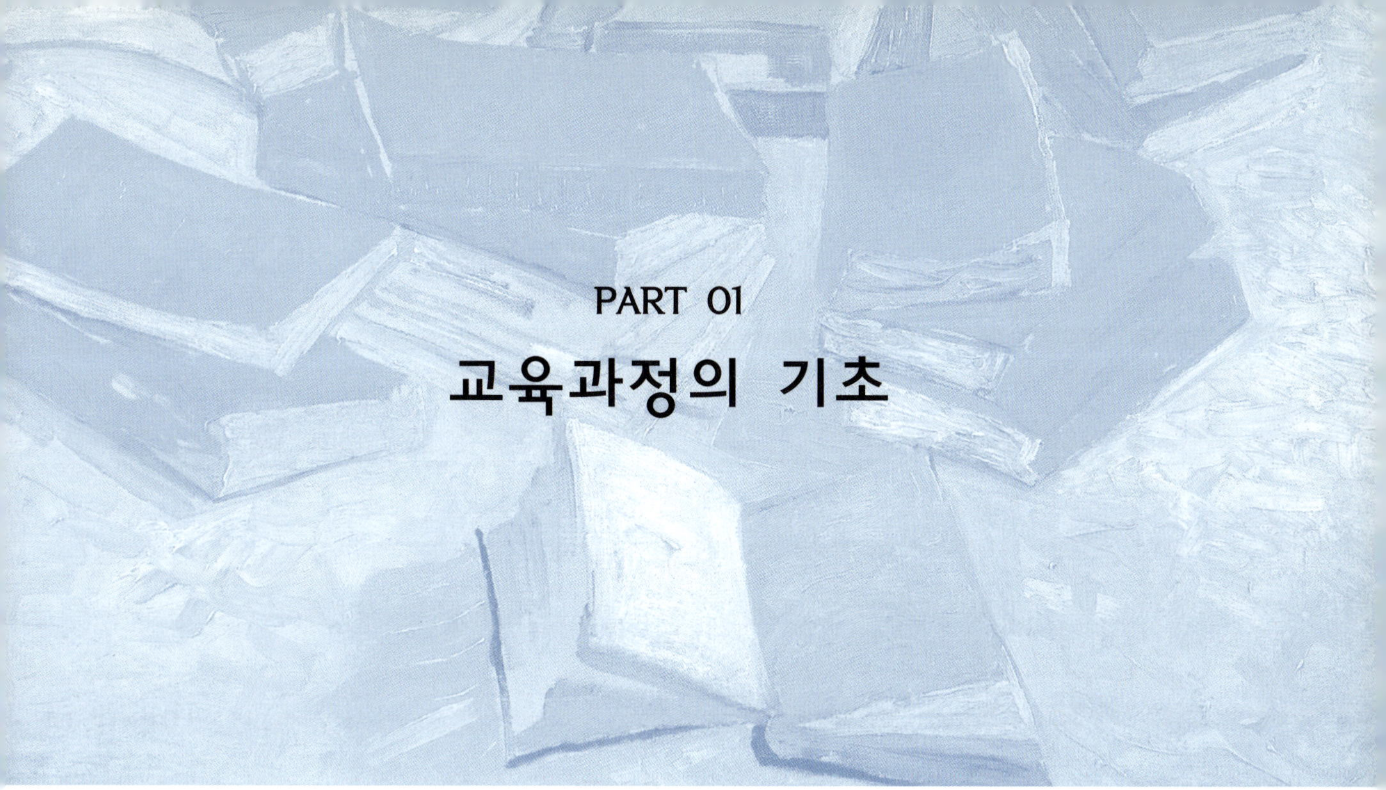

PART 01

교육과정의 기초

Chapter 01

교육과정의 개념

학습내용

1. 교육과정의 정의
2. 교육과정의 결정 요인
3. 교육과정 개념 모형

01 교육과정의 정의

가. 어원적 의미

교육과정(敎育課程, curriculum)이라는 용어는 영어 'Curriculum'의 번역어이며, 라틴어 '쿠레레(currere)'에서 유래한 용어이다. 쿠레레는 '말의 경주로(course of race)'라는 뜻으로, 말이 달리는 경주로가 정해져 있고 경주로 밖으로 나가는 것은 허용되지 않으며, 경주로에는 주어진 과제나 장애물이 있으며, 보이지 않는 규칙이 작용하고 있음을 내포하고 있다. 또한 시작과 끝이 있으며, 목표가 정해져 있다. 이러한 의미를 가진 용어가 교육에서는 학생들이 일정한 목표를 향해 거쳐야 할 과정이란 뜻으로 사용되면서 과정에는 반드시 내용이 포함되기 때문에 학습내용 또는 경험내용을 포함하는 뜻으로 변화해 왔으며, 교육과정이라는 의미는 점점 확대되어 넓은 의미로는 학교의 전체 운영계획을 의미하게 되었다.

이러한 교육과정의 어원적 정의를 학교교육에 적용시켜 보면, 학교에서 공부하는 학생들이 배우는 내용은 경주로처럼 정해져 있으며, 일정한 규칙이 작용하고, 주어진 목표가 있다는 의미이다. 또한, '학교에서 학생들이 배우게 되는 정해진 내용과 과정'의 밖으로는 나갈 수 없음을 뜻한다. 이러한 정해진 체제 내에서 교육과정이 제시한 목표를 달성한 사람에게는 졸업장이나 수료증이 주어지며, 다음 교육과정을 접할 수 있는 자격도 동시에 주어지게 된다. 이렇듯 교육과정의 어의적 의미에서 특히 유의해야 할 점은 결과보다는 내용을 강조하는 측면에서 교육과정을 바라보아야 한다는 것이다. 교육과정을 실행하는 과정이 교육적이었는가, 사회적 · 제도적으로 공감할 만한 내용은 도덕적인 방법에 의해 얻어진 결과인가 등에 강조점을 두어야 한다는 의미이다. 과정이야 어찌 되었든 결과만을 바라보는 시각은 교육과정의 본래적 성격을 잘못 이해하게 하는 가장 중요한 요소이기 때문이다. 이와 같이 교육과정이라는 용어의 어원적인 개념은 '가르쳐야 할 목표와 내용'의 의미가 강하며, 한편으로는 '가르치는 과정'으로서의 의미도 함께 공유하고 있다고 볼 수 있다.

교육과정의 어원적인 개념은 가르쳐야 할 목표와 내용뿐만 아니라 가르치는 과정으로서의 의미도 함께 공유하고 있다.

나. 교육과정의 다양한 의미

교육과정 역사에 대한 다양한 시각 차이에 대한 논의는 차치하고 교육과정의 시초는 1918년 보비트(Bobbit)의 「The Curriculum」 책자가 발간된 이후로 본다. 그러나 현재에 이르기까지 교육과정이 무엇인지에 대해서는 합의가 없으며, 용어 자체가 일반적으로 지시하는 대상과 상황에 따라 다르게 쓰일 수 있기 때문에 다의성을 수용하자는 입장들이 많다. 따라서 단일의 개념으로 정의하기보다는 몇 가지 준거를 세워 교육과정 개념에 대한 오류에 빠지지 않는 것이 더욱 중요하다고 할 수 있다. 이렇듯 보비트 이후 학자들마다 교육과정에 대하여 저마다의 정의를 내리고 있으며, 교육과정이라는 용어가 다양한 의미로 사용되고 있기 때문에, 명확하게 정의를 내리는 일은 불가능하다. 하지만 이러한 문제점에도 불구하고 교육과정의 개념을 파악하려는 노력은 의미 있는 일이다. 왜냐하면, 교육과정이라는 용어의 개념을 명확하게 함으로써 의사소통이 가능해질 뿐만 아니라, 교육과정의 용어가 담고 있는 고유한 속성을 찾을 수 있기 때문이다.

이와 같은 교육과정 개념상의 논란은 그 형식과 내용의 전후를 결정하는 데 있어서나 운영상의 실제에 있어서도 매우 중대한 혼란을 가져오는 것이므로 이에 대한 신중한 판단이 요청되고 있다. 이와 같은 논란은 학생들의 학력은 물론 심지어는 학교의 존재 의의에도 심각한 영향을 끼친다. 이에 대한 이해를 돕기 위해 먼저 학자들의 다양한 교육과정 관점에 대해서 살펴보고자 한다.

(1) 다양한 교육과정 관점

1) 학문적 합리주의 관점

학문적 합리주의는 학생으로 하여금 전통문화를 이해하고 다음 세대에 전승할 수 있는 능력을 길러주어야 한다는 입장이다. 즉 앞선 세대가 이룩한 이념과 업적을 교육과정에 담아야 한다는 것이다. 이 입장은 전통적 지식의 불변성을 강조하고 지금까지 인간의 지혜로 이룩해온 불변의 진리를 깨닫도록 해야 한다는 견해이다. 이 입장의 대표적인 학자는 허친스(R. M. Hutchins)이다. 그에 의하면, 교육과정은 종교에 있어서의 성서와 같이 학습자가 이해하고 기억해야 할 규범이 되는 것이다. 교육과정의 내용은 사고의 간결성, 일반성 및 능력을 가져오는 데 필요한 규범을 제시하는 것이다. 만약에 훈련이나 실습 및 직업교육 등과 같이 '실제적 경험'을 담은 교육과정은 교육의 질을 떨어뜨리는 것임은 물론 학생들에게 인간의 의미추구 활동이 되는 교과학습의 기회를 박탈하게 되는 것이라고 경고한다.

2) 자아실현을 강조하는 관점

자아실현을 강조하는 입장은 교육과정을 완성적 경험으로 바라보며, 개인의 목적 내지 개인의 통합을 위한 요구에 관심을 둠으로써, 교육과정이란 개개 학습자에게 개인적으로 만족할 만한 완성적 경험을 제공하는 것이다. 결국 아동 중심적이며 성장 도모적인 입장으로서 교육은 개인의 자유 신장과 발달을 위한 수단을 제공하는 과정으로 보게 된다. 따라서 학교교육의 주된 관심은 현재의 '경험'으로서 모든 것이 규정되며 제시된다. 또한 교육과정을 개인의 성장과 통합의 발달을 강조함으로써 완성적이며 종합적인 경험을 제공하는 것으로 규정하지만, 개인을 둘러싼 사회적 관계를 중시하는 입장으로부터 비난을 받기도 한다. 이 입장의 공통된 표현은 교육이란 개인의 통합된 성장요구에 맞는 '전체적 경험'이어야 한다는 것이다. 자아실현을 위한 교육과정을 주장하는 대표자로는 피닉스(P. H. Phenix)와 매슬로우(A. Maslow) 등이 있다.

3) 사회적 적절성을 강조하는 관점

사회적 적절성을 강조하는 입장은 교육과정의 내용을 사회적 관계 속에서 찾으려고 한다. 개인의 요구보다 사회의 요구를 강조함으로써 교육의 전반적 목표는 경험이 갖는 현실적 의미보다는 사회적 적절성과 관련된 전체적인 의미를 다루어야 한다고 주장한다. 학교는 다른 어떤 기관보다도 사회변화를 촉진하는 역할을 해야 한다고 보고 있으며, 현실사회와 이상사회를 연결 짓는 일이 곧 교육의 과제라고 강조하고 있다. 이 견해의 대표자는 일리치(I. Illich)이다.

4) 인지과정을 강조하는 관점

인지과정을 강조하는 입장은 '무엇'(내용)보다도 '어떻게'(방법)를 강조하며, 일련의 인지능력을 기르는 것이 큰 관심사이다. 근본적으로 '과정중심'의 이 입장은 특정한 내용이나 교육목적 속에 표시된 어떠한 항목에도 구애받지 않고, 학습자에게 적합한 지적도구를 제공한다면 학습자가 거의 무한한 발달을 할 수 있는 가능성을 갖 는다고 본다. 따라서 교육자가 해야 할 일은 학습이 달성되는 가장 효율적인 지적과정이 어떤 것인가를 확인하여 그 개발을 위한 '장(場, field)'과 '구조'를 제공하는 것이 된다. 대표자로는 브루너(J. S. Bruner)와 가네(R. M. Gagné) 등이다.

5) 기술공학적 관점

기술공학적 입장에서의 교육과정이란 사전에 규정된 목적을 달성하기 위한 수단이 된다. 따라서 가르칠 내용과는 관계없이 수업의 기술 개발에 관심을 갖는다. 또한 자료를 효율적으로 조직하고 제시하는 일에 주의를 기울인다. 이 입장은 대체로 행동과학자들에 의해 지지되고 있으며, 교육과정은 하나의 기술공학적 과정으로서 공급과 수요 체제에 있어서 하나의 '투입변인'에 불과한 것으로 본다. 곧 학습은 체계적, 단계적인 역동성을 어떻게 배치하느냐에 따라 결정된다는 매우 안착된 체제 속에서 이루어지는 것으로 보는 입장이다.

> 현재에 이르기까지 교육과정이 무엇인지에 대해서는 공통된 합의가 없으며, 용어 자체가 일반적으로 지시하는 대상과 상황에 따라 다르게 쓰일 수 있기 때문에 단일의 개념으로 정의하기보다는 몇 가지 준거를 세워 교육과정 개념에 대한 오류에 빠지지 않는 것이 더욱 중요하다.

(2) 교육과정의 다양한 의미

다음은 맥락이나 상황에 따라 사용되는 교육과정의 다양한 의미이다.

1) 교육과정을 적어 둔 책이나 문서

"교육과정을 갖고 오시오.", "교육과정은 어디 있지?"라고 할 때, 교육과정의 의미는 교육과정을 적어 둔 책이나 문서를 나타낸다.

2) 학생들에게 가르치는 것

"교육과정 계획을 세워 보시오.", "기본교육과정의 내용을 수정한다."라고 할 때의 교육과정의 의미는 학생들에게 가르치는 내용을 나타낸다. 즉, 학생들에게 가르칠 교과목, 내용, 활동을 의미한다.

3) 학생들에게 가르치는 것에 대한 계획

'제7차 교육과정', '시・도교육청 교육과정 지침'이라고 할 때의 교육과정 의미는 학생들에게 가르치는 내용에 대한 전체적인 계획을 의미한다.

4) 학문 분야

"교육학의 학문 분야는 교육철학, 교육심리학, 교육사회학, 교육과정 등이 있다."라고 할 때, 교육과정은 학문 분야를 의미한다.

5) 교육의 결과

'가르친 교육과정', '실현된 교육과정'이라고 할 때의 교육과정은 교육의 결과를 의미한다.

6) 교육내용, 방법, 평가가 포함된 포괄적인 의미

"교육과정은 일정한 교육기관에서 교육의 모든 과정을 마칠 때까지 요구되는 교육내용, 그 내용을 학습하기에 필요한 연한, 그 연한(年限) 내에 있어서의 학습시간을 포함한 교육의 전체 계획이다."라고 할 때, 교육과정은 교육내용과 방법, 평가가 포함된 포괄적인 의미이다.

(3) 교육과정과 유사한 용어들

이상으로 교육과정의 다양한 의미를 살펴보았다. 다음으로 교육과정에 대한 개념을 보다 명확히 하는 데 도움을 주기 위해 교육과정과 유사하게 사용되고 있는 용어들을 살펴보겠다.

1) 교과과정

'교과과정'이란 말은 영어의 'Course of Studies' 또는 'Program of Studies'에 해당된다. 이 말은 교육을 하기 위하여 여러 가지 교과목들을 선정하고, 그러한 교과목들을 조직화한 것을 의미한다. '교과과정'은 미국에서 '교육과정

(Curriculum)'이라는 용어가 사용되기 이전에 사용된 용어이며, 국내에서도 여전히 '교육과정'을 '교과과정'으로 사용하는 경향이 있다.

2) 교육내용

'교육내용'은 가르쳐지는 내용으로, 흔히 지식, 기능, 가치영역 등으로 구성된다고 할 수 있다. 이러한 교육내용이 학교교육에서는 주로 교과, 단원, 활동 등의 이름으로 좁은 의미의 교육과정 의미로 쓰이고 있다.

3) 교수요목

'교수요목'은 영어의 'Syllabus'에 해당되는 말이다. 교수요목이란 특정한 교과나 강의의 목표나 내용을 기술한 것을 의미한다.

4) 교육과정(教育過程)

'교육과정'은 영어의 'Process of Education'에 해당되는 말로서, 교육이 이루어지는 경로 또는 절차를 가리킨다.

학습문제

01. 교육과정의 어원적 의미를 설명하시오.

02. 교육과정의 다양한 의미를 맥락이나 상황 속에서 구분하시오.

03. 교육과정과 유사한 용어들을 비교해 보시오.

02 교육과정의 결정 요인

그 사회의 실정과 학생들에게 가장 적합한 이상적인 교육과정을 구성하기 위해서는 기본적으로 고려해야 할 요인들이 있다. 그 중요한 요인으로 제도적 요인, 학습 심리적 요인, 사회적 요인, 환경적 요인 등을 들 수 있다.

가. 제도적 요인

교육행정의 기구나 관계법규는 교육과정을 크게 지배하고 있다. 중앙집권적인 교육행정기구의 교육과정은 중앙 통제적인 운영기구를 갖추게 되며, 민주적이고 지방분권적 행・재정기구에서는 교육과정 구성 및 운영의 지방분권화가 가능해진다. 또한 교육법규 면에서, 중앙에서 '교육과정 시간배당 기준령'을 만들어 이를 고시하면, 교육과정 운영에서 지역의 자체적인 계획은 용납되지 않는다. 결국 그 기준령의 범위 안에서만 지역적 특수성을 반영시킬 수 있을 뿐이다. 뿐만 아니라 교육과정을 각급 학교별로 제정하여 법으로 규제하면 그 이외의 학습활동이란 기대할 수 없게 된다. 이러한 제도적 요인은 직접적으로 교육과정 운영의 방향을 규정한다고 볼 수 있다.

나. 학습 심리적 요인

교육과정을 구성하거나 운영할 때 학생들의 제반 조건은 반드시 고려되어야 한다. 학생의 제반 조건이란, 주로 인간 발달과 학습원리가 해당된다. 교육과정의 목표, 내용, 방법 및 평가 등을 고려할 때 일정한 원리와 원칙 등을 반영해야 한다. 이 모든 면에 인간발달의 특징을 반영시켜 개인차를 고려해야 하고, 모든 교육내용은 발달 특징에 따라 종합적이고 통합적으로 구성해야 하며, 이러한 문제는 그대로 학습의 본질이나 방법에 반영된다. 또한, 학습의 본질에 대한 관점은 교육과정의 성격 및 유형 등 구체적인 방향 규정의 요인으로 확고한 기반을 차지하게 된다. 따라서 인간발달의 특징이라든가, 오늘날의 학습이론은 모두 교육과정의 구성에 대한 방향과 성격을 규정하는 중요한 요인을 이루고 있음을 알 수 있다.

다. 사회적 요인

사회는 학교교육을 사회 이상의 실현과정으로 생각하고 있다. 그러므로 모든 국민은 부단히 그 이상 실현에 노력할 수 있는 자질을 갖추어야 하며 교육은 그에 따라 학생들로 하여금 우리나라의 이상과 사회적 과제를 실현할 수 있는 능력을 기르도록 하지 않으면 안 된다. 따라서 학생의 인권을 존중하고 민주시민의 자질을 갖출 수 있는 교육이 가능하도록 교육과정을 구성해야 한다. 이처럼 교육과정을 규정하는 또 하나의 본질적인 요인은 사회의 이상과 사회의 과제에 있음을 명심해야 한다. 그리고 지역사회 구성원들의 수준이나 교육에 대한 이해와 더불어 학교교육의 계획적인 운영에 대하여 지역사회의 각종 단체가 미치는 영향이 크다.

라. 환경적 요인

교사의 자질문제나 교사(校舍)・교실・시설・교구 등 학생의 학습활동 전개에 큰 장벽을 이루는 학교 환경이 보다 문제시될 수 있다. 모든 시설이 갖추어진 학교 환경에서 계획된 교육과정을 그렇지 못한 학교에 그대로 반영시켜 보려 해도 그것은 헛수고에 그치고 마는 것처럼, 우리나라 대도시의 교육과정 운영방법이 농촌 등의 읍・면 소재 지방에서 같은 방법으로 운영되어진다면 큰 문제가 될 것이다. 이와 같이 학교 내의 인적・물적 환경이나 제 조건 또는 교육풍토 자체가 교육과정 구성이나 운영에 지대한 영향을 미칠 수 있는 것이다.

교육과정에 영향을 주는 중요한 요인으로는 제도적 요인, 학습 심리적 요인, 사회적 요인, 환경적 요인 등이 있다.

학습문제

01. 교육과정에 영향을 주는 제도적 요인의 예를 들어 보시오.

02. 교육과정에 영향을 주는 학습 심리적 요인의 예를 들어 보시오.

03. 교육과정에 영향을 주는 사회적 요인과 환경적 요인의 특징을 설명하시오.

03 교육과정 개념 모형

본 장에서는 다양한 교육과정 개념을 설명하는 학자들의 교육과정 개념 모형을 소개하고자 한다.

가. 김호권(1980)의 개념 모형

김호권(1980)이 제시하는 개념 모형은 이론보다는 더 상위에 있는 지극히 일반적인 하나의 개념 체계라고 할 수 있으며, 교육과정이라는 것을 세 가지의 수준에서 개념화하고 있다고 설명한다. [그림 1-1]은 그가 제시한 교육과정의 개념 모형이다.

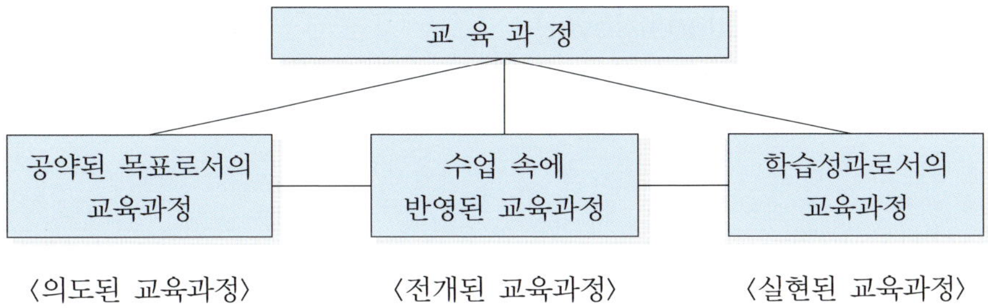

[그림 1-1] **김호권(1980)의 교육과정 개념 모형**

출처 : 김호권(1980). 현대교육과정론. 교육출판사. p.110.

[그림 1-1]의 개념 모형에서 보는 바와 같이, 그가 제시하고 있는 교육과정의 개념 모형은 다음의 세 가시로 구성되어 있다. 첫째, '공약된 목표로서의 교육과정'으로 의도된 교육과정이며, 학교에서 전개되거나 실현되기 이전의 교육적 의도로서의 교육과정을 의미한다. 이런 뜻에서 '이런 것을 가르치겠다'는 하나의 공개된 약속을 의미하며, 우리나라의 경우 상당한 법적 강제성을 띠고 있는 일종의 규범적인 교육과정이라 할 수 있다. 둘째, '수업 속에 반영된 교육과정'으로, 전개된 교육과정을 말하며 교사에 의해 재해석되고, 의도에 머물러 있던 교육과정이 수업이라고 하는 실천적 현상으로 번역되고 변형되는 교육과정을 말한다. 셋째, '학습성과로서의 교육과정'으로, 학생들에게 실현된 교육과정이며, '학생들이 실제로 무엇을 배웠는가?'에 대한 학습결과로서의 교육과정을 의미한다.

나. Goodlad(1966)의 교육과정 개념 모형

Goodlad는 교육과정 결정자 수준을 학습자와의 거리라는 관점에서 다음과 같이 세 가지로 분류하여 교육과정 개념을 정리하고 있다.

(1) 수업수준(instructional level)

교육과정의 결정은 특수한 학습자 집단을 지도하는 교사나 교사 팀이 행한다.

(2) 기관수준(institutional level)

교육과정의 결정은 행정가의 지도성 밑에서 기관의 전 교직원이 행한다.

(3) 사회적 수준(societal level)

교육과정의 결정은 지역, 주, 중앙 정부의 교육요원이나 입법가가 행한다.

다. Goodlad의 재분류된 교육과정 개념 모형

그는 1980년대에 들어 이를 수정하여 이상적 교육과정, 공식적 교육과정, 지각된 교육과정, 적용된 교육과정, 경험된 교육과정으로 재분류하였다.

(1) 이상적 교육과정

각종 위원회에서 교육과정 개정시기마다 앞으로 교육과정이 어떠해야 한다고 주장하면서 이상적으로 제시하는 교육과정을 말한다.

(2) 공식적 교육과정

국가나 지역수준에서 법적인 권위를 가지고 학교에서 가르쳐야 할 교육과정을 제시한 것이다. 여기에는 교육과정 정책이나 교과서에 관한 규정 및 교육과정 지침 등이 포함된다.

(3) 지각된 교육과정

공식적 교육과정에 관하여 교사들이 지각하거나 인식한 교육과정을 의미한다. 공식적 교육과정은 교사들에 따라 매우 다양하게 해석된다.

(4) 적용된 교육과정

수업현장에서 교사가 실제로 가르쳤거나 전달한 교육과정을 말한다. 이른바 교사가 학생들에게 실제로 가르친 교육과정을 의미한다.

(5) 경험된 교육과정

적용된 교육과정 중에서 학생들이 실제로 학습하였거나 사고과정을 거친 경험들을 의미한다. 그만큼 경험된 교육과정은 학생들에 따라 매우 다양하며, 개별적이고 특이할 수밖에 없다.

학습문제

01. 교육과정 개념 모형 분류에서 공약된 목표로서의 교육과정에 대해 설명하시오.

02. Goodlad(1966)의 교육과정 개념 모형에 대해 설명하시오.

03. Goodlad(1966)의 교육과정 개념 모형 분류에서 공식적 교육과정과 경험된 교육과정의 개념을 비교하시오.

Chapter 02

교육과정의 이론적 기초

학습내용

1. 교육과정의 철학적 기초
2. 교육과정의 심리적 기초
3. 교육과정의 사회적 기초

01 교육과정의 철학적 기초

가. 철학과 교육과정

철학이란 무엇인가? 철학이란 가설을 바탕으로 하지 않고 모든 영역에서 사물의 원리를 추구하는 학문으로, 그 본래의 뜻은 지혜를 구하는 행위와 그 행위를 통해서 얻어진 지혜를 총칭하는 말이다. 본래 'philosophia'라는 말은 'philos(사랑)'와 'sophia(지혜)'라는 두 개의 단어가 합쳐서 된 것이다. 그러므로 'philosophia'는 '지혜를 사랑하는 것'이라는 뜻이다. 현대에 와서는 철학을 지혜의 탐구, 또는 지식의 체계적인 조직체로서가 아니라 탐구의 과정으로 생각하려는 경향이 있다. 이는 언어의 명료성과 논리의 타당성을 기하는 분석적 기능, 어떤 가치 기준에 따라 이론이나 행위를 평가하는 평가적 기능, 새로운 이론이나 생각을 창출하는 사변적 기능을 포괄하는 것으로 철학을 생각하는 경향이다.

이러한 철학은 교육과정과 밀접한 관계를 갖고 있다. 철학은 교육의 목적을 설정하는 데 지침이 되며, 학습의 내용을 선정하고 조직하는 데 있어서 필수적이며 교수-학습 과정과 평가의 과정에서 무엇을 강조하고 어떻게 평가해야 할 것인가를 가르쳐 주는 구체적인 틀을 제공해 준다.

Goodlad에 의하면, "철학은 교육과정에서 의사결정의 출발점이며, 교육과정 후속결정에서 기초가 된다."고 하여 철학이 교육과정의 목적과 수단, 결과를 결정하는 기준이 됨을 가르쳐주고 있다.

이와 같이 철학은 교육과정 조직의 틀을 제공해 주고 교육과정 운영의 방법을 시사해주며 교육과정 평가 방안의 지침이 된다.

> 철학은 교육의 목적을 설정하는 데 지침이 되며, 학습의 내용을 선정하고 조직하는 데 있어서 필수적이며, 교수-학습 과정과 평가의 과정에서 무엇을 강조하고 어떻게 평가해야 할 것인가를 가르쳐주는 구체적인 틀을 제공해 준다.

나. 대표적인 철학이론

(1) 자연주의(Naturalism)

자연주의는 그 명칭에서 알 수 있듯이, 자연을 실체의 본질이라 생각한다. 자연 그 자체가 인간 존재와 그 특성을 포함한 모든 존재를 설명해주는 전체적 체제라고 본다. 자연주의는 고대의 자연 철학자를 비롯한 고대의 인문주의, 근대의 과학주의 또는 실학주의, 현대의 아동중심주의 등이 포함된다. 이들의 공통된 교육사상은 제일 먼저 자연과학적 세계관에 기초를 두고 있다는 것이다. 그리고 물질을 유일한 실재로 여기고 관념적인 것, 초자연적인 것, 정신적인 것을 경시하고, 실제적·자연적·생리적인 것을 중시한다.

따라서 자연주의는 인간과 사회에 관한 종교적·신화적 가치관을 자연 그 자체의 원리와 본질의 탐구에 의해서 비판하고, 인간의 본성이란 무엇인가를 과학을 매개로 하여 포착하면서 그것이 고증되고 내부적인 성장을 조장하는 것을 이상으로 삼고 있다. 이와 같은 자연주의의 교육관에 대한 시각은 인간의 자연성을 내부적으로 완성시키도록 조장해 간다는 측면에서 소극적 교육론으로 불리어지기도 한다.

소극적 교육론으로 자연주의 교육사상을 대표하는 사람은 루소(J. J. Rousseau)이다. 루소는 교육의 출발을 인간의 본질이 자연성 위에 기초했을 때 시작되는 것으로 믿고 '만인의 눈앞에 열려진 교과서는 오직 하나-자연의 서(書)'라고 주장하면서, 인간의 자연성은 후천적 습성에 의해 변질되지 도 않는 인간성 그대로의 천성을 중시한다. 그는 교육의 종류를 자연, 인간, 사물로 보았는데, 자연에 의한 교육은 인간의 여러 기관과 능력의 내면적 성장에 관여하며, 사물에 의한 교육은 인간에게 여러 가지 경험을 갖도록 해주며, 인간에 의한 교육은 이러한 교육의 결과를 어떻게 유용하게 할 것인가에 관한 것을 맡는다고 한다. 그런데 이 세 가지 교육 가운데 인간에 의한 교육만이 인간이 조절할 수 있을 뿐 다른 두 가지는 조절할 수 없기 때문에 결국 자연에 맡겨야 한다는 것이다.

자연주의의 교육적 의의는 실물교육과 모국어로서의 국어교육을 중시하여 시민적 자질의 향상에 기여했다는 점과 고대의 인간주의를 현대적 휴머니즘으로 전환시켜 교육적 차원으로 승화시켰다는 점, 그리고 자연과학적·실용적 지식을 적극적으로 도입 수용하고 합자연의 원리에 의한 교육의 자발적 활동을 중시했다는 점 등을 들 수 있다. 그러나 이러한 의의에도 불구하고 자연주의 교육철학은 지도성의 결여라는 문제와 지나친 인간중심 사상으로 인한 사회·문화적인 가치모범과 가치지향성의 정립에는 소홀했다는 비판을 받고 있다.

(2) 이상주의(Idealism)

이상주의는 우주의 실체가 본질적으로 정신이나 관념이라고 주장한다. 이상주의는 소크라테스와 플라톤에서 찾을 수 있다. 그 후 독일의 칸트(I. Kant), 피히테(J. G. Fichte), 헤겔(G. W. F. Hegel), 프뢰벨(F. W. A. Fröbel) 등을 거쳐 오늘에 이르고 있다.

이상주의는 유일한 실재를 마음의 세계, 즉 정신적이고 초현실적인 관념을 탐구주제로 하여 이데아의 세계를 주장하고 있다. 이데아의 세계는 경험이나 감각을 초월하며, 또한 영구불변한다고 하여 자연주의의 가치론적 한계를 극복하고 있다. 이상주의의 특징을 철학적 탐구의 세 분야에서 고찰해 보면, 첫째, 인식론에 있어 이상주의자들은 지식이란 인간의 마음속에 잠재해 있는 관념의 재생이라고 한다. 다시 말해 지식이란 우리의 마음속에 있는 것으로서 마음의 눈을 통해 의식의 세계로 환원되고, 이 과정은 소위 자성(introspection)의 계속인 직관으로 본다. 따라서 학생이 배운다는 의미는 점점 더 넓은 세계로 마음의 눈을 확대시키는 것을 뜻한다. 둘째, 존재론에 있어 이상주의자들은 궁극적 실재는 정신 또는 마음이라고 한다. 모든 물질적인 존재는 그 그림자에 지나지 못하고, 있다가도 없어지는 일시적인 현상에 불과하며, 언제나 불변하고 확실하고 절대적인 것이 정신적인 실재인 것이다. 셋째, 가치에 관한 문제에 있어 이상주의자들은 정신적 가치를 절대적이고 보편적인 것으로 생각한다. 이것은 시대와 상황에 따라 결정되거나 변화하는 것이 아닌 영구불변의 것으로서 물질적인 것은 그것의 부차적인 산물에 불과하다.

이상주의 교육사상은 영원불변의 절대적 가치를 제시함으로써 회의주의와 상대주의의 한계점을 극복하고, 교육목적 설정에 뚜렷한 방향을 시사했다는 의의가 있다. 또한 초현실적인 이데아의 세계를 탐구하는 일이 중시되어 유물론과 공리주의가 안고 있는 실증적, 경험적 탐구의 편협성을 없애주는 데도 공헌한 바 크다. 현대교육의 맥락에서 보면 오늘날 경시하고 있는 인간의 정신세계와 관련된 교과목, 예컨대 철학·문학·역사·종교 등을 강조하여 인간의 마음과 사고의 폭을 확대시키는 역할을 담당했다. 이러한 이상주의의 한계점은 비현실적이고 초현실세계와 관련된 유토피아적 교육관이라는 점과 정신적 가치를 지나치게 강조한 나머지 물질적, 직업적 교육 면의 요구를 충족시키지 못한다는 점이 있다.

(3) 실재주의(Realism)

실재주의는 이상주의와는 대조적으로 사물이 사람들의 지각과는 별개로 존재한다고 생각한다. 실재주의는 고대의 합리적 실재론과 현대의 자연적, 과학적 실재론으로 구분된다.

실재론자들의 교육사상을 요약하면 첫째, 교육은 우주의 이치를 깨달을 수 있는 핵심지식을 가르치는 일이다. 실재론은 아동에게 우주, 현세, 사회, 자아를 긍정적으로 이해시키고 교육에 반영하여, 그것의 핵심이 되는 지식

체계를 가르치는 것을 중요시한다. 둘째, 아동은 고도의 지성을 발휘할 수 있는 자질을 충분히 가지고 있는 존재로 인정되어야 한다. 그렇지 못한다면 아동은 단지 우주의 단편적인 진리만을 알게 되어 포괄적이고 근본적인 진리나 본질과는 소원해질 수밖에 없다. 셋째, 교육의 목표는 아동의 이상적 자질의 발현을 구체화하는 데 있다. 이 말은 아동이 자연의 법칙과 실재의 원리들을 통하여 '자기결정, 자기실현, 자아통합'의 이상을 자각하고 성취하도록 해야 한다는 것이다. 교육이 실재에 대한 인식이나 지식체계를 종합하는 과정으로 이루어진다고 하더라도 그것으로 만족하는 것이 아니고, 결국은 그 원리들을 자아의 통합과정으로 이용하는 것에 목적이 있기 때문이다. 넷째, 교육은 진리에 대한 끝없는 탐구와 지식욕을 불태우는 동기로 이루어져야 한다. 인간은 원래 태어날 때 로크(J. Locke)가 지적했듯이 '백지상태(Tabula rasa)'로 태어나 자연과의 경험을 통한 감각적 지식 수용으로 백지상태에서 벗어나는 것이다. 이러한 뜻에서 실재론자들은 정선되고 체계화된 지식을 가르치도록 교사에게 권위와 주도권을 주는 것에 반대하지 않으며, 감각교육의 중요성을 역설한다.

실재론의 교육적 의의와 한계점은 현실을 긍정적으로 받아들이고 자연의 법칙에 대한 실재적 지식을 강조함으로써 이상주의가 안고 있는 사물교육, 직업교육과 같은 현실적 문제의 거리감 해결에 강점이 있다. 또한 진리에 대한 끝없는 탐구욕을 자극하여 아동의 자아실현에 공헌하고 있다는 의도도 있다. 이에 반해 주입식 교육과 전통적 지식 전달 교육 등의 비판을 면할 수 없다.

(4) 프래그머티즘(Pragmatism)

프래그머티즘은 19세기 후반에서 20세기에 걸쳐 미국에서 생겨난 철학이다. 프래그머티즘(Pragmatism)이란 용어는 실행(deed), 행동(action)의 뜻인 그리스어 Pragma란 말에서 유래했고, 제임스(W. James)에 의하면, 이 말은 피어스(C. S. Peirece)의 '개념을 명석하게 하는 방법'이란 강연에서 처음으로 사용했다고 한다. 즉, 프래그머티즘은 실행에 중점을 두는 철학으로 19세기 말 미국의 피어스에 의해 제창되어 제임스(W. James)에 의해 보급되고, 듀이(J. Dewey), 미드(G. H. Mead, 1863~1931), 루이스(Lewis)에 의해서 전개되었다.

프래그머티즘은 이러한 종래의 사상들이 갖는 난점들을 의식하여 경험적이고 현실적이며 과학적인 방법을 바탕으로 하는 새로운 진리관을 제기한다. 또한 프래그머티즘은 인간을 하나의 생활체(organism)로 보고 하나의 생명체로서 환경 속에서 살아가고 있으며 인간이 살아간다는 것은 주위의 환경에 대하여 부단히 자기를 적응하는 과정이며, 우리가 주위의 환경에 적응하면서 살아갈 때 적응작용의 수단이 되는 것, 도구가 되는 것이 곧 개념이자 지식이요 이론이라는 것이다. 어떤 개념이 환경적응에 실패한다면 그 개념은 검토, 수정되어야 하며, 행동의 결과에 따라서 개념은 시정되는 것이라고 본다.

프래그머티즘의 진리관은 진리를 영원하고 절대적인 것으로 보던 종래의 전통적인 진리관과는 달리 진리는 존재하는 것이 아니고, 성립하는 것, 변화하는 것이라고 본다. 진리는 인간의 행동과 결코 분리된 것이 아니라 인간의 행동에 의해서 만들어지고 성장하는 것이며 실생활과 실용적 입장에서 해석하는 경험주의적이며 상대주의적인 진리관이다.

프래그머티즘의 장점은 과학적이고 경험적인 방법으로 어떤 관념이든지 명확하게 하고, 그 태도에 있어서도 신중하게 임하려고 했던 것, 현재에 제한된 것이 아니라 미래지향적인 것이며, 또한 인도주의(Humanism)에 입각하여 사상을 전개했던 점 등을 들 수 있다. 한계점으로는 인류의 문화유산 중 가장 기본적이고 높은 가치성을 내포한 지식교육을 등한시하고, 우리가 경험할 수 없는 정신계의 이상 현실에는 자칫하면 거리감을 두게 만든다는 점이다.

(5) 실존주의(Existentialism)

실존주의는 19세기 합리주의적 관념론 혹은 실증주의에 대한 비판과 도전으로 탄생된 철학으로 구체적이고 생생한 현실적인 삶을 탐구의 대상으로 하고 있다. 키에르케고르(S. Kierkegaard)에 의하면, 진리는 객관적이고 합리적인 것이 아니라, 구체적인 것이라고 하여 내면적인 주체성에서 진리를 찾으려 했다. 니체(F. Nietzsche) 역시 남의 흉내나 내며 주체성을 상실하고 있는 대중생활을 배격하고, 보다 세차게 각자가 자기의 길을 개척하여 나아갈 것을 외쳤다. 사르트르(J. P. Sartre)는 실존이란 어떤 것의 제약도 받지 않는 자유로운 것이며 스스로 선택하여 자기의 결단에 의하여 자기의 길을 걷는 것이라고 했다.

종래의 철학들이 관찰자의 입장에서 진, 선, 미의 의미들을 객관적으로 검토하고 논의하였던 반면에 실존주의는 진, 선, 미들을 실제로 추구하여 나가고 있는 인간의 모습을 있는 그대로 이해하고 파악하려고 노력하였다. 실존주의 교육철학을 대표하는 볼노브(O. F. Bollnow)는 "만남이 교육에 선행한다."고 했다. 교육 이전에 만남이 있다는 것이다. 즉, 만남으로 해서 일깨워져 비로소 진정한 교육이 이루어지는 것이다. 실존주의 교육철학자들은 만남을 통한 인간의 전인격적 변화를 특히 강조하고, 오늘날 기능화된 교육방법, 그리고 몰인격화되어 가고 있는 교육의 과정에 새로운 숨결을 불어넣고자 하는 사람들이다.

실존주의 입장에서 보면 교육의 목적이란 인간으로 하여금 자기 자신이 되게 하는 데 있다. 실존주의가 개개인의 자유와 더불어 책임을 중시하는 것은 교육의 목적을 외부적으로 규정하지 않는다는 의미를 내포하고 있다. 브라우디(H. S. Broudy)가 말하는 자아통합은 그 대표적인 예이다. 이것은 자유・책임・선택과 같은 실존주의적 가치가 내포된 교육이념이라 하겠다.

따라서 교육은 단순히 지식을 전달하는 것만으로는 무의미하며, 학생들 각자가 자신의 선택을 현명하게 하고 그것에 대해서 책임질 수 있도록 도와주는 것이어야 한다. 교사는 지성적이기보다 학생들의 심리적 갈등과 어려움을 깊이 공감하고 그들을 도울 수 있는 정열을 소유한 사람이어야 한다. 결국 실존주의 교육철학은 지적인 교육보다는 도덕교육 분야에, 교과중심적 교육방법보다는 인간중심적인 교육방법에 더 많은 중점을 두고 있다. 그리고 무엇보다도 교사의 사람됨과 그의 역할을 어느 교육철학보다 중요시하고 있다.

(6) 분석철학(Analytic philosophy)

분석철학은 평범한 언어와 과학적인 언어를 분류하고 설명하는 것에 관심을 갖는 철학으로 여러 가지 문제의 탐구에 있어서 논리적인 분석을 행하고, 그 분석을 통하여 문제를 명확히 하고 아울러 문제해결을 도모하려는 경향이다. 분석철학의 고유 기능은 언어와 그 언어에 의해 표현되는 개념의 분석을 통해 사물을 이해하는 데 두고 있다. 분석철학은 크게 두 갈래로 구분할 수 있다.

첫째는 넓은 의미의 분석철학으로 불리기도 하는 비엔나 학파의 논리적 실증주의 내지 논리적 경험주의로 불리는 학파를 말하는데, 이들은 일상 언어보다도 더 정확한 논리적, 상징적인 언어를 발전시키는 데 목적을 두고 있다. 두 번째는 협의의 분석철학으로 분리되는 '언어상의 분석철학'을 들 수 있는데, 이들은 일상생활에서 사용하는 언어의 분석을 주안점으로 삼고 있으며, 철학의 목적을 언어의 의미를 명백히 규정하고 문장이나 표현들에 대한 의미를 명백히 규정하는 데 있다고 믿고 있다. 언어상의 분석철학자들은 철학적인 혼란성은 어디에서 유래되고 있는가 등의 근원을 찾아내는데 흥미를 가지고 있으며, 사람들이 사용하는 언어는 사용자의 사용방법에 따라 그 의미가 달라진다는 것이다.

이러한 분석철학은 언어 또는 기호의 의미, 구조, 운용을 밝힘으로써 검증 가능한 문제를 논리적으로 명확히 하는 논리적 분석의 방법을 사용함으로써 문제를 해결하려는 철학이라고 할 수 있다.

> 교육과정과 관련된 대표적인 철학이론으로는 자연주의, 이상주의, 실재주의, 프래그머티즘, 실존주의, 분석철학 등이 있다.

학습문제

01. 철학과 교육과정과의 관계에 대해서 설명하시오.

02. 교육과정과 관련된 대표적 철학이론 가운데 실존주의와 분석철학에 대해 비교, 설명하시오.

02 교육과정의 심리적 기초

가. 심리학과 교육과정

학습자에 대한 심리학적 이해는 교육과정을 구성하고 운영하는 데 많은 도움을 준다. 인간이 태어나서 어떤 환경에서 어떤 과정을 거쳐 성장하고 발달하며 연령이 증가함에 따라 발달되는 욕구, 흥미, 지능 등에 대한 이해는 교육목표를 설정하고 학습내용을 선정하며 조직하는 데 기초가 되며, 학습이론에 대한 이해는 효율적인 교수-학습활동에 도움이 된다. 교수-학습은 상호 관련되어 있으며 심리학은 교사와 학생 간의 관계에 영향을 미치는 이론과 원리를 제공해 준다. 듀이(J. Dewey)에 의하면, 심리학은 학습자가 환경 내의 사물과 어떻게 상호작용하는지를 이해하게 해주는 데 기초가 되며, 이러한 상호작용의 과정은 일생 동안 계속되며 상호작용의 질은 학습의 양과 형태를 결정짓는다고 하였다. 또한 타일러(R. W. Tyler)는 심리학은 목표가 무엇이 되고 학습이 어떻게 일어나는지를 결정하는 데 도움을 주는 하나의 여과기라고 하였다.

교육과정을 계획하고 운영하는 데 있어서 학습자의 심리적 특성은 학습의 준비성 또는 출발점으로 중요시될 뿐만 아니라 교육목표의 원천으로서도 중요시된다. 기본적 필요는 아동중심주의 교육에서 특히 강조되었던 것이다. 아동중심주의 교육에 의하면 교육은 바로 아동의 필요를 충족시켜 주는 일이다. 그러나 어떤 것이 교육에서 충족시켜 주어야 할 기본적 필요인지에 대해서는 심리학자들 간에도 의견의 일치를 보지 못하고 있다.

교육과정을 계획하고 운영하는 데 있어서 학습자의 심리적 특성은 학습의 준비성 또는 출발점으로 중요시될 뿐만 아니라 교육목표의 원천으로서도 중요시된다.

나. 학습자의 심리적 특성

(1) 기본적 욕구

유기체는 그 생명을 유지하고 성장하기 위하여 반드시 충족되지 않으면 안 되는 필요 또는 욕구를 가지고 있다. 음식의 필요가 그 좋은 예라고 할 수 있을 것이다. 배가 고프면 반드시 음식을 필요로 하게 되며 이 필요가 충족되지 않으면, 유기체는 음식을 구하기 위한 여러 가지 활동을 하게 된다. 즉, 유기체가 생활해 나가는 원동력의 하나로 음식이 필요한 것이다. 이와 같은 것을 기본적 필요라고 한다.

기본적 필요에는 음식의 필요뿐만 아니라 성욕, 수면욕, 고통의 회피 등을 들 수 있다. 이들 필요는 1차적 필요라고도 한다. 1차적 필요는 인간과 동물에게 있어서 공통적이다. 초기의 동물 심리학자들은 필요의 개념을 주로 1차적 필요에 국한하여 사용하였다. 그러나 인간은 동물과는 달리 생리적 필요를 충족시키기 위해서만 활동하는 것은 아니다. 생리적 필요 외에 성공이라든가 남에게 인정받고 싶어 하는 등의 필요 때문에 활동을 하는 것이 사실이다. 이 점에서 인간의 필요를 선천적, 생리적 필요에 국한시키는 극단론을 피하기 위하여 등장한 것이 2차적 필요이다.

우리는 흔히 유행하는 새 옷을 입고 싶다든지 자가용을 갖고 싶다는 욕구를 느낀다. 왜 이러한 욕구를 갖게 되는 것인가? 그 욕구의 바탕에는 동료보다 열등하게 보이고 싶지 않다든가, 자기의 지위를 나타내 보이려는 욕구가 있는 것이 틀림없다. 이와 같은 우월이나 현실의 필요도 본능적 요소가 강하다고 보고 1차적 필요로 분류하는 견해도 있다. 그러나 그것들은 1차적 필요에 의존하고 거기에서 파생된 2차적 필요로 보는 것이 일반적 견해이다. 2차적 필요는 1차적 필요 못지않게 인간활동의 원동력으로 작용한다. 즉, 의식주의 생리적 필요를 충족시키는 일과 마찬가지로 심리적 안정이나 사회적 인정의 필요를 충족시키는 일도 인간활동에 있어서 기본적이다. 이 점에서 중요한 몇 가지 2차적 필요도 1차적 필요와 마찬가지로 기본적 필요라고 보아야 할 것이다.

매슬로우(A. H. Maslow)와 같은 심리학자는 생리적 필요와는 전혀 다른 성격의 필요로서 '자아실현의 필요'를 강조한다. 물론 매슬로우는 극도로 생리적 필요가 충족되지 않은 상태에서는 다른 종류의 필요를 충족시키려는 행동이 나타나지 않는다는 것을 인정한다. 그러나 그는 자아실현의 필요는 생리적 필요 못지않게 인간에게 그 만족 추구의 정도가 강한 것으로서, 오히려 생리적 필요보다도 인간에게는 더 기본적인 것이라고 보고 있다. 매슬로우는 인간의 필요를 다음과 같이 분류하고 있다. ① 생리적 필요 ② 안전의 필요 ③ 사랑과 소속감의 필요 ④ 자기존중의 필요 ⑤ 자아실현의 필요 ⑥ 앎과 이해의 필요 ⑦ 심미적 필요 등 일곱 가지가 그것들이다.

교육에서 학습자의 기본적 필요를 충족시켜 주는 일은 그 자체로 학습자의 건전한 성장발달을 위하여 중요할 뿐만 아니라 그것이 다른 종류의 학습의 기초가 된다는 점에서도 중요하다. 아동의 심리적 안정이나 집단에의 소속 필요가 충족되지 않은 상태에서 다른 종류의 학습이 이루어지기 어렵다. 기본적인 심리적, 사회적 필요가 충족되어야만 교사와 학생 사이의, 그리고 학생들 사이의, 건전한 인간관계가 가능할 것이며, 그러한 정의적 유대감을 바탕으로 할 때 교사의 가르침이 학생들에게 설득력을 가지게 된다는 것은 분명하다.

(2) 개인차

개인이 저마다 독특하다는 것은 인간에게 나타나고 있는 뚜렷한 현상 중의 하나이다. 같은 부모를 가지고 같은 환경 속에서 자라고 있는 아동들도 각각 독특한 외모, 성격 및 능력을 보인다. 이와 같은 개인의 독특함, 즉 개인차는 교육의 기본전제 중의 하나라고 할 수 있다. 여기에서는 개인차의 여러 측면 중에서도 특히 교육과 깊은 관계가 있는 지능에서의 개인차 문제를 중심으로 살펴보고자 한다. 지능은 학업성적과의 높은 상관 때문에 학교교육에서 중요시되고 있다.

지능의 개인차 문제는 심리학 연구의 초기부터 심리측정이론의 핵심적인 문제였다. 그러니만큼, 지금까지 지능의 성격이나 교육과의 관련성 등에 관해 상당히 많은 연구들이 이루어졌다. 그러나 아직도 지능의 성격이나 그것과 교육의 관련성에 관해 논쟁이 끊이지 않고 있다. 이러한 문제에 대한 심리학자들의 견해는 지능이란 유전과 환경 사이의 상호작용의 결과이며, 따라서 항구 불변적 조건과 신체적 발달에 의해 정해지는 범위 내에서 지능의 개인차는 각자의 선행경험의 결과임을 뜻한다. 그러므로 환경의 조작 또는 생활경험상의 변화에 의해 지각, 운동, 언어, 추리 등의 능력에서 어느 정도의 변화가 가능하다는 것이 일반적으로 인정되고 있다.

IQ(Intelligence Quotient)라는 검사 점수로 표시되는 지능이 모든 중요한 지적 능력을 말해주지 못하고 있다는 점에서 IQ가 교육에 주는 시사는 상당한 제한을 갖는다. 그것은 특히 길포드(Guilford)가 지적한 확산적 사고력, 또는 창의력에 있어서 심하다. IQ와 창의력 간의 차이를 밝힌 연구로 겟젤스와 잭슨(Getzels & Jackson, 1962)의 연구가 있다. 그들은 IQ와 창의력 점수를 중심으로 지능은 높지만 창의력이 높지 못한 고지능 집단과 창의력은 높지만 거기에 상응하여 지능이 높지 못한 고창의력 집단을 실험집단으로 선정하여 두 집단의 여러 가지 특성 및 상태를 비교하였다. 그 결과, 두 집단 사이의 IQ 차이는 매우 클 뿐만 아니라 IQ로 표시되는 지능에 창의력이 포함되는 정도가 극히 낮은 것으로 나타났다. 이것으로 보아 IQ와 창의력은 서로 다른 능력이라는 것이 분명하다. 그리고 학업성적과의 관계를 보면 두 집단 모두 비슷하게 높은 것으로 나타났다. 이처럼 낮은 IQ의 고창의력 집단의 학업성적이 높게 나타났다는 것은 상당한 주목을 끈다. 학교교육이 기존 지식체계의 전달보다도 지식의 발견이나 문제해결의 과정에 강조를 두면 둘수록 창의력의 중요성은 어떻게 길러지는가에 대해서는 그렇게 잘 알려져 있지 않다. 다만 창의력은 단순한 능력 요인이라기보다는 새로운 아이디어나 새로운 문제해결방법을 창안하는 데 작용하는 성격, 능력, 동기 등이 함께 융합된 전체 퍼스낼리티의 특성으로 파악되어야 한다는 점에서는 일반적으로 동의한다.

비록 IQ가 창의력은 포함하고 있지 못하지만, 일반지능을 측정하기 위해 사용되는 지능검사가 학업적성검사로 불리는 경우가 있을 정도로 지능이 학업성취에 적지 않은 영향을 주는 것으로 생각되고 있다. 실제로, IQ와 학업성적과는 매우 높은 상관관계가 있음을 밝힌 많은 연구들이 있었다. 그러나 지능검사의 성격으로 보아 IQ와 학업성적 간의 상관은 높기 마련이다. 검사의 주요 내용이 언어와 수리능력 및 이해력을 재는 문제들로 구성되어 있으니 그럴 수밖에 없는 것이다. 그러기에 지능검사의 타당도 검증을 위한 외적 준거로서 학업성적을 이용하는 경우가 흔히 있는 것이다.

이렇듯 IQ와 학업성적 간의 밀접한 관계에도 불구하고 IQ의 학업성적 예언도에 관한 의문은 끊이지 않는다. 특히 특정 교육내용의 지도를 시작하려고 할 때 그 출발점으로서 그의 IQ를 안다는 것은 큰 도움이 되지 않는다. IQ보다도 학생이 지금까지 배워서 알고 있는 내용이 무엇인가를 파악하는 것이 실제 지도에 더 많은 도움을 준다. 그러므로 IQ상의 개인차가 곧 학업성적상의 개인차를 의미하는 것으로 해석할 수 있다는 생각은 위험하기 짝이 없다. 실제로 블룸(B. S. Bloom)의 '완전학습'을 비롯한 학생의 개인차를 고려한 교수 방법들은 IQ가 낮은 학생들도 얼마든지 좋은 성적을 거둘 가능성이 있음을 보여주고 있기도 하다. 이에 더하여 환경에 의한 IQ의 가변성을 고려해 넣는다면 IQ를 고정적인 것으로 상정하고 그것에 큰 비중을 두고 교육과정상의 중요한 결정을 내려서는 안 될 것이다.

(3) 발달과업

인간은 출생하여 죽음에 이르기까지 타고난 성숙과 학습의 가능성을 가지고 주어진 한 사회에서 발달해 나간다. 이 발달의 과정에서 반드시 배우고 성취해야 할 일들이 있다. 이것을 발달과업이라고 한다. 이와 같은 발달과업의 개념을 체계화한 사람은 하비거스트(R. J. Havighurst)이다. 그에 의하면, 발달과업이란 개인이 행복한 생활을 영위해 나가고 장차 다른 과업을 수행해 나가기 위하여 특정한 시기에 반드시 수행해야 할 과업이다. 이렇듯 발달과업은 그것이 성취될 수 있는, 또 성취되어야 할 결정적 시기를 가진다는 데에 특징이 있다.

개인의 발달에 있어서 '결정적 시기'가 있다는 생각은 에릭슨(E. H. Erikson)에게서도 찾아볼 수 있다. 에릭슨은 이것을 '발달적 위기'라는 말로 표현하고 있다. 개인은 발달의 과정에서 몇 단계의 발달적 위기를 맞게 된다는 것이다. 위기는 경험과 환경이 변화함에 따라 새로운 형태로 계속 나타나기 때문에 그것을 완전히 해결한다는 것은 어려운 일이지만, 만약에 어떤 위기가 그 출현의 '결정적 시기'에 잘 해결되지 않으면 후속의 위기들을 해결해 나갈 수 있는 건전한 성격의 기초가 흔들리게 된다. 예컨대, 생후 1년간이 '기본 신뢰감'의 형성을 위한 결정적 시기이다. 이때 신뢰감의 형성에 실패한다면 그 결과는 타인과 자신에 대한 불신감으로 나타난다. 이러한 불신감은 계속해 건전한 성격 형성을 방해한다. 에릭슨은 성격 형성의 측면에서 발달의 단계를 8단계로 나누고 각 단계에서 성취해야 할 과업을 기본 신뢰, 자율성, 자발성, 근면성, 동일성, 친밀성, 생산성, 통합성으로 보고 있다. 즉, 이들 8가지 과업을 순서대로 그 결정적 시기에 성취하면 그 개인은 건전한 성격의 소유자가 된다는 것이다.

발달과업이 교육에 주는 시사점은 교육은 개인이 발달해 나가는 과정에서 발달과업을 성공적으로 달성하도록 도와주어야 한다는 것이다. 즉, 발달과업은 교육목표 결정에 시사를 준다. 다음에 제시되는 '인간의 발달과업'에서의 유아기, 소년기, 청년기 등을 나타내고 있는 연령단계는 바로 초·중·고등학교, 대학교 등과 같은 교육단계와 일치한다. 따라서 각각의 교육

단계에서의 교육목표는 그 연령단계에서 달성해야 할 발달과업을 보아 결정해야 한다고 말할 수 있을 것이다.

이상과 같은 발달과업의 개념은 교육과정 계획에서 특정 학습과제가 가장 잘 가르쳐질 수 있는 '가르칠 만한 시기'를 알려준다는 점에서 중요시될 수 있다. 발달과업이 결정적 시기를 갖는다는 것은 교육목적과 관련지어 그 시기에 가르치지 않으면 안 되는 것이라는 뜻으로 해석될 수 있으나, 한편 그것을 가르칠 만한 최적의 조건이 갖추어진 시기가 바로 그 시기임을 뜻하는 것으로도 해석될 수 있기 때문이다. 그러나 그 최적의 시기는 해당 발달과업에 상응하는 연령수준을 직접 가르치는 것이 아니다. 그것을 확인하기 위해서는 그 학습과제가 발달과업의 순서상 어디에 속하는지를 알아보고 그 아래 단계까지의 발달과업이 성취되었는지를 확인해야 한다. 발달과업은 순서대로 성취해 나가는 것이므로 아래 단계의 과업을 성취하지 못했을 경우에는 그 위 단계의 과업을 가르칠 수 없다. 이렇듯, 발달과업은 학습준비도 확인에 도움을 준다.

교육과정과 관련된 학습자의 심리적 특성으로는 기본적 욕구, 개인차, 발달과업 등이 있다.

다. 학습이론

(1) 형식도야설

능력심리학자로 알려진 볼프(C. Wolf)는 인간의 정신작용은 몇 개의 생득적인 능력에 의해서 이루어지는 것으로 보았다. 따라서 능력심리학에서 교육은 지식을 습득케 하는 것보다는 정신능력을 훈련시키는 일을 중요한 역할로 생각하였다. 즉, 교과를 가르칠 때 그 내용보다 학습과정을 통하여 얼마나 정신적인 훈련을 시키느냐를 중요시하였다. 이러한 견해를 흔히 형식도야설이라고 부르며, 이 이론은 19세기 교육의 주된 이론으로 취급되어 왔다.

형식도야설은 여러 가지 어려운 학습문제를 주어 기억력, 사고력, 상상력 등의 정신능력을 훈련시키고 폭넓은 학습전이 능력의 배양을 할 수 있도록 교육과정을 구성해야 한다고 주장한다. 예를 들면, 언어학습에 의해 변별력을 기르고, 수학에 의해 논리적 사고력을 기르고, 역사연구에 의해 판단력을 길러야 한다고 생각하는 입장이다.

(2) 자극-반응 연합이론

이 이론은 연합이론이라고 불리며 보통 손다이크(E. L. Thorndike)의 시행착오설이라고 널리 알려진 이론이다. S-R설, 또는 자극-반응 연합이론으로 불리는데, 자극반응에 관한 최초의 실험연구를 실시한 사람은 미국의 손다이크이다. 손다이크는 학습이란 습관형성으로 정의하고 수업이란, 바람직한 연합을 가져오도록 학습상황을 정비하는 것으로 보았다. 좀 더 구체적으로 말하면, 손다이크는 학습이란 계속되는 시행착오의 과정을 거치면서 선택과 연합에 의하여 이루어진다고 본 것이다. 학습은 통찰에 의해서라기보다는 경험을 통하여 상황에 적합한 반응을 시도하면서 결과적으로 얻어지는 것으로 보았다.

손다이크는 세 가지 학습법칙을 제시하였다. 준비성의 법칙, 연습의 법칙, 효과의 법칙이 그것이다.

준비성의 법칙이란 어떤 새로운 내용의 학습은 학습자가 충분한 준비를 갖추고 있을 때에 더욱 만족스럽게 이루어진다는 법칙이고, 연습의 법칙이란 자극과 반응의 연합이 되풀이되는 가운데 강화되는 것으로, 학습은 반복적 연습에 의하여 더 잘 이루어진다는 것이다. 효과의 법칙이란 결과의 법칙이라고도 하며 학습의 과정에 따르는 결과가 만족스럽지 못하면 연합이 약화되어 학습이 이루어지지 않는다는 것이다.

(3) 고전적 조건화

고전적 조건화에 있어서 학습이란 중립적 또는 부적절한 자극을 통한 반응의 도출을 의미한다. 즉 반응이 일어날 때 무조건자극을 중립적 자극과 연합하여 제시하면 중립적 자극은 반응을 도출할 능력이 생긴다는 것이다. 고전적 조건화에 대한 실험은 파블로프(I. Pavlov)의 개 실험으로 가장 잘 알려져 있다. 파블로프는 개에게 30초 동안 벨 소리를 들려준 뒤 음식물을 주었다. 처음에는 벨 소리를 듣고 귀만 세우더니 음식물을 주니까 침을 흘렸다. 이러한 과정을 5분 또는 10분 간격으로 6~10회씩 매일 또는 격일로 반복하여 실시한 결과, 나중에는 음식물을 주지 않고 벨 소리만 들려주어도 계속 침을 분비함을 알게 되었다.

이 실험에서 음식물을 무조건자극(unconditioned stimulus : UCS)이라 하고, 음식물을 보고 침을 분비하는 반응을 무조건 반응(unconditioned response : UCR), 벨 소리는 조건자극(conditioned stimulus : CS), 벨 소리를 듣고 침을 분비하는 행동을 조건반응(conditioned response : CR)이라 한다.

미국에서 왓슨(J. B. Watson)은 행동주의에 근거한 심리학을 건설하는 데 파블로프의 연구 결과를 기초로 삼았다. 왓슨의 심리학에서는, 학습은 행동과학에 기초하고 있으며 그 행동은 관찰가능하고 통제 가능한 것이지 인지과정에 근거한 것이 아니라고 한다. 왓슨에 있어 행동법칙은 동물에서 추출되고 그다음 인간 연구는 과학법칙의 객관성을 갖추고 있어야 한다.

(4) 도구적 조건화

파블로프의 실험에서 조건반응은 무조건자극에 대한 정상적 반응과 비슷하다. 예컨대 침의 분비는 음식에 대한 개의 정상 반응이다. 그러나 강화된 행동이 강화자극으로 일어나는 경우는 파블로프의 조건화 원리로 설명되어질 수 없다. 이러한 종류의 조건화를 설명하기 위해 스키너(B. F. Skinner)는 조작적 조건화의 개념을 도입하였다.

스키너의 상자 실험에서 발판을 누르면 기계장치에 의해 먹이가 나오게 되어 있어 쥐는 그것을 먹게 된다. 거기서 쥐는 발판을 누르면 먹이가 나온다는 것을 학습한다. 그 후 쥐는 배가 고프면 발판을 누르고 배가 부르면 그만둔다. 이 예에서 조작적 조건화는 쥐가 발판(S1)을 누르지(R) 않는 한 먹이(S2)가 나오지 않기 때문에 학습도 성립하지 않는다. 이러한 의미에서 조작적 조건화가 성립하는지 여부는 개체의 자발적인 반응 또는 조작에 달려있다고 말할 수 있다. 여기에 조작적 조건화라는 이름이 붙여졌다. 스키너의 이론을 이해하기 위해서는 반응적 행동과 조작적 행동을 이해할 필요가 있다. 반응적 행동이란 고전적 조건하의 무조건자극에 대한 반응처럼 자극에 대한 적절한 반응을 말하고, 조작적 행동이란 단순히 일어나는 행동으로 상자 안의 쥐가 이리저리 돌아다니며 그 속에서 가끔 발판을 누르는 등의 행동을 말한다.

(5) 통찰학습이론

이 이론은 보통 쾰러(W. Köhler) 통찰설로 알려진 이론으로 게슈탈트(Gestalt : 형태) 심리학의 입장을 대표하는 학습이론이다. 통찰설은 손다이크의 시행착오설을 부인하고 학습은 목적 추구의 활동이며 지적작용에 의해 순간적으로 이루어진다는 학설로 쾰러는 원숭이가 천장에 매달려 있는 바나나를 따먹을 때 시행착오를 거듭하다가 따먹는 것이 아니라, 상자를 포개놓고 막대를 이용해야 목표달성을 할 수 있다는 전체적인 상황을 머릿속에 통찰함으로써 목표달성을 한다는 것이다.

쾰러는 통찰이 이루어지는 과정을 다음과 같은 단계로 설명한다.

첫째, 학습목표를 중심으로 하여 그 주위 환경을 전체적으로 파악한다.

둘째, 그러한 사태 안에서 목표달성과 관련 있는 요인을 분석한다.

셋째, 이를 토대로 하여 목표를 달성할 수 있도록 환경구조를 개조한다.

이러한 과정은 전체-분석-종합의 과정으로 요약할 수 있으며, 이 입장은 학생들의 능동적인 사고에 의해 문제구조에 대한 이해를 중시하는 교육과정으로 문제해결이나 발견학습을 위주로 하여 경험의 폭을 확대시키자는 학습이론이다.

교육과정과 관련된 학습이론으로는 형식도야설, 자극-반응연합이론, 고전적 조건화, 도구적 조건화, 통찰학습이론 등이 있다.

학습문제

01. 심리학과 교육과정과의 관계에 대해서 설명하시오.

02. 교육과정과 관련된 학습자의 심리적 특성 가운데, 기본적 욕구에 대해 설명하시오.

03. 교육과정과 관련된 학습이론 가운데, 형식도야설이 실제로 적용된 예를 들어 보시오.

03 교육과정의 사회적 기초

가. 사회학과 교육과정

사회학은 인간과 인간의 관계, 집단과 인간의 관계, 인간의 사회적 상호작용, 사회구조와 변화과정 등에 대한 과학적인 연구를 목표로 하는 학문이다. 인간은 사회적 동물이다. 따라서 인간은 사회 속에서 태어나서 환경과의 상호작용에 의해 비로소 인간이 되는 것이다. 이렇게 그 사람이 속해 있는 사회 속에서 잘 적응하면서 살아갈 수 있는 이상적인 인간이 되게 하는 것을 사회화라고 할 수 있으며, 넓은 의미에서 보면 이것이 바로 교육이라고 할 수 있을 것이다.

어떤 인간이 과연 이상적인 인간인가? 이러한 문제는 시대와 장소에 따라 다르며, 이러한 문제가 교육과정에서 교육목적의 문제가 된다. 교육목적이 설정되면 이 목적을 달성하기 위해 필요한 경험을 선정하고 조직하며, 어떻게 교수-학습을 전개하며 평가할 것인가가 교육과정의 문제이기 때문에 사회와 교육과정은 서로 밀접한 관계를 갖게 된다.

한 사회가 가지고 있는 습관이나 가치관, 매스컴의 특징 및 직업 등의 특성은 가정이나 학교에 상호작용적인 영향을 주게 되고 가족집단과 학교집단은 그 사회의 특성에 의해서 학생의 성취동기, 가치관, 인생관 및 신체적, 지적 발달에 영향을 주게 되어 학생들의 교육적 성취에 영향을 주고 이것은 학생들의 장래 직업적 성취, 나아가서는 사회적 상승도를 결정하게 된다. 교육이 시대와 장소에 따라 변천되어 온 것처럼 교육과정도 시대와 장소에 따라 변화되어 왔다. 즉 사회와 교육과정은 서로 밀접한 관계를 갖고 있으며, 사회의 변화에 따라 교육과정도 달라져야 하기 때문에 올바른 교육과정을 수립하기 위해서는 사회에 대한 올바른 이해가 뒷받침되어야 한다.

> 교육목적이 설정되면 이 목적을 달성하기 위해 필요한 경험을 선정하고 조직하며, 어떻게 교수-학습을 전개하여 평가할 것인가가 교육과정의 문제이기 때문에 사회와 교육과정은 서로 밀접한 관계를 갖게 된다.

나. 현대사회의 특징

(1) 과학기술의 발달

현대사회는 과학기술이 지배하는 사회라고 할 정도로 과학기술의 발달은 각 방면에 눈부실 정도로 이루어져 있다. 하나의 발견이나 발명은 다른 새로운 것의 창조를 가능케 하고, 하나의 완성은 또 다른 것을 암시하면서 계속적인 발달을 가져오고 있다. 과학기술의 발달은 거리를 단축시키고, 편리한 생활의 도구를 만들어 놓는가 하면 인간의 수명을 연장시켜 폭발적인 인구의 증가와 함께 격심한 생존경쟁을 불러일으켰다. 뿐만 아니라, 과학의 발달은 지식과 기능을 고도로 요구하는 사회로 만들었다.

과학기술의 발달은 물질문명에만 변화를 가져오게 한 것이 아니다. 가령 원자력의 발명만 보더라도 그것이 새로운 에너지에만 머무는 것이 아니라 정치, 경제, 공업, 사회, 심지어는 가치관, 세계관에까지도 변화를 가져온 것으로 볼 수 있다. 이러한 변화 속에서 교육의 과제는 학생들이 쉴 틈도 없이 발달해 가는 과학기술의 수준에 적응하도록 도와주고, 시대에 맞는 과학기술을 습득하여 이를 실생활에 유용하게 활용할 수 있도록 해야 할 것이다.

(2) 경제체제의 변화

과학기술의 발달은 점차로 사회구조가 바뀜에 따라 사회 그 자체를 산업기술 사회로 전환되었으며, 특히 전 세계는 지난 반세기 동안에 급속하게 산업경제 구조의 변화를 가져오게 되었다. 과학기술 발달에 따라 현저하게 달라진 것이 생산력의 비약적인 증진이다. 이것은 곧 부의 증가를 의미하는 것으로 볼 수 있다. 이러한 생산력의 증감은 대량 생산체제라는 새로운 현대산업사회의 기본적인 원리를 가져왔다. 오늘의 생산체제는 개인이라기보다는 조직화, 집단화의 결과를 가져왔으며, 인간생활은 조직이나 집단에 의해서 지배된다는 새로운 사회원리도 나타나게 되었다.

오늘날 경제와 자본의 가치는 과거 어느 때보다도 더욱 중요시되고 있다. 이른바 자유자본주의의 이론이 확립되면서부터는 경제만능의 시대를 만들어 놓았다. 자본주의의 핵심인 자유경쟁의 의미가 상실되고 부익부, 빈익빈의 현상이 발생하기 때문에 이를 조정하기 위하여 국가권력이 작용하는 것이 불가피한 일이 되었다. 현대사회의 경제체제가 이와 같이 변해 간다는 것은 교육과정 속에 다음과 같은 내용들이 포함되어야 함을 의미한다.

첫째, 자본주의 경제체제 속에서 살아가기 위한 경제적 대책을 마련케 함으로써 개인에게 경제적 효율을 올릴 수 있도록 하기 위한 직업적인 준비와 소비자로서의 자질을 가르쳐 주어야 하고, 둘째, 사회정의를 위한 협동과 비판적인 판단력을 갖도록 해주는 일이다. 이는 경제 자체의 만능주의보다

경제를 운영해 갈 줄 아는 인간적 소양과 경제생활의 원리가 더욱 요청되는 사회가 되었기 때문이다.

(3) 지식의 폭발적 증가

1950년대 이후 교육학자들은 지식의 폭발적인 증가에 대해 깊은 관심을 갖게 되었다. 미국의 슈왑(Schwab)은 서기 1년부터 1750년 사이에 지식은 두 배로 증가했으며, 그 후 150년 후인 1900년에 다시 두 배로 증가했고, 50년 후인 1950년에 다시 두 배로 증가했으며, 10년 후인 1960년에 다시 두 배로 증가했다고 주장한다. 이러한 지식의 폭발은 우리가 새로운 많은 정보를 처리할 수 있는 능력이 없다면 도리어 우리를 위협하게 된다. 교육과정에서는 새로운 지식이 계속 도래되고 낡은 지식은 점점 제거된다. 토플러(A. Toffler)는 우리가 배운 지식을 미래에 관련지을 것을 주장한다. 만일 지식이 미래의 입장에서 정당화되지 않는다면 그 지식은 교육과정에 포함시킬 필요가 없다는 것이다.

이러한 지식의 폭발에 대처하기 위해서 교육과정 전문가들은 어떠한 지식을 선정하여 어떻게 그 지식을 조직해야 할지를 결정해야만 한다. 과거에는 학교에서 지식의 전부를 가르쳐야 한다고 생각했으나 지금에 와서는 지식의 전부를 가르친다는 것은 상상도 못 하게 만들어 놓았다. 따라서 학교에서 학생들이 학습해야 할 내용을 어떻게 현명하게 선택하고, 무엇을 중심으로 지도할 것인가가 중요한 문제이다.

이러한 지식의 증가에 대처하여 해결책의 하나로 등장한 것이 1960년대 초기부터 거론된 학문중심 교육과정이론이다. 이것은 너무나 많은 지식을 모두 학습할 수 없기 때문에 지식이나 학문의 기본 구조만을 학습하게 하고, 탐구능력, 방법 등을 길러 창의적 특성을 갖추게 함으로써 급변하는 사회 속에서 팽창하는 지식을 적절하게 소화시킬 수 있는 교육을 효율적으로 실시하자는 의도에서 나온 교육과정 운동이라고 할 수 있다.

(4) 가치관 및 행동양식의 변화

대체로 한 사회의 발전은 그 사회를 구성하는 개인의 가치관이 어떠하냐에 달려 있다. 그런데 현대를 일컬어 가치관의 위기라고 한다. 확실히 오늘의 세계는 가치관의 혼란이 심하다. 분명한 목적의식이 없는가 하면 행동의 판단기준이 서 있지 않아 갈팡질팡하는 사람들로 가득 차 있다. 가치관이란 '한 사회집단에서 그들 자신의 행동을 규제하려는 규칙이며 개인행동의 질서와 방향을 제시하며 문제해결의 기준이 되는 개념체제'라고 할 수 있다.

인간으로서의 인간가치가 몰락한다면 그 이상의 불행도 없을 것이다. 어떻게 올바른 가치관을 가진 인간을 기를 것인가는 교육의 또 하나의 과제이다. 우리는 전통적인 가치관만을 무조건 고수할 것이 아니라 바람직한 가치관과 현대적 감각에 맞는 가치관을 갖도록 지도해야 한다. 급변하는 사회에서 뚜렷한 방향감과 목적의식을 가지고 행동하며 인간의 존엄성을 인식시켜 참된 인간교육을 위해 힘써야 할 것이다. 따라서 가치교육은 과거처럼 맹목적인 주입 교육이 아니라 '가치의 판단교육'으로 나가도록 해야 하며, 따라서 학교교육과정은 이러한 점에 알맞은 계획이 연구되어야 한다.

(5) 가정기능의 약화

가정은 어느 시대에서나 사회의 기본단위가 되었으며 다음 세대의 번식과 교육을 가정의 기초기능으로 보아 왔다. 사람은 출생 이후 그 가정의 가풍, 생활양식, 언어, 예법 등 그 가정의 문화 속에서 성장한다. 따라서 가정은 인간의 성장 발달과 인격형성, 사회화 및 가치관 등에 결정적인 영향을 미친다.

과학기술의 발달과 산업구조의 변화는 급기야 생활수단의 변화를 가져오고 이것은 가족구조를 변화시켜 대가족 제도에서 핵가족 제도로 바뀌게 하였다. 또한 여성의 사회진출과 생활수단의 다양화, 노동의 분업화는 모두가 재래와 같은 가정의 기능을 현저하게 약화시켜 놓았고, 가족 간의 정적 유대를 약화시켰다. 어린이가 자라면서 가장 필요로 하는 것은 부모의 애정과 안정감, 소속감 등인데 이와 같은 정적인 유대가 끊어짐으로써 고독하고 불안한 생활을 맛보게 된다. 가족구성원이 함께 집에 머무는 시간이 적어지고 직장으로, 학교로 뿔뿔이 흩어지게 됨으로써 가족 간에 영향을 덜 받게 되고 따라서 가정교육은 거의 무기력한 상태가 되었다.

따라서 학교교육의 책임이 더 한층 무거워지게 되었다. 학교교육에서는 가정과의 협동적인 관계의 중요성을 더욱 깊이 인식하고 자녀들의 전인교육을 위하여 보다 긴밀한 협조가 요청된다. 그리고 가정교육에서 부족한 점을 학교가 대신하여 보충해야 한다. 특히 현대가정에서 부족하기 쉬운 미풍양속과 습관형성, 부모 대신의 사랑, 그리고 정치적·사회적으로 원만한 발달을 위하여 학교의 교육과정이 마련되어야 한다.

> 현대사회의 특징으로는 과학기술의 발달, 경제체제의 변화, 지식의 폭발적 증가, 가치관 및 행동양식의 변화, 가정 기능의 약화 등을 들 수 있다.

다. 신교육사회학(교육과정의 사회학)

교육사회학의 새로운 주류로 등장한 신교육사회학(교육과정의 사회학)은 현재 사회의 불평등이 구조 기능주의 이론이나 갈등주의 이론의 거시 구조적 관점만으로는 해결하기 어려우며, 보다 근본적인 해결책을 수립하기 위해서는 지식을 통한 사회적 통제와 지식이 조직, 구성, 분배되는 과정을 이해하고 그것을 변화시키는 미시적 접근이 필요하다고 주장한다. 원래 미시적 접근방법에는 현상학적 또는 해석학적 이론에 대한 상징적 상호작용론, 교환이론 그리고 민속방법론 등을 포함하고 있는데, 최근에는 교육의 내적 과정의 분석을 강조하는 접근방법이 시도되고 있다.

신교육사회학자들의 견해는 어떤 면에서는 마르크스주의에 기초를 두고 있는데 대표적인 학자들로는 영(M. F. D. Young), 번스타인(B. Bernstein), 애플(M. W Apple), 부르디외(P. Bourdieu), 웩슬러(P. Wexler), 보울즈와 진티스(R. S. Bowles & H. Gintis), 그리고 윌리스(P. Willis) 등을 들 수 있다.

신교육사회학(교육과정의 사회학)은 아직 역사가 짧고 방법론적 기초가 미숙하여 하나의 정리된 이론체계로 내세우기는 이르지만, 이 영역에 속하는 이론들은 학교교육의 내적 과정을 사회체계의 재생산과정으로 보는 것이 지배적이고 그것은 다시 경제적 재생산과 문화적 재생산으로 구분되고, 이러한 재생산이론을 비판하는 견해들로 되어 있다. 신교육사회학의 중심 이론을 다음과 같이 요약할 수도 있다.

첫째, 경제적 재생산이론이다. 보울즈와 진티스(R. S. Bowles & H. Gintis)는 마르크스의 상부-하부구조 이론을 그대로 받아들여 학교는 학교 내의 사회관계와 경제구조의 사회관계와의 일치를 통해 경제적 생산관계를 재생산하며, 학생들의 계급에 기초한 성격적 특징들을 강화하여 불평등한 사회 분업구조를 재생산한다는 이론이다.

둘째, 문화적 헤게모니이론이다. 애플(M. W. Apple)은 학교는 경제자본 외에도 상징적 자본, 즉 문화자본을 보존, 분배한다고 주장한다. 그러므로 지배집단은 겉으로 드러나는 공식적인 지배의 메커니즘을 사용하지 않고도 문화를 보전, 분배하는 문화적, 이념적 헤게모니의 지배자로서 보이지 않는 가운데 사회를 통제한다는 것이다.

셋째, 문화적 재생산이론이다. 부르디외(B. Bourdieu)는 학교교육을 계급관계의 문화적 재생산으로 파악하고, 학교는 지배집단의 문화자본을 재창조하고 정당화하는 역할을 수행한다고 설명한다.

넷째, 교육자율이론이다. 번스타인(B. Bernstein)은 학교가 재생산하는 문화자본이 경제적 재생산과 무관한 것은 아니나 그 나름의 독자적 성격을 지니고 있다고 주장함으로써 부르디외보다 교육의 자율성을 더욱 강조하고 있다.

> 신교육사회학(교육과정 사회학) 중심 이론에는 경제적 재생산이론, 문화적 헤게모니이론, 문화적 재생산이론, 교육자율이론 등이 있다.

학습문제

01. 사회학과 교육과정과의 관계에 대해 설명하시오.

02. 현대사회의 특징이 교육과정에 미치는 영향에 대해 설명하시오.

03. 교육과정 사회학의 주요 이론들에 대해 설명하시오.

Chapter 03

교육과정의 유형

학습내용

1. 교과중심 교육과정
2. 경험중심 교육과정
3. 학문중심 교육과정
4. 인간중심 교육과정
5. 영 교육과정
6. 잠재적 교육과정
7. 통합 교육과정
8. 다문화 교육과정

교육과정의 개념이 다양하게 정의되고, 강조점을 어디에 두느냐에 따라 다르게 정의되기 때문에 교육과정의 형태 분류에 있어서도 학자들마다 다양함을 알 수 있다. 이러한 다양한 형태 분류 가운데 교육과정의 개념이 변천되어 온 순서에 따라 교과중심 교육과정, 경험중심 교육과정, 학문중심 교육과정, 인간중심 교육과정을 살펴보고, 이어 영 교육과정과 잠재적 교육과정, 통합 교육과정과 다문화 교육과정을 함께 살펴보고자 한다.

01 교과중심 교육과정

교과중심 교육과정이란 '지식의 체계'를 중요시하는 교육과정으로서 학교의 지도하에 학생이 배우는 일체의 교과와 교재를 말한다. 이 교육과정은 교육성과에 있어서 지식의 습득과 이성의 계발을 가장 중요시하는 입장으로서, 각 교과는 그 자체의 논리와 체계가 있으므로 이 교과를 체계적으로 학습하는 것이 교육의 중요한 방법이라고 생각한다. 교과중심 교육과정은 가장 오랜 전통을 가진 교육과정의 한 형태로서 고대 그리스 시대의 7자유학과(3학 : 문법 · 수사학 · 논리학, 4예 : 산술 · 기하 · 천문 · 음악)를 바탕으로 하여 고대로부터 현대에 이르기까지 초 · 중 · 고등 교육과정에 폭넓고 뿌리 깊게 활용되어 왔다. 이 교육과정은 학문의 성질에 따라서 분류되고 있으므로 교과와 교과 사이에 의미 있는 연계성이 없이 고립적으로 이루어졌다. 따라서 학문의 발달과 더불어 교과 혹은 학과의 수와 종류는 많아지게 되었다. 교과중심 교육과정의 특징 및 장점을 정리해 보면 다음과 같다.

첫째, 인류의 문화유산이 주된 교육내용이 된다. 교과는 문화유산을 분류하고 논리적으로 체계를 세운 것이라고 할 수 있다. 따라서 교과중심 교육과정은 문화유산 중심 교육과정이라고도 할 수 있다.

둘째, 교사중심 교육과정이다. 교육자는 학습자보다 월등히 많은 지식과 기술이 있어야 하며, 이 지식과 기술을 학습자에게 전달하도록 한다.

셋째, 설명위주의 교수법을 요구하는 경우가 많다. 그것은 교과내용에 관한 교사의 상세한 설명을 필요로 하는 경우가 많기 때문이다. 따라서 교사의 자질 중 설명력이 대단히 중요하다.

넷째, 한정된 교과영역 안에서만 교수-학습활동이 이루어진다. 교과중심 교육과정에 있어서는 교과의 선을 중시한다. 따라서 교수-학습활동은 이러한 교과의 선 내에서 이루어지며 선을 넘어서 다른 교과까지 침범하는 것을 싫어한다.

다섯째, 교과중심 교육과정의 조직은 단순하며 이해하기가 쉽다.

여섯째, 교과중심 교육과정은 손쉽게 평가를 할 수 있다. 예컨대 표준화 검사라든가 논술고사 들을 사용함으로써 교재에 대한 정통 여부를 쉽게 알 수 있다.

다음은 교과중심 교육과정의 비판점이다.

첫째, 논리적이고 체계적인 교과조직은 심리적 과정과 일치하지 않는 경우가 많다. 특히 학생의 흥미, 능력, 필요가 무시되고 성인사회의 논리와 요구에 준하기 때문에 심리적으로 불건전할 때가 많다.

둘째, 학습을 분과적으로 하게 되므로 학습을 세분화하게 되어 전체로서의 통일성, 관련성이 부족하기 쉽다.

셋째, 교과중심 교육과정은 지식의 논리성, 체계성은 이루고 있으나, 지식의 기능적 활용에 토대를 두고 있지 않기 때문에 문제해결력, 사고력 등을 키우는 데는 효율성이 부족하다는 점 등이다.

교과중심 교육과정이란 지식의 체계를 중요시하는 교육과정으로서 학교의 지도하에 학생이 배우는 일체의 교과와 교재를 말한다.

학습문제

01. 교과중심 교육과정의 특징에 대해 설명하시오.

02. 교과중심 교육과정의 장점과 단점을 비교, 설명하시오.

02 경험중심 교육과정

교과중심 교육과정이 교과목을 중심으로 하고 교재의 교수를 중심으로 하는데 반해 경험중심 교육과정은 학습자를 중심으로 하고 학습자의 전인적 발달을 중시한다. 경험중심 교육과정은 교과중심 교육과정에 대한 비판으로부터 나온 것으로 아동중심, 활동중심, 생활중심 등으로 표현되기도 한다. 아동의 구체적인 필요에서 출발하고 사회생활에 의의 있는 활동을 경험케 함으로써 그들로 하여금 보다 나은 성장과 전인적 발전을 조성한다는 진보주의 교육론에 입각한 형태이다. 여기에서의 교재는 사전에 조직된 것이 아니라 학습의 현장에서 이루어지며 교육과정은 모든 학습자의 협력과 참여에 의해서 이루어진다. 체험을 시키는 데 중점을 두기 때문에 사실을 가르치는 그 자체에는 등한시하고 교수방법을 중요시하지 않고 학생들의 학습방법을 중시한다. 그리고 학생 개개인의 창의적인 성격을 육성하려고 하며 교육을 성장의 과정이라고 규정짓는다.

경험중심 교육과정의 특징을 요약하면 다음과 같다.

첫째, 아동의 흥미와 요구를 기초로 교육과정을 구성하고 자발적인 활동을 요구한다.

둘째, 민주사회의 유능한 시민양성에 적합하다. 창조적 능력과 협동, 자주, 책임, 의무, 평등 및 관용정신을 학습활동에서 해결해 나감으로써 육성한다는 점이다.

셋째, 학습활동이 활기를 띠고 생동적이라는 점이다.

넷째, 사전계획을 세울 수 없다. 모든 학습활동이 학생들의 필요와 흥미에서 출발하기 때문에 학습내용을 사전에 계획하고 조직한다는 것은 극히 어려운 일이다. 또한 학생들의 흥미와 욕구를 사전에 추측해서 기술한다는 것도 한계가 있기 때문이다.

경험중심 교육과정도 몇 가지 점에서 비판을 받고 있다. 그 중요한 비판점을 요약 정리하면 다음과 같다.

첫째, 진보주의 교육에서 항상 제기되는 문제점인 사회적 방향감과 사회적 책임에 대한 등한시이다. 아동의 흥미, 성장, 발달만을 역설할 뿐 사회제도나 관습, 사회이념 등의 이해나 사회적 책임, 사회적 방향 등에 대한 노력이 부족하다는 것이다.

둘째, 이 교육과정에서 강조하는 진정한 흥미, 요구 등을 결정하기란 매우 어렵다. 아동의 기분, 교사의 추측에 의해 계획을 수립하는 때가 많기 때문이다.

셋째, 현실적으로 아동의 흥미와 요구에 맞는 학습활동을 위한 제반 시설과 환경을 마련하기 힘들어 많은 학교에서 실현될 가능성이 적다는 것이다.

넷째, 계속성과 계열성에 입각한 아동의 성장을 보장할 학습자료와 학습경험을 제공하기 힘들다는 점이다. 왜냐하면 조직적이고 체계적인 교육계획을 사전에 마련할 수 없기 때문이다.

> 경험중심 교육과정은 학습자를 중심으로 하고 학습자의 전인적 발달을 중시한다.

학습문제

01. 경험중심 교육과정의 특징에 대해 설명하시오.

02. 경험중심 교육과정의 장점과 단점을 비교, 설명하시오.

03 학문중심 교육과정

1950년대 들어서면서 교육의 양적 팽창과 교육의 지적 수준을 높여야 한다는 주장이 많이 등장했다. 이를 위한 노력의 일환으로 교육혁신운동이 일어났는데, 그 핵심적 주장은 교육제도의 개혁과 교육과정의 개혁이었다. 학문중심 교육과정은 이 교육개혁운동으로 나타난 교육과정의 형태이다.

학문중심 교육과정에서는 교육의 지적 목표를 재강조하고 이를 위한 교과 및 교수자료의 정비나 방법의 혁신 등이 그 특징이라고 볼 수 있다. 이러한 혁신운동이 싹트기 시작한 것은 미국의 과학과 수학분야의 교과전문 교육학자들이 어떻게 하면 학생들에게 수학과 과학지식을 효과적으로 가르칠 수 있고, 또 흥미롭게 배우게 할 수 있는가 하는 문제에 대한 연구에서 시작되었다. 또 하나는 1957년 소련이 인공위성 스푸트니크(sputnik) 호의 발사에 성공하게 되자 미국은 큰 충격을 받게 되었고, 이러한 상황은 교육과정 개혁운동을 진전시켰다. 이 운동의 선두주자인 브루너(J. S. Bruner)가 「교육의 과정(The Process of Education)」이라는 저서를 출간하면서부터 이 교육과정은 본격적으로 다루어지기 시작했다.

학문중심 교육과정의 기본적 입장을 브루너의 저서 「교육의 과정」을 중심으로 요약하면 다음과 같다.

첫째, 지식의 기본구조화를 강조한다. '지식의 구조'라 함은 '학문의 이면에 숨어 있는 기본적 아이디어', '지식의 기본개념', '지식의 핵심개념', '일반적 아이디어', '지식탐구과정' 등과 동의어로 쓰이는데, 구조가 중요시되는 이유를 브루너는 다음과 같이 설명하고 있다. ① 기본원리의 이해는 교과에 대한 포괄적 통찰을 가능하게 한다. ② 잡다한 사실을 그대로 기억하는 것보다는 어떤 틀 속에 있는 사실을 기억하는 것이 용이하다. ③ 기본적 원리의 이해는 학습의 전이에 필수적으로 중요하다. ④ 기본원리를 강조하는 것은 교사로 하여금 그 원인들을 재검토하도록 자극하고 최신 자료에 민감하게 한다. 다시 말하면, 지식의 기본구조를 중시한다는 것은 지적 성장을 도모하도록 하는 데 있는 것이다.

둘째, 어떤 교과든지 어떤 학생에게도 효과적으로 가르칠 수 있다는 것을 강조한다. 이 교과내용은 고등학교 학생에게 해당되며 초등학교 학생에게는 너무 어려워서 가르칠 수 없다는 말은 성립되지 않는다. 동일 교과내용을 발달단계와 관계없이 가르치되, 다만 발달단계가 높아짐에 따라 그 내용의 깊이와 폭이 달라질 뿐이라는 것이다. 마치 달팽이 껍질의 선이 위로 올라갈수록 점점 크게 되는 것에 비유하여 나선형 교육과정의 형태라고도 한다. 이 교육과정은 교과에 담겨진 기본개념을 그들의 사고방식에 알맞게 가르치며 학년의 진전에 따라 점차 심화, 확대해 나가는 교육과정을 말한다. 이는 학문의 중핵을 이루는 기본적 개념을 구체적인 것으로부터 일반적인 것으로, 또한 단순한 것으로부터 복잡한 것으로 조직함으로써 학습자들의 전이력과 적용력을 발달시킬 수 있다는 것이다.

셋째, 탐구과정을 중시한다는 점이다. 학문중심 교육과정에서는 교과를 가르칠 때 그 교과에 내재해 있는 '기본원리', '핵심개념'을 교사가 찾아내어 이것을 학생들에게 제시하고 주입하는 것이 아니라, 학생들로 하여금 각 학문 영역의 전문가들이 하는 탐구방식과 유사한 탐구기술, 즉 물리학자, 화학자, 생물학자 등의 사고과정과 사고습관을 가지게 하려고 하였다.

넷째, 학습자에 대한 내재적인 동기유발을 강조하고 있다. 탐구과정에 발견의 기쁨이 뒤따른다. 학습자가 스스로 문제를 해결했을 때 오는 기쁨은 학습자의 내적 동기유발에서만이 가능한 것으로 보고 있다. 이러한 내적 동기유발을 통한 학습은 전이가 높은 학습으로 평가되고 있다.

학문중심 교육과정이 교육의 수월성과 이론적인 면에서 철학적 기초를 제공하는 면에서는 장점이라고 볼 수 있지만, 실제 적용상에서 여러 가지 단점이 나타났다. 첫째, 학습능력이 상위권에 있는 학생들에게만 적합하다는 점, 둘째, 지식을 너무 단순화시켜 문제해결력을 기르지 못한다는 점, 셋째, 보통 이하 수준의 학생들에게는 적합하지 않아 비인간화 현상이 나타나고 있다는 점 등이 비판점이다.

> 학문중심 교육과정은 지식의 구조, 학습자의 탐구과정, 학습자의 내재적인 동기유발을 강조한다.

학습문제

01. 학문중심 교육과정의 대두 배경에 대해 설명하시오.

02. 학문중심 교육과정의 특징에 대해 설명하시오.

03. 학문중심 교육과정의 장점과 단점을 비교, 설명하시오.

04 인간중심 교육과정

1960년대부터 학문중심 교육과정이 기초 과목으로 교육내용을 강조하여 기술 과학적 혁신에만 열중한 결과, 교육제도에 대한 논쟁, 학교교육에 대한 비판, 교육본질에 대한 논쟁이 일기 시작하였다. 교육대상으로서의 인간을 보는 시각이 달랐던 것이다. 교육이란 지식과 기술을 습득하기 위해서만 행해지는 것이 아니라 인간에 대한 이해, 인간성의 계발, 타인과의 관계, 새로운 인간형의 창조 등을 위해 행해져야 하고, 또 그러한 내용들을 교육목표로 삼아야 한다는 전제하에 나타난 것이 바로 인간중심 교육과정이다.

이러한 인간중심 교육과정 입장에서 보면, 오늘날의 학교교육은 많은 문제점을 지니고 있으며 그러한 문제들은 시급히 해결되어야 할 것들이다. 그 문제점이란 바로 교수되어야 하는 것은 교수되어지지 않고, 많은 단순한 사실들을 학생들에게 주입시킴으로써 보다 효과적인 결과를 얻으리란 생각은 잘못되었다는 것이다. 학문적 지식을 획득하도록 하는 데에만 동기유발의 초점을 두기보다는 삶, 보다 나은 인간관계, 자아계발을 위해 바람직한 교육적 방향을 결정하는 데 관심을 두어야 한다고 지적하고 있다.

교육이라는 이름으로 행해지고 있는 교육 아닌 교육을 인간중심 교육과 구별해야 한다는 점에서 교육 본질에 대한 비판 역시 논쟁의 대상이 될 수 있다. 교육은 특수한 지식과 기술을 단순하게 전달하는 것이 아니라, 전달받은 기술이나 지식 자체의 합리성에 의문을 던지는 과정이라는 점에서 교육이 나아가야 할 방향은 인간이 자기 자신·타인·자연과의 사이에서 어떤 관계를 가져야 할 것인가를 깨우치도록 하는 데 강조점이 주어져야 한다는 것이다. 교육의 시급한 문제는 기능 습득 이외에 개성과 가치관, 조화 및 균형 잡힌 인격계발, 긍정적 자아개념의 형성 및 자아실현이 가능하도록 하는 인간적인 교육환경의 제공이라고 볼 수 있다.

인간중심 교육과정의 목표는 인간의 본성과 욕구에 부합시켜 사랑하고 깊이 있게 느끼며, 내면의 자아를 확장하고 창조함으로써 스스로 배우는 자아실현의 가능성을 계발하는 것이다. 즉, 인간주의자들이 보는 교육과정의 기능인 개인에게 내적 경험을 제공하는 것이다. 이처럼 인간중심 교육과정의 목표는 기계적인 인간이나 지식인 지향이 아니라, 깊이 생각하고 행동하는 인간, 사랑하며 스스로 내면적인 자아를 확장하는 인간, 그리고 부단히 배우고 창조하는 전인적 인간 지향이라고 볼 수 있다.

인간중심 교육과정의 특징을 살펴보면 다음과 같다(김종서, 1987).

첫째, 교육의 궁극적인 목적을 자아실현을 위한 인간 육성에 두고 있다. 인간은 태어날 때부터 선하고 자율적인 기본욕구를 가지고 있어 이러한 기본욕구를 최대한 충족시켜 주고 계발시켜 줌으로써 자아를 실현할 수 있는 인간이 될 수 있다는 것이다.

둘째, 자아실현을 위해서는 학교 환경을 인간화시키는 데 노력해야 한다는 것이다. 오늘날 학교가 비인간화된 기관으로 된 가장 큰 원인 중의 하나가 너무 많은 실패의 경험을 제공하고 있다는 것을 들 수 있다. 이를테면 대규모의 학교와 과밀학급 등의 학급집단의 대형화, 평가제도를 도입한 인간의 계열화와 지나친 경쟁심의 유발, 학교 건물과 교실 구조의 획일화와 경직성, 체벌, 금지, 강요 등은 비인간화의 대표적인 실례라 할 수 있다.

셋째, 교육의 비인간화를 막기 위해서는 표면적 교육과정보다는 잠재적 교육과정(latent curriculum)을 중시해야 한다. 표면적 교육과정은 지식과 기능에 영향을 미치는 교육의 의도성에 중점을 둔 교과교육을 의미하며, 잠재적 교육과정은 학생들의 사회적 발달, 정의적 발달에 영향을 미치는 무의도적 교육으로 가치관과 도덕적, 정서적 교육활동을 의미한다.

넷째, 학생들의 잠재적 교육과정에 영향을 미치는 학교 환경의 비인간화를 막기 위해서는 인간주의적인 교사가 필요하다는 것이다. 교육과정의 최종 결정자는 교사이다. 아무리 학교 환경이 경직되어 있어도 비인간화의 요인은 교사의 힘에 의해서 어느 정도 완화시킬 수 있다. 그러므로 교사의 인성과 교육관은 학생들의 비인간화 문제를 해결하는 데 중요한 관건이 된다.

인간중심 교육과정은 비인간화를 막고 자아를 실현하는 인간을 육성하여야 된다는 시대적 요청에는 부응하고 있지만 인간 본성을 지나치게 낭만적으로 보았기 때문에 현대와 같은 경쟁사회에 필요한 인간으로는 부적합하다는 비판이 일기 시작했다.

인간중심 교육과정은 자아실현을 위한 인간육성, 학교 환경의 인간화, 잠재적 교육과정, 인간주의적 교사 등을 강조한다.

학습문제

01. 인간중심 교육과정의 특징에 대해 설명하시오.

02. 인간중심 교육과정의 장점과 단점을 비교, 설명하시오.

05 영 교육과정

영 교육과정(零, null curriculum)은 교과나 교육과정을 통해 학습되어야 할 내용을 학교에서 소홀히 가르치거나 아예 가르치지 않는 지식, 태도, 행동양식 등을 일컫는 용어이다. 이러한 영 교육과정은 다시 소극적 의미와 적극적 의미로 구분하여 정의되기도 한다.

소극적 의미란 공식적 교육과정을 학생이 배우게 되는 동안 경험하지 못하게 되는 지식, 태도, 행동양식을 의미하며, 적극적 의미란 의도적으로 특정 지식, 가치, 태도 등을 배제시켜 아예 접할 수 없도록 지워 버린 교육과정을 의미한다.

학교의 교육과정은 많은 지식과 내용, 숨어 있는 가치와 태도 등을 담고 있다. 그럼에도 불구하고 학교에서 학생들이 교과나 교육과정을 배우는 동안 지식과 내용, 가치나 태도 등을 배우지 못하는 경우가 발생하게 된다. 예를 들어 학교에서 접하게 되는 수학 교육과정은 수학적 태도, 가치, 수학적 창의력, 논리력, 수리력, 추리력 등 보이지 않는 많은 가치들을 담고 있다. 그럼에도 불구하고 학생들이 배우게 되는 수학 교육과정의 내용은 특정 계산력과 암산 능력 등을 강조함으로써 자칫 위에 열거한 다양한 암묵적 지식을 다루지 못하는 경우가 발생한다는 것이다. 이러한 현상의 이면에는 특정 정치 이념, 사회의 통속적 관습, 문화, 종교 세력들이 자리 잡고 있으며 위의 세력들은 오히려 중요한 내용이 영 교육과정화되는 현상을 낳게 하는 원인이 되기도 한다.

Eisner(1979)는 논리적·수리적 측면만 강조하고 예술적 상상력 등을 영 교육과정화시키는 학교교육과정을 비판하고 영 교육과정을 새롭게 조명함으로써 공식적 교육과정을 보다 발전시킬 수 있다고 주장하고 있다.

> 영 교육과정이란 교육과정을 통해 학습되어야 할 내용을 학교에서 소홀히 가르치거나 아예 가르치지 않는 지식, 태도, 행동양식 등을 의미한다.

학습문제

01. 영 교육과정의 개념에 대해 설명하시오.

02. 영 교육과정의 실제 사례를 들어 보시오.

06 잠재적 교육과정

잠재적 교육과정은, 교육과정의 영역이 어떤 특정한 측면에만 국한되는 것이 아니라 학교의 전 사태에 걸쳐 있음을 시사한다. 이 점에서 잠재적 교육과정은 전통적 입장에서 보면 교육과정을 학교경험의 총체로 규정한 경험중심 교육과정의 한 측면을 이어받고 있다고 볼 수 있다. 그러므로 현 단계로서 잠재적 교육과정은 종래의 교육과정 개념이 표면적 교육과정의 의미에 비추어 대조적으로 정의될 수밖에 없을 것이다. 다시 말하면 잠재적 교육과정이란, 교육과정을 통하여 학생들이 갖게 되는 경험 중에서 종래 교육과정(표면적 교육과정)의 개념으로부터 통상 간과되어 온 경험을 가리키는 것이며, 이러한 경험은 학교의 전 사태와 관련되어 있는 것이라고 정의할 수 있을 것이다.

잠재적 교육과정의 특징을 표면적 교육과정과 비교하여 설명하면 다음과 같다.

첫째, 표면적 교육과정이 교과에 관련이 있다면 잠재적 교육과정은 주로 비교과적인 활동에 관련이 있다. 즉 비교과적인 놀이 · 행사 · 운동회 등의 각종 행사 및 단체활동, 개인활동 등을 통하여 배우는 것을 의미한다. 그러나 잠재적 교육과정도 교과를 통하여 배우는 경우가 전혀 없는 것은 아니다. 수학이라는 과목을 배움으로써 수학이란 정말 어렵고 재미없는 과목이라는 것을 배웠다면, 이는 교과가 매개가 되어 배운 잠재적 교육과정의 좋은 예가 된다.

둘째, 표면적 교육과정이 주로 지적인 것에 관련된 것이라면, 잠재적 교육과정은 주로 비지적인 것과 관련된다는 점이다. 잠재적 교육과정의 대부분의 연구는 잠재적 교육과정을 비지적인 경험과 관련시키고 있다. 잠재적 교육과정은 정의적 가치체계에 해당하는 비지적인 것과 관련이 깊다. 반면에 표면적 교육과정은 교과에서 배우는 지적인 것과 주로 관련된다.

셋째, 표면적 교육과정은 주로 이론지식에 관련되는 반면에, 잠재적 교육과정은 주로 생활기능에 관련된다는 것이다. 아동들이 학교에 나오는 목적은 공부하는 것이지만, 학교도 분명히 하나의 사회이기 때문에 아동이 공부하려는 목적을 달성하기 위해서는 이 사회에 잘 적응하지 않으면 안 된다. 잠재적 교육과정은 하나의 사회로서 학교라는 곳에 적응할 수 있는 여러 가지 생활기능을 배우게 한다. 학교사회에서 경험하는 것이 바람직하든 바람직하지 못하든 간에 거기에 적응하기 위해서는 그 사회가 요구하는 것을 배워야 한다. 때문에 학교의 잠재적 교육과정이 얼마나 바람직하냐가 문제시되고 있다. 그러나 표면적 교육과정은 생활기능보다는 학문과 지식에 관심이 더 많다.

넷째, 표면적 교육과정은 일시적이고 단기적으로 배우는 데 반하여, 잠재적 교육과정은 장기적, 반복적으로 배운다는 점이다. 교과에서 배운 것은 학년이 지나가면 다시 배울 기회는 거의 주어지지 않는다. 정해진 시간 계획에 따라 정해진 내용을 한 번 배우면 그만이다. 이것이 표면적 교육과정의 일반적인 특징이다. 이에 반하여 아동들의 학교생활은 학년이 올라가도 매년 같은 양식의 생활을 되풀이한다.

다섯째, 표면적 교육과정이 주로 바람직한 내용인 데 반하여, 잠재적 교육과정은 바람직한 것뿐만 아니라 바람직하지 못한 것도 포함한다. 학교가 사회적으로나 도덕적으로 용인될 수 없는 것을 가르치려고 하지 않는 것은 그 제도의 설립 목적상 당연하다. 그러나 잠재적 교육과정은 학교의 의도와 관계없이 배워지는 것이기 때문에 도덕적으로, 그리고 사회적으로 나쁜 것도 좋은 것도 섞여 있기 마련이다. 잠재적 교육과정을 통하여 아동들이 얼마나 바람직한 것을 배우느냐 못 배우느냐 하는 것은 전적으로 그 학교의 잠재적 교육과정의 장에 의하여 결정되는 문제이다. 표면적 교육과정과 잠재적 교육과정은 서로 조화되고 상보적인 관계에 있을 때, 학생 행동에 강력한 영향력을 미칠 수 있다.

이상에서 살펴본 잠재적 교육과정과 표면적 교육과정과의 비교는 〈표 3-1〉에서와 같이 교육방법, 학습영역, 학습경험, 학습시간, 학습내용, 교사의 역할 측면에서 분석이 가능하다.

〈표 3-1〉 **잠재적 교육과정과 표면적 교육과정의 비교**

비교 기준	잠재적 교육과정	표면적 교육과정
교육방법	학교에서 의도하지 않았으나 학교 자체가 갖는 성격으로 인해 은연중에 학습함	학교의 의도적 계획 및 조직, 지도에 의해 이루어짐
학습영역	주로 정의적 영역(흥미, 태도, 가치)과 관련됨	주로 지적 영역과 관련됨
학습경험	학교의 문화 풍토(비공식적 문화)	교과(의도된 가치체계, 공식적 문화)
학습시간	장기적, 반복적으로 배우며 항구성을 지님	단기적으로 배우며 일시적임
학습내용	바람직한 내용뿐만 아니라 바람직하지 못한 내용도 포함됨(사실적 체계)	바람직한 내용만 포함됨(규범적, 당위적 체계)
교사의 역할	인격적 감화(학생의 동일시 대상)	지적, 기능적 영향

이와 같이 잠재적 교육과정은 학교가 있는 한 존재가 불가피한 것임을 알 수 있다. 따라서 중요한 것은 학교교육에서 잠재적 교육과정에 대해 얼마나 심각하게 인식하고 이에 대처할 것인가이다. 가시적으로 드러나는 표면적 교육과정에만 관심을 두고 잠재적 교육과정을 무관심의 대상으로 방치한다면 학교교육의 전인성 측면에서 문제의 심각성이 있다. 전인교육을 지향하는 학교교육에서는 표면적 교육과정뿐만 아니라 잠재적 교육과정의 중요성을 인식하고 이를 학교교육에서 어떻게 수용할 것인가에 대한 성찰이 요구된다.

> 잠재적 교육과정이란 표면적 교육과정과 대조되는 용어로 교사와 학교 등의 공식적 교육과정에서 의도하거나 계획하지 않았으나, 학생이 학교생활을 통하여 은연중에 배우게 되는 가치, 태도, 행동양식과 같은 경험된 교육과정을 의미한다.

학습문제

01. 잠재적 교육과정과 표면적 교육과정의 특징을 비교하시오.

02. 잠재적 교육과정의 한계점을 설명하시오.

07 통합 교육과정

교육과정의 통합적 접근을 의미하는 말에는 '교육과정 통합'과 '통합 교육과정'이란 용어가 있다. 이에 관하여 이영덕(1983)은 교육과정 통합(curriculum integration)은 교육과정 요소가 어떤 기준에 의해서 분리, 독립되어 있는 것들을 상호 관련짓고 통합함으로써 하나의 의미 있는 체제로 발전시키는 과정 내지 시도를 뜻한다면, 통합 교육과정(integrated curriculum)이란, 그러한 시도와 노력의 결과인 하나의 산출을 뜻한다. 이러한 구분은 이들 두 용어의 의미상 차이를 엄격하게 구분하는 것으로, 용어 사용의 혼동을 줄이기 위한 것으로 보이지만 이들이 완전히 이질적인 것이 아니기에 학교 현장에서는 흔히 통합 교육과정으로 부르고 있으며, 사용자의 맥락에 따라 이들을 혼용하고 있다. 여기서도 이들을 같은 맥락으로 혼용하였다.

통합 교육과정은 미국에서 진보주의 교육사조에 따라 경험중심 교육과정과 함께 강조되었던 개념으로, 전통적인 분과주의의 폐단을 시정하기 위한 것이 주된 목적이었다. 1920년대부터 강조되기 시작한 통합 교육과정은 1950년대까지 지속되었다. 1960년대에 이르러서는 학문중심 교육과정의 강조로 통합 교육과정이 상대적으로 덜 강조되는 듯이 보였다. 그러나 1970년대에 들어 인본주의 교육과정이 강조되면서 통합 교육과정의 필요성과 적절성이 다시 강조되기 시작하였다.

통합 교육과정의 의미는 통합의 의미를 무엇으로 보며, 무엇을 중심으로 통합하는가, 또한 어떠한 방식으로 통합하는지 등에 따라 다양하게 규정되고 있다. 다양한 규정에도 불구하고 통합 교육과정이란, 교과내용의 통합을 의미하며, 나아가 학습자들의 학습통합을 지향하고, 궁극적으로는 학습자들의 인격통합을 목적으로 한다는 점에서는 공통적이다.

권낙원(2003)은 통합 교육과정의 다양한 정의를 요약하여 다음과 같이 제시하고 있다.

첫째, 통합 교육과정은 교과 경계선이 없다. 이 말은 여러 교과들을 새롭게 조직한다는 뜻이며, 분과된 상태로서의 교과 내의 통합이 아니라 여러 독립 교과가 서로 관련된 상태로서의 제3의 교육과정을 의미하게 된다.

둘째, 통합 교육과정은 실생활 문제를 중시한다. 하교에서 배운 지식, 기술 그 자체는 의미가 없으며, 그것이 실생활 문제와 관련이 있을 때에 의미가 있는 것이다.

셋째, 학습과제, 프로젝트, 주제, 토픽 등을 선정, 개발하는 데에 학생들이 직접 참여한다는 점이다. 그렇게 함으로써 학습경험의 통합을 앞당길 수 있다.

넷째, 평가는 단편적 지식이나 기능의 습득에 주안점이 있는 것이 아니라 아동의 성장과정 그 자체에 초점을 둔다.

이상의 다양한 의미와 정의들에 비추어 볼 때 통합 교육과정이란, 교육의 목적을 달성하기 위하여 분절된 지식과 경험을 유의미한 방식으로 서로 관련짓고, 학습자의 자발적 참여를 통하여 전체로의 학습이 이루어져, 점차적으로 학습자의 인격을 통합해가는 교육과정이다.

> 통합 교육과정의 의미는 통합의 의미를 무엇으로 보며, 무엇을 중심으로 통합하는가, 또한 어떠한 방식으로 통합하는지 등에 따라 다양하게 규정될 수 있다.

학습문제

01. 통합 교육과정의 특징을 설명하시오.

02. 통합 교육과정의 발달을 교육과정 유형의 변천과 함께 설명하시오.

08 다문화 교육과정

가. 다문화 교육

다문화 교육은 1960년대 미국의 교육체계에 있어 교육적 평등주의를 이루고자 하는 이념에서 비롯되었으며(장영희, 1997), 70년대 와서 비로소 범세계적으로 확산되었고, 80년대에는 그 관심이 사회 내의 많은 인종적 문제와 하위문화의 구성원에 의한 개인적, 집단적, 혹은 집단 상호 간의 문제로 확산되었다(임명희 · 최안복, 2007).

또한 1990년대 이후 세계화가 국가의 관심사로 부각되면서 이에 대비하는 교육적인 대안의 하나로 국제이해교육이 제안되었고, 모두 더불어 사는 세상을 만들기 위해 어린 학생들에게 세계시민의 의식과 자질을 향상시키는 것이 중요하다는 인식이 확산되었다(김현덕, 2007). 이러한 인식과 함께 제7차 교육과정에도 국제이해교육에 대한 내용이 추가되었으며, 세계화 및 국제화의 시대적인 요청은 다문화 교육에 대한 필요성을 인식하게 하는 계기를 마련해 주었다.

지금까지의 다문화 교육은 단순히 다양한 인종이나 민족에 국한되어 사용된 용어로 알려져 있으나, 최근에는 다문화 교육이 모든 다양한 단체를 포함하여 그들에게 적절하고 공평한 교육의 기회를 제공하기 위한 교육적 노력을 의미하는 것으로도 쓰이고 있다(장인실, 2003). 이러한 맥락에서 다문화 교육이란, 다양한 문화나 사고방식이 존재함을 당연한 것으로 간주하고 서로 다른 문화로 인한 행동의 차이나 사고방식의 차이를 수용하고 이해할 것을 강조하고 있는 교육이라 할 수 있다. 따라서 다문화 교육은 소수만을 위한 특정프로그램이 아니라 모든 학생들이 다문화 사회에서 책임 있는 시민으로 살아가고 사회를 이해할 수 있도록 하는 것을 목표로 하는 다문화주의에 바탕을 둔 교육철학인 것이다. 다문화 교육의 정의는 학자들의 다양한 개념 정의를 토대로 다음과 같이 정의할 수 있을 것이다.

다문화 교육이란 평등교육 실현을 목표로 설정하고, 그러한 목표를 달성하기 위한 다양한 내용을 선정·조직하며, 모든 학생들이 함께 경험할 수 있도록 평등한 기회를 제공하는 교육이다(민용성·최화숙, 2009).

최근 우리나라는 다문화 가정의 증가에 따라 다문화 가정 학생 수도 크게 증가하여 2009년 외국계 주민의 자녀는 121,935명, 다문화 가정의 학생도 24,745명에 이르고 있다(강일국, 2010). 학생 수의 증가에도 불구하고 정규교육을 받지 못하는 미취학자들도 30%에 달하며, 다문화 가정 대부분 학생들의 어머니가 외국 출신이어서 가정 내 교육적 지원도 부족한 경우가 많다. 이렇듯 다문화 가정이 겪고 있는 많은 문제점을 해결하고 모든 구성원이 조화롭게 살기 위해서 단위학교에서도 다문화 교육을 시도하고 있다. 방과 후 다양한 프로그램을 활용하여 한국어를 습득하게 하거나 한국 문화뿐만 아니라 다른 문화를 배울 수 있는 교육과정을 실시하고 있다. 하지만 여전히 대부분의 학교에서는 다문화 학생들이 정체성 형성이나 원만한 대인관계 수립, 자아 존중감 형성 등에 어려움을 겪고 있다. 또한 현장에서 실시되고 있는 다문화 교육이 아직 초기 연구 단계여서 이론적인 뒷받침이 미흡한 실정이며, 특히 교육과정 분야에 대한 연구는 양적으로나 질적으로나 미흡한 편이다.

나. 다문화 교육과정

다문화 교육을 실행하기 위한 교육과정은 교육과정을 구성하는 하위요소별로 살펴볼 필요가 있다.

(1) 다문화 교육과정의 목표 측면

다문화 교육의 목표는 학자들이 제시하는 여러 영역을 종합해 볼 때, 문화, 평등, 상호작용, 비판적 사고, 자아개념으로 영역을 구분해 볼 수 있다. 이에 대한 구체적인 내용은 다음과 같다.

첫째, 문화에 대한 다양성을 기초로 문화적인 차이에 대한 인식을 다문화 교육의 목표로 본다. 이는 단순한 인식의 차원뿐만 아니라 태도의 습득까지 포함한다. Banks(2002)의 경우 다문화 교육의 주된 목적 가운데 하나는 모든 학생들에게 자신의 민족 문화뿐만 아니라 주류 문화, 그리고 다른 민족의 문화까지도 이해하는 데 필요한 기술, 태도, 지식을 제공하는 것이라 보았다. Bennet(2003)도 문화적인 측면에서의 학교 개혁을 다문화 교육의 중요 측면으로 여겼다. 따라서 다문화 교육에서 목표로 하는 문화에 대한 올바른 인식은 문화적 상대주의에 근거한 이해와 동시에 소수 문화에 대한 존중을 의미한다.

둘째, 평등에 대한 강조이다. 타인에 대한 존중에는 기본적으로 타인과 내가 같은 위치에 놓여 있다는 인식이 포함되는데, 이는 평등을 기반으로 한다. 즉, 다문화 교육이 나와 다른 개인에서부터 나아가 여러 집단, 인종과 계층, 문화, 성별, 직업 등의 차이를 인정하고 개방적인 자세를 갖도록 하기 위한 것이라고 보는 것이다.

셋째, 상호관계에 대해 관심을 두고 이를 촉진하는 것에 목적을 둔다. 이는 다른 말로 협력을 강조하는 것으로써 다양한 배경을 지닌 여러 집단의 사람들과 원만한 상호작용을 할 수 있도록 돕는 것을 의미한다. 이에 대해 Ramsey(2004)는 다문화 교육의 목표를 크게 사회적 관계 속에서의 자아형성, 연대감, 비판적 사고, 행동하는 태도, 지적 향상, 그리고 더욱 평등한 미래사회 만들기로 제시하고 있다.

넷째, 비판적 사고를 길러 주는 것을 의도하는 측면이다. 이는 편견과 고정관념을 감소시키는 훈련과 함께 다양한 집단에 대해 다문화적인 사고를 통하여 인식할 수 있도록 돕는 것을 의미한다. 다섯째, 학생들의 올바른 자아개념을 길러 주기 위한 과정으로서 다문화 교육에 중요성을 두는 것이다.

(2) 다문화 교육과정의 내용 측면

교육내용이라 함은 무엇을 가르치고 배울 것인가라는 교육과정의 기본 질문이면서 동시에 일정한 교육목표와 기준에 따르는 타당성을 지녀야 하는 부분이다. 다문화 관련 교육영역 및 내용을 김영옥(2008), 정정희(2006)는 문화, 협력, 편견, 정체성 형성, 평등성, 다양성 등으로 제시하고 있다. 또한 Banks(2007)는 다문화 교육내용 영역을 내용 통합, 지식 구성, 동등한 교수법, 편견 해소, 학교문화 강화 등 다섯 가지로 제시하고 있다.

〈표 3-2〉는 설규주(2009)가 제시한 다문화 교육내용과 범주 및 하위요소를 이상의 내용 요소들을 종합할 수 있도록 재구성한 표이다.

〈표 3-2〉 **다문화 교육내용 범주 및 하위요소**

내 용	범 주	하위요소
지식측면	문화 일반 이해	문화의 의미와 의의
		문화의 특징과 속성
	다양한 문화 현상 이해	세계화, 다원화
		세계 공동체
		세계의 다양한 문화
	한국의 문화적, 사회적 상황 이해	한국 문화의 특징
		한국 사회의 변화
기능측면	의사소통기능	한국어와 글
		모국어와 글
		의사소통
	다문화 현상 조사 및 해석 기능	다문화 현상 조사
		다문화 현상 해석

	대인 및 집단 기능	민주적 절차 준수
		의사결정
		갈등해결
		협력
가치 및 태도 측면	정체성 확립 및 상호존중	자아정체성
		자문화 의식
	다름에 대한 인정과 존중	이질적 외모 존중
		타문화 인정 및 존중
		사회적 소수자 인식 및 존중
	민주적 공동체 지향	민주적 가치 존중
		참여의식 제고
		다양성과 통합 사이의 균형

출처 : 설규주(2009). 다문화 교육을 위한 초등 교수-학습 과정안 재구성.

(3) 다문화 교육과정의 교수-학습방법 측면

다문화 교육을 위한 교수-학습방법 면에서는 다양성, 지속적 기회, 통합적 방법 등을 특징으로 들 수 있다. 교수-학습방법 면에서 다양성이란, 교과 및 교과 외 활동에서 활용할 수 있는 교수-학습방법은 고정되어 있는 것이 아니라 문화적 학습양식과 특성을 인정해주는 범위 내에서 다양한 방법을 활용한다는 것이다. 둘째로 실제 생활과 관련된 다양한 기회를 지속적으로 제공하는 것이다. 지속적인 기회는 특히 소수 인종 학생들 스스로에게 소속감이나 자신감을 꾸준히 개발할 수 있는 기회를 제공하게 될 것이다. 또한 단편적 소재나 활동을 통한 방법을 통해서 학생들은 의사를 결정하는 기술이나 사회적 참여 기술 및 효능감 등을 키울 수 있는 기회를 얻게 될 것이다.

(4) 다문화 교육과정의 평가 측면

다문화 교육을 위한 교육과정 구성요소인 평가 부분은 목표와 내용, 교수-학습방법 등과 일관적이고 체계적인 평가가 이루어져야 한다. 교과에 따라서는 수준별 평가도 이루어질 수 있고, 교과 외 활동에 있어서는 자기평가나 담당교사에 의한 관찰평가 등도 활용될 수 있을 것이다.

> 다문화 교육이란 평등교육 실현을 목표로 설정하고, 그러한 목표를 달성하기 위한 다양한 내용을 선정 · 조직하며, 모든 학생들이 함께 경험할 수 있도록 평등한 기회를 제공하는 교육으로, 이를 위한 다문화 교육과정은 교육과정을 구성하는 요소별로 고려해야 한다.

학습문제

01. 다문화 교육의 개념에 대해서 설명하시오.

02. 다문화 교육과정의 대두 배경에 대해서 설명하시오.

03. 다문화 교육과정의 구성요소에 대해서 설명하시오.

Chapter 04

우리나라 국가 교육과정의 변천사

학습내용

1. 교육에 대한 긴급 조치의 시기(1945~1946)
2. 교수요목의 시기(1946~1954)
3. 제1차 교육과정의 시기(1954~1963)
4. 제2차 교육과정의 시기(1963~1973)
5. 제3차 교육과정의 시기(1973~1981)
6. 제4차 교육과정의 시기(1981~1987)
7. 제5차 교육과정의 시기(1987~1992)
8. 제6차 교육과정의 시기(1992~1997)
9. 제7차 교육과정의 시기(1997~2007)
10. 2007년 개정 교육과정의 시기(2007~2009)
11. 2009 개정 교육과정

우리나라 교육과정의 변천 시기는 일반적으로 8·15 광복을 기점으로 하여 교육에 대한 긴급 조치 및 교수요목 시기, 그리고 제1차부터 제7차 교육과정 시기로 구분하고 있다. 이처럼 교육과정 시기의 구분은 통상 제1차, 제2차 등의 차수에 따른 구분방식을 택하고 있는데, 대체로 전면 개정을 할 경우에만 새로운 차수를 붙여 왔다. 그러나 교육인적자원부가 2005년 2월 24일 '교육과정 수시 개정 체제 운영 활성화 방안'을 발표하면서 수시 개정 체제가 확립된 이후에는 개정 연도를 밝혀 '2007년 개정 교육과정' 등으로 명명하고 있다. 이하에서는 교육과정의 변천 시기별로 개요 및 주요 변화 내용을 중심으로 살펴보고자 한다.[1)]

01 교육에 대한 긴급 조치의 시기(1945~1946)

가. 초등학교

8·15 광복과 더불어 우리나라는 35년간에 걸친 일제강점기에서 벗어났

1) 이 부분은 민용성 외(2010)의 "초등학교 교육과정 총론 해설 개발 연구", 김진숙 외(2010)의 "중학교 교육과정 총론 해설 개발 연구", 정영근 외(2010)의 "고등학교 교육과정 총론 해설 개발 연구"의 일부를 발췌하여 제시한 것임을 밝힌다.

으나, 미군이 진주함에 따라 미군이 우리나라의 국정을 통치하게 되었다. 미군정청 학무국에서는 '신조선의 조선인을 위한 교육방침'을 통해 일본 제국주의적 색채를 없애도록 하고 초·중등학교 교과목 및 주당 교수 시수표를 시달하였다. 이때의 임시 교과목 및 교과 시수표는 일제 강점기 말기 심상소학교의 교과목 및 수업 시수표를 근간으로 개정된 임시방편의 것이었지만, 수신과를 폐지하고 새로운 민주시민 양성을 위한 공민과를 등장시킨 점, 일본어 중심의 국어가 우리의 말과 글 중심의 국어로 바뀐 점, 일본 역사가 우리 국사로 대체된 점 등 주로 일제의 황민화 교육을 탈피하고 신생 국가로서의 교육내용을 다루고 있다는 점이 특징이라 할 수 있다. 이러한 교과 편제와 시간배당은 광복 직후 국민학교를 개교하기에 앞서 긴급히 결정한 것이어서 이후 수정하여 시달되었는데, 교과 편제에는 습자·도화·요리·재봉 및 실업이 추가되어 시간배당이 늘었고, 4학년 이상은 교과 편제와 시간배당이 남녀별로 다르게 되어 있었다.

나. 중학교

1945년 8·15 광복과 더불어 미군정청은 초·중등학교 개교의 시급성을 절감하고 그 해 9월 17일 교육에 대한 긴급조치로 일반명령 제4호를 공포했다. 그들은 '새 조선의 조선인을 위한 교육'을 표방하고 우선 기존 교육과정에서 '수신'을 폐지하고 '공민'을 신설하였으며 일본어, 일본 역사 대신 우리말, 우리글과 우리 역사를 복원시켜 중학교의 경우 공민, 국어, 지리·역사, 수학, 물리·화학·생물, 가사, 재봉, 영어, 체육, 음악, 습자, 도화, 수예, 실업 등을 교육과정에 포함시켜 주 32~35시간씩 가르치도록 했다. 교수 용어도 당연히 한국어를 사용하게 했다.

다. 고등학교

8·15 광복에 따라 각급 학교에 적용할 교과목과 수업시간을 정하였으나 충분한 시간이 없어 일관된 철학적 입장을 정립하지 못한 채 일제 강점 말

기의 교과목 및 시간배당을 근간으로 하였다. 그러나 일제의 잔재를 없애고 우리 민족의 자주적 교육을 실현하는 데 중점을 두었다. 일본 제국주의적 성격이 강한 수신과를 폐지하고 새로운 민주시민 양성을 위한 공민과를 신설하였으며, 일본어 · 일본 역사 대신에 우리의 말과 글 중심의 국어 교육과 국사 교육을 강조하였다. 수업시수는 1주일에 32~36시간으로 1일 평균 5~6시간 정도이며 교과별로는 국어가 주당 5~7시간으로 가장 많았다.

학습문제

01. 교육에 대한 긴급 조치기의 특징을 초 · 중 · 고등학교로 구분하여 설명하시오.

02 교수요목의 시기(1946~1954)

가. 초등학교

광복 이후 임시로 교육에 관한 응급조치를 했던 미군정청 편수국에서는 교수요목을 제정하고 교과서를 편찬하였다. 1946년 9월 1일에는 국민학교 교수요목을 시달하였다. 이 교수요목은 정부수립과 교육법의 제정에 따라 새롭게 개정될 예정이었으나, 6 · 25전쟁으로 중단되어 1954년의 '교육과정 시간배당 기준령'과 이듬해의 '교과과정'이 공포될 때까지 유효하였으며, 이에 따른 교과서가 편찬되어 사용되었다. 교과별 교수요목에 나타난 특징을 보면, 첫째, 교육과정의 진술 체제가 교과별로 통일되어 있지 않아 사회생활과와 같이 교과의 목표와 방침, 운용법(운영상의 유의점)을 함께 제시한 교과도 있었지만, 대부분의 교과가 단원 또는 제재명과 내용 요소만을 제시하고 있었고, 둘째, 각 교과마다 단원 또는 제재별로 이수할 시간 수를 밝히고 있었다. 셋째, 내용 요소의 진술 형식도 설문 형식, 단순한 내용 요목 제시 형식 등 교과에 따라 달랐으며, 넷째, 교과의 편제는 실과가 없어진 것을 제외하면 대체로 지금과 비슷한 편제를 갖추었는데, 가장 특색 있는 것은 '사회생활과'의 탄생이다. 사회생활과는 공민, 역사, 지리, 직업, 자연 관찰(1~3학년)을 종합하여 편성한 교과로서, 사회생활을 영위하는 데 필요한 기본적인 교양을 내용으로 하며, 특히 민주시민을 기르는 데 주안점을 두고 편제된 것이었다. 이과의 1~3학년에 시간배당을 하지 않은 대신, 그 내용을 사회생활과에서 '자연 관찰'이라는 이름으로 학년별로 연간 38시간씩 이수하도록 하였고, 실과의 내용은 남자의 경우 5~6학년 사회과와 미술과에서, 여자는 가사과에서 그 내용을 포함하여 다루도록 하였다.

나. 중학교

광복 직후 전국적으로 통일된 교수요목의 필요성이 제기되고 때마침 1947년부터 중등학교 6년제 개편이 예정되어 있어 이에 대비하기 위해 각 교과의 교수요목 제정과 함께 1946년 9월 초・중등학교 교과과정이 공포되었다. 비록 그 명칭은 '교수요목', '교과과정표'이었지만 미군정청 주도하에 제시된 교육과정이었기 때문에 초급중학교의 경우 교과통합, 선택과목・특수과목 개설 등 중요한 변화가 있었다. 특히 교과통합과 관련하여 공민, 지리・역사가 '사회생활'로, 물리・화학・생물이 '일반과학'으로, 가사・재봉・수예・실업 등이 '실과'와 '수공'으로, 습자・도화가 '미술'로 통합되어 이후의 교과구성에 중요한 영향을 미쳤다. 필수과목에는 국어, 사회생활, 수학, 일반과학, 체육・보건, 실과, 음악 등 7과목만 포함되어 있고 외국어, 미술 등은 선택과목으로 제시되어 있다. 주당 학습시간 수도 39시간으로 크게 증가했다.

다. 고등학교

광복 직후 전국적으로 통일된 교수요목이 없어 이를 제정해야 한다는 요구를 수용하고, 중등학교의 경우 학제가 4년제에서 6년제로 개편됨에 따라 교수요목을 포함한 교과 편제와 시간배당을 제정하였다. 교과 편제에서 특이한 점은 공민 · 역사 · 지리를 통합한 '사회생활과'가 등장한 점, 체육과 보건이 합해져서 체육 · 보건이 된 점, 필수과목과 선택과목으로 구분된 점 등이다. 각 교과의 교수요목은 교수 요지, 교수 방침, 교수 사항, 교수의 주의로 구성되었다.

학습문제

01. 교수요목 시기의 특징을 초 · 중 · 고등학교로 구분하여 설명하시오.

03 제1차 교육과정의 시기(1954~1963)

가. 초등학교

교육법에 근거한 '교육과정 시간배당 기준표'와 '교과과정'은 우리 손으로 만들어진 최초의 체계적인 교육과정이라는 점에서 '제1차 교육과정'으로 불린다. 교육과정의 명칭 자체도 교육과정이라는 용어 대신에 '교과과정'이라는 용어를 사용한 점에서 교과 교육과정이었음을 알 수 있다. 또한 미국의 진보주의 교육의 영향을 받아 교육과정은 '교과중심'이었으나 교육과정을 기준으로 편찬하는 교과서는 이미 '생활중심'을 지향하고 있었으며, 특히 교육과정 편제에 교과 외에 특별활동이 편성되어 전인교육을 강조하였다. 광복 후의 사회적 혼란과 한국전쟁으로 인한 도덕적 타락이 현저하게 나타남에 따라 반공 교육, 도의교육, 실업교육을 강조하였다.

나. 중학교

1948년에 대한민국 정부가 수립되고 1949년에 교육법이 제정·공포됨에 따라 우리 손으로 만든 초·중등학교 교육과정 제정이 절실하였다. 그러나 한국전쟁으로 지지부진하다가 1953년 부산 피난 정부에서 다시 추진되어 1954년에 초중등학교 교육과정 시간배당 기준령(문교부령 제35호)이, 1955년에 교과과정(문교부령 제45호)이 제정, 공포되기에 이르렀다. 광복 후 우리 손으로 만든 최초의 교육과정이라 해서 '제1차 교육과정'으로 명명되었다. 명칭이 '교과과정'이라 흔히 교과중심 교육과정으로 일컬어지고 있지만 실제상으로는 미국 교육사절단의 영향으로 경험중심 교육과정의 정신이 스며들어 있다. 중학교 교육과정에 있어 그 편제는 전인교육을 표방하여 교과와 특별활동으로 구성되었다. 교과는 필수와 선택으로 구성되어 있으며 필수교과에 '미술'이 추가되어 모두 8개 교과가 되었다. 전쟁 후의 사회적 혼란과 도덕적 타락을 극복하기 위해 반공·도의교육이 강조되었고, 실업 교과들이 실업·가정으로 통합되어 매우 강화되었다. 주당 학습시간 수도 34~38시간으로 하향 조정되었다.

다. 고등학교

1948년 정부수립과 1949년 교육법 제정에 따라 교육과정을 새롭게 제정하자는 요구가 높아져 정부수립 이후 최초의 교육과정이 제정되었다. 교육법에 근거한 교육과정 시간배당 기준령과 교과과정은 우리 손으로 만든 최초의 체계적인 교육과정이라는 점에서 1차 교육과정으로 불린다. 이 시기에는 교육과정이라는 용어 대신에 교과과정이라는 용어를 사용하여 교과 교육과정 강조의 시기라고 한다. 미국의 경험중심 교육과정 사조의 영향으로 교과 외에 특별활동이 처음으로 편성되어 전인교육을 강조하였다. 또한, 광복 후의 사회적 혼란과 한국전쟁으로 인한 도덕적 타락 현상이 나타남에 따라 반공·도의교육이 강조되었다.

학습문제

01. 제1차 교육과정 시기의 특징을 초·중·고등학교로 구분하여 설명하시오.

04 제2차 교육과정의 시기(1963~1973)

가. 초등학교

제1차 교육과정이 '교육과정 시간배당 기준령'과 '교과과정'을 별도로 공포했던 것을 통합하여 일련의 체계를 갖춘 교육과정으로 공포함으로써, 교육과정이 교과활동뿐 아니라 학교교육의 전 활동과 관련되는 교육과정의 전체 구조에 의한 계획으로 그 성격을 분명히 함으로써 교육과정령으로서의 체계가 갖추어졌다. 이 교육과정에서는 생활이나 경험 자체를 중시하여 생활중심 교육과정으로서의 성격을 잘 표방하고 있다. 학교급 간의 연계성(articulation)과 아울러 교과 간의 통합성(integration)을 강조하였는데, 특히 국민학교의 1~2학년에서 각 교과의 관련성을 고려하여 종합(통합) 지도가 가능하도록 하고, 특별활동의 시간배당은 학교 실정에 맞게 신축성 있는 운영을 할 수 있도록 융통성을 부여하였다. 초등학교 교육과정의 편제는 ① 교과활동, ② 반공·도덕 생활, ③ 특별활동의 세 영역으로 나누어져 있다. 교과는 '국어, 산수, 사회, 자연, 음악, 체육, 미술, 실과'의 8개 과목으로 되어 있고, '사회생활과'가 '사회과'로 명칭이 바뀌었다. 학교 수업일수는 연간 35주를 기준으로 하고 있으며, 단위 수업시간은 40분이지만 각 학교의 실정에 맞게 시간 단위를 조정할 수 있도록 학교장에게 재량권을 부여하였다. 또한, 1~2학년의 학습지도는 1차와 마찬가지로 '교과 간의 관련성을 고려한 종합적인 지도'를 강조하였다. 1969년 부분 개정에서는 반공·도덕 생활을 강화하고 특별활동을 체계화한 것이 특징이다. 교과활동의 변화로는 국어과에서 완전한 한글 전용의 실시를 위하여 한자 교육을 하지 않도록 하였고, 미술과에서 표준색을 종래의 12색(또는 24색)에서 10색(또는 20색)으로 하였다. 반공・도덕 생활은 시간배당을 1시간에서 2시간으로 강화하였고, 특별활동 구성 체계를 보완하여 ① 학급회 활동, ② 아동회 활동, ③ 클럽활동의 세 영역에 따라 지도 내용, 지도상의 유의점을 제시하였으며, 전체 시간에 대한 백분율(각 학년별로 5~10%)로 제시되었던 시간배당 기준을 1~2시간으로 표시하여 최소 시간 이상을 확보하도록 하였다.

나. 중학교

미국교육사절단의 활동으로 경험중심・생활중심 교육과정 사조가 대세를 이루어 1963년 문교부령 제119호-제122호로 경험중심의 초・중등학교 교육과정이 제정・공포되었다. 교육과정이 '학교의 지도아래 학생이 가지는 모든 학습경험'으로 규정되고 교육과정 내용에서 자주성, 생산성, 유용성이 강조되었으며 그 조직・운영에서 합리성, 지역성이 중시되었다. 또한 박정희 군사 정부의 요구가 반영되어 반공・도덕 교육이 크게 강화되었다. 중학교의 경우, 교육과정 편제는 교과활동, 반공・도덕 생활, 특별활동으로 구성되고 교과활동은 종래 선택교과였던 외국어(영어)를 포함시켜 모두 9개 교과의 필수 교과 체제로 전환하였으며 사회생활 교과의 명칭이 '사회'로 바뀌었다. 1교시의 수업시간량도 종래 50분 단위에서 45분 단위로 감축되었다.

다. 고등학교

제1차 교육과정 제정 이후 상당한 시일이 경과되어, 그 동안의 문화의 발달, 국제 정세의 급격한 변동으로 인한 사회생활의 변화 등을 반영하기 위하여 교육과정이 개정되었다. 교수요목기부터 형식적이고 초보적인 형태로 반영되던 경험중심 교육과정이 충실히 반영되었다. 교과활동뿐 아니라 학교교육의 전 활동과 관련된 계획이라는 의미에서 교과과정이라고 하지 않고 교육과정이라고 하였다. 단위제를 도입하고[2] 모든 학교에서 학생의 진로와 직업 선택에 따라 인문, 자연 등의 과정을 구분하여 운영하도록 하였다. 단위 배당 기준에는 각 과목별로 3년간 이수할 총 단위 수로 제시하고 학년별 이수 단위는 학교가 자율적으로 편성하도록 하였다. 그리고 국가 교육과정은 학교교육과정 개발을 위한 일반적인 기준임을 밝히고 학교에 교육과정 재구성권이 있음을 명시하여 학교는 교육과정을 창의적으로 재구성할 수 있도록 하였다.

학습문제

01. 제2차 교육과정 시기의 특징을 초·중·고등학교로 구분하여 설명하시오.

05 제3차 교육과정의 시기(1973~1981)

가. 초등학교

1960년대부터 미국에서 새롭게 대두된 '학문중심 교육과정'의 사조를 받아들였으며 1968년에 주체성을 강조하여 국민교육헌장이 제정·공포되었다. 교육과정 체제 면에서 교육과정의 전개 체제가 더욱 체계화되었고, 교육과정의 편제 면에서는 '반공·도덕 생활'이 없어지고 '도덕'과가 교과로 독립함으로써 교과활동과 특별활동의 이원적 구조를 가지게 되었다. 도덕과가 교

2) 교육과정의 운영은 원칙적으로 단위제에 의거하되, 학교의 실정이 단위제를 실시하기가 곤란한 경우에는 학년제, 또는 단위제와 학년제를 병용할 수 있도록 허용함으로써 학교에 재량권을 부여하였다.

과로 독립함에 따라 교과는 총 9개가 되었다. 중등학교에서는 '도덕'과와 함께 '국사'도 교과로 독립하였으나, 국민학교에서는 종전대로 사회과 내의 국사 분야로 유지하되, 5~6학년에서 국사 부분의 내용을 따로 편성하고 교과서도 따로 편찬하도록 하였다.

시간배당 면에서는 기존의 과정과는 달리, 교과별·학년별로 연간 최소 시간(단, 괄호 안에 주당 시간 표시)으로 단일화 하였다. 또한, 수업시간 단위를 40분 또는 45분으로 하였는데, 이것은 1~6학년의 성장 조건 등을 고려하여 적절히 활용하려는 취지에 따른 것이었다. 특히, 교육내용에서 국민학교 1학년부터 '집합'의 개념이 도입된 것은 종래의 생활 수학을 탈피한 획기적인 일이었다. 제1차와 제2차 교육과정과 마찬가지로 1~2학년의 학습활동은 '가급적 관련 있는 교과를 통합하여 종합적'으로 지도하도록 명시되어 있음을 찾아볼 수 있었다. 특별활동의 영역은 학급활동, 클럽활동, 아동회활동, 학교 행사의 네 영역으로 구성하였고, 학교 행사의 시간은 별도로 확보하도록 하였다.

나. 중학교

제3차 교육과정은 1968년에 선포된 국민교육헌장의 이념과 당시의 학문중심 교육과정 사조가 반영되어 1973년, 1974년에 문교부령 제310호, 제325호, 제350호로 개정된 초중등학교 교육과정이다. 국민교육헌장에 나타난 창조의 힘과 개척정신, 협동정신, 국민정신 등과 학문중심 교육과정운동에 내재되어 있는 지식의 구조와 탐구학습, 그리고 1970년대와 1980년대의 시대적 상황 등이 반영되어 ① 자아실현, ② 국가발전, ③ 민주적 가치 등을 교육과정 일반목표로 제시하고 있다. 또한 중학교 교육과정에서 ① 도덕을 교과에 편입시켜 강화하고, ② 국사를 사회과에서 분리하여 독립시켰으며, ③ 실업·가정을 필수와 선택으로 나눠 필수에서 남학생은 '기술'을, 여학생은 '가정'을 이수하게 했다. ④ '한문'은 이미 1972년의 부분 개정(문교부령 제300호)에서 교과에 포함되어 그대로 유지되었다. 따라서 교육과정 편제는 교과와 특별활동으로 재구성되고 학생들의 이수 교과수가 13개로 대폭 늘어났다. 수업방법으로 탐구와 발견이 크게 강조되었다.

다. 고등학교

1968년 국민교육헌장이 선포되고, 1969년 이래 국적 있는 교육이 제창되면서 민족의 주체성 확립을 위한 교육이 강조되었다. 이를 실현하기 위해 사회 교과 내의 과목이던 국민윤리와 국사가 교과로 독립되었으며, 국민윤리는 교과로 신설되면서 국어과 앞에 편제되었다. 또한, 1957년 소련의 인공위성 스푸트니크(Sputnik)호 발사로 인한 충격 이후 미국 교육계를 주도한 학문중심 교육과정이 우리나라에 도입되면서, 팽창하는 지식의 양에 대응하여 기본적 개념을 중점적으로 지도하고, 학생 스스로가 발견하고 탐구할 수 있도록 교수-학습방법을 개선해야 한다는 요구가 커지게 되었다. 이를 수용하여 각 교과에서는 각 교과가 기초하는 학문의 기본개념을 중시하고, 학년이 올라갈수록 기본개념과 원리를 점차 심화·확대해 나가는 나선형 교육과정의 조직 형태를 취하며, 수업방법에 있어서는 발견학습과 탐구학습을 강조하였다.

학습문제

01. 제3차 교육과정 시기의 특징을 초·중·고등학교로 구분하여 설명하시오.

06 제4차 교육과정의 시기(1981~1987)

가. 초등학교

1980년대 정치, 사회적 특수성과 7·30 교육개혁 조치에 따라 한국교육개발원에서 교육과정 개정시안을 개발하는 '연구·개발(R&D)의 형태'를 도입하였다. 한국교육개발원은 보고서를 통해 교육과정을 '문서화된 계획'이라는 입장에서 단일 교육사조나 교육이론의 지배를 받는 것보다는 종합적인 접근 방식이 필요하다고 강조하였다. 편제는 교과활동과 특별활동의 두 영역으로 나누어 편성하였는데, 교과활동은 도덕, 국어, 사회, 산수, 자연, 체육, 음악, 미술, 실과의 9개 교과로, 특별활동은 어린이회 활동, 클럽활동, 학교행사의 세 영역으로 편성되었다.

시간배당은 통합 교과서에 의한 교과의 통합 운영을 위하여 1~2학년의 교과활동 시간을 2~3교과를 합쳐서 시간을 배당한 것이 커다란 변화라고 하겠다. 연간 34주를 기준으로 연간 최소 시간을 학년별·교과별로 표시하고, ( )안에 주당 평균 시간을 표시하였는데, 교과활동 총 이수 시간의 5%에 해당하는 시간을 감축 운영할 수 있도록 재량권을 부여하였다. 특히, 기초적인 언어 기능의 강화를 위해 1~3학년의 국어 시간을 늘리고 기본생활 습관 형성을 강조하였다. 제4차 교육과정의 편제와 시간배당에서 교과활동은 교과 간의 연관성과 학생의 발달단계를 고려하여 1~2학년은 교과 간의 통합을, 3학년 이상은 분과를 원칙으로 배당되었으며, 특별활동 시간은 3학년 이상부터 배당되어 있다는 점이 가장 두드러진 특징이었다. 특히, 1~2학년에서의 교과 간의 통합 시간배당은 실제 운영에서 '바른 생활', '슬기로운 생활', '즐거운 생활' 교과서를 탄생시켜 제5차 교육과정에서의 통합 교과의 길을 열었다.

나. 중학교

제4차 교육과정은 5공화국의 출범과 7·30 교육개혁 조치 등을 배경으로 한다. 한국교육개발원을 중심으로 연구개발(R&D)형 교육과정을 구성하였으며, 특정 교육과정 사조에 얽매이지 않는 종합적 교육과정모형을 제시하려 했다. 제3차 교육과정에서의 ① 너무 어려운 교육내용, ② 과다한 학습내용, ③ 분과주의 등을 극복하고, ① 국민정신 교육의 체계화, ② 전인교육의 강화, ③ 과학 기술교육의 심화, ④ 교육내용의 양과 수준의 적정화 등을 강조했다. 실제 교육과정 편제에 있어서는 초등학교의 경우 1, 2학년 과정에서의 통합교육(바른 생활, 슬기로운 생활, 즐거운 생활) 등 중요한 변화가 있었지만, 중학교에서는 '자유선택'의 신설, 실업·가정에서의 이수 시기 조정, 2·3학년의 이수 시간 축소 등이 있고 이 외의 큰 변화는 없었다.

다. 고등학교

제5공화국의 출범과 1980년의 7·30 교육개혁 조치 등 정치·사회적 배경에 따라 교육과정이 개정되었다. 전문 연구기관인 한국교육개발원에 교육과정 개정시안 개발을 위탁하여 교육과정의 전문화를 추구하였다. 자유선택 과목이 신설되어 학교와 지역사회의 실정 및 학생들의 희망에 따라 학교장의 재량으로 학생에게 도움이 되는 교육내용을 선정하여 지도할 수 있도록 하였다.

교육과정 편제가 인문계, 실업계, 기타계 고등학교별로 각각 편제되었던 것을 통합하여 고등학교 교육과정으로 단일화시켰다. 교육내용의 분량을 조정하여 전체 이수 단위를 204~216단위로 축소하고 1단위는 1시간씩 18주 이수하던 것을 17주 이상으로 조정하였다.

학습문제

01. 제4차 교육과정 시기의 특징을 초・중・고등학교로 구분하여 설명하시오.

07 제5차 교육과정의 시기(1987~1992)

가. 초등학교

학문의 발전과 사회의 변화에 따라 '국가수준의 문서화된 개괄적인 기준'으로 교육과정의 개념을 정의하면서, 단일한 교육사조나 이론의 지배를 받는 것보다 개인적, 학문적, 사회적 적합성을 고루 갖춘 종합적인 접근 방식을 택하고 있었다.

국민학교 교육과정은 ① 기초교육의 충실, ② 통합 교육과정의 구성, ③ 미래사회 대비 교육의 강조, ④ 교육과정 운영의 효율성 제고 등 네 가지 사항에 주안점을 두고 개정하였다. 편제와 시간배당은 1~2학년에 있어서 통합 교과 신설, 통합 교과서에서 1~2학년 국어, 산수의 분과 독립, 연간 수업시간 수의 증가, 주당 수업시간 수의 합리적 조정 운영, 특별활동 시간 운영의 현실화 등의 특징을 보여주었다. 교육과정에서는 언어, 수리 기능을 체계적, 집중적으로 지도하기 위하여 '국어'와 '산수'는 통합 교과서에서 분리, 독립시키고, 나머지 교과는 학생의 발달단계와 생활 경험을 고려하여 '바른 생활', '슬기로운 생활', '즐거운 생활' 및 '우리들은 1학년' 등의 통합 교과를 신설하여 통합 교육과정을 구성하였다.

국어 교과서는 '말하기・듣기', '읽기', '쓰기'의 세 종류로서 언어 기능별로 편찬되어 모두 주 교과서의 역할을 하게 하였다. '바른 생활'이나 '도덕'의

'생활의 길잡이'는 도덕적 판단, 사고력을 키우기 위한 것으로, 초등학생을 위한 철학 교재 또는 생각하는 읽을거리나 자료를 제공해주는 성격을 지니고 있다. 산수의 '산수 익힘책'은 보충·심화 또는 워크북이나 배움책의 구실을 하며, '슬기로운 생활'과 자연의 '관찰', '실험·관찰'은 자연현상의 탐구, 해결을 위한 최저 필수 학습 요소(minimum essential)를 중심으로 편찬되었다.

또한, '1~2학년의 교과활동의 평가 결과는 학생의 활동 상황과 진보의 정도, 특징 등을 문장으로 기술'하도록 변경한 것이 특징이다. 교육과정 시간배당 기준은 이원적 구조로 제시하여, 1~2학년의 교과 구조를 명확히 하였다.

나. 중학교

교육과정의 적정화·내실화·지역화를 목적으로 1987년 문교부 고시 제87-7호, 제87-9호, 제88-7호로 개정된 교육과정이다. 제4차 교육과정의 골격을 유지하면서 그 내실화에 초점을 맞춰 ① 기초교육의 강화, ② 정보화 사회에 대응하는 교육, ③ 특별활동 강화, ④ 특수학급 운영지침 명시 등이 시도되었다. 중학교의 경우, 교육과정 편제와 시간배당에 있어 '실업·가정'에서 남녀가 공통으로 이수할 수 있는 기술·가정 과목의 신설, 3학년의 수학과 과학 시간 증가, 자유선택 시간 증가 등의 변화가 있었다. 교육과정 시행에서 지역화가 강조되었다.

다. 고등학교

교육과정 시행 이후 오랜 기간이 경과되면서 정보통신기술 이용의 보편화, 다양한 사회 참여 기회의 확대 등 사회·문화적 변화를 반영하기 위하여 교육과정이 개정되었다. 종전의 자유 선택을 교양 선택으로 바꾸고 최소 2단위를 배정하여 교양 선택 교과가 실질적으로 운영될 수 있게 하였다.

이수 단위의 표시를 급간제에서 기준 단위제로 변경하고 일정 범위 내에서 증감 운영할 수 있도록 하였다. 과학 계열, 예술 계열의 교육과정을 처음으로 제시하였으며, 특별활동에서 학급활동을 신설하여 강조하였다.

학습문제

01. 제5차 교육과정 시기의 특징을 초·중·고등학교로 구분하여 설명하시오.

08 제6차 교육과정의 시기(1992~1997)

가. 초등학교

우리나라 교육과정 사상 처음으로 '중앙 집권형 교육과정'을 '지방 분권형 교육과정'으로 전환하여 교육과정 편성·운영에 있어 국가, 지역, 단위학교의 역할과 책임을 명확하게 분담하는 새로운 교육과정 편성·운영 체제를 확립함으로써 단위학교의 자율성을 확대하기 시작하였다.

제6차 교육과정 개정의 중점은 ① 교육과정 결정의 분권화, ② 교육과정 구조의 다양화, ③ 교육과정 내용의 적정화, ④ 교육과정 운영의 효율화 등 네 가지로 설정되었다. 제6차 교육과정의 구조는 '교육과정의 편성과 운영', '교과와 특별활동'의 두 부분으로 구성되었다. 교육과정의 편성과 운영에는 ① 교육과정의 성격, ② 교육과정의 구성 방침, ③ 편제, ④ 시간배당 기준, ⑤ 편성·운영의 기본 지침을 제시하였으며, 교과와 특별활동에는 바른 생활, 슬기로운 생활, 즐거운 생활, 도덕, 국어, 수학, 사회, 자연, 체육, 음악, 미술, 실과 등 각 교과와 특별활동의 성격, 목표, 내용, 방법, 평가에 대한 기준을 체계적이고 일관성 있게 제시하였다. 특히, 국민학교의 교육목적과 교육목표는 교육법에 제시되어 있기 때문에 교육법과의 관련성을 고려하여 제6차 교육과정에서는 국민학교의 교육목표를 별도로 제시하지 않은 점을 주목할 필요가 있다.

교육과정의 편제는 교과, 특별활동, 학교 재량 시간의 세 영역으로 구성하였는데, 학교 재량 시간의 신설은 학교교육과정 편성·운영의 지역화, 자율화, 다양화를 위한 교육과정 편제의 변화이다. 1~2학년의 교과는 바른 생활, 국어, 수학, 슬기로운 생활, 즐거운 생활로 하고, 입학 초기 학교 적응 활동(우리들은 1학년)의 교육과정 편성·운영과 교재 개발은 시·도교육청에 위임하였다. 3~6학년의 교과는 도덕, 국어, 수학, 사회, 자연, 체육, 음악, 미술, 실과의 9개 교과로 하였다. 편제 및 운영상의 특징으로 기본생활습관과 예절교육 강화, 저학년 통합 교과의 합리적 조정, 고학년의 수업시간 감축, 기초적인 생활기능과 태도교육 강화, 학교 재량 시간의 신설, '산수'를 '수학'과로 교과 명칭의 변경 등이었다. 또한 1995년 제6차 교육과정의 부분 개정된 초등학교 교육과정은 영어를 정규 교과로 신설하고, 3~6학년에 주당 평균 2시간의 수업시간을 배당하여 외국어 교육의 기회를 확대하였다.

나. 중학교

1990년대에 접어들면서 다가오는 21세기에 대비하기 위해 한국교육개발원과 그와는 별개의 교육과정 개정·연구 위원회를 중심으로 교육과정 개정이 추진되어 교육부 고시 제1992-11호, 제1992-16호, 제1992-19호로 공포된 초·중등학교 교육과정이다. 제6차 교육과정의 가장 큰 특징은 교육과정의 분권화·다양화·자율화라 할 수 있다. 말하자면 초·중등학교 교육과정 결정 과정을 종래와는 달리, 교육부는 국가수준에서 전국 공통의 일반적 기준만 제시하고 각 학교에서 실시되는 교육과정은 시·도교육청과 학교의 협력을 통해 결정한다는 것이다. 이른바 국가수준 교육과정, 시·도교육청의 교육과정 편성·운영지침, 학교교육과정 등 새로운 술어들이 유행했다. 이와 같이 교육과정 결정의 분권화를 통해 그 획일성·경직성을 극복하고 교육과정의 다양화·자율화·지역화를 도모하였다. 이러한 방침은 고등학교 교육과정에서 가장 두드러지게 드러나고 있으나 중학교에 있어서도 우선 ① 실업·가정 영역이 '가정', '기술·산업'으로 재구성되어 남녀 공통으로 이수하게 하고, ② '국사'가 '사회'에 통합되었으며, ③ 종래 필수교과였던 한문과 컴퓨터, 환경 등이 선택교과로 신설되는 등 중요한 변화가 있었다. 연간 수업시간 수도 1,156시간으로 감축되었다.

다. 고등학교

21세기를 대비한 세계적인 교육개혁의 추세에 따라 중앙 집권형 교육과정 운영 체제에서 지방 분권형 교육과정 체제로의 변화를 시도하였다. 교육과정에 관한 국가의 권한 중 일부를 시·도교육청과 학교에 위임하여 역할 분담 체제를 확립함으로써 학교의 자율성을 확대하기 시작하였다. 그 결과 각 학교마다 특성 있는 교육과정을 만들게 되어 '학교교육과정'이라는 용어가 본격적으로 사용되기 시작하였다. 보통 교과는 공통 필수 과목만 교육부가 지정하고, 과정별 필수 과목은 시·도교육청이, 과정별 선택 과목은 학교가 필요에 따라 선택하도록 하여 지역과 학교의 자율권을 확대하였다. 국제화에 대비하여 외국어에 관한 전문 교과를 신설하였다.

학생의 학습 부담 경감을 위해 총 이수 단위를 204단위로 조정하고, 학기당 이수 과목 수를 12과목 내외로 감축하였다. 인성교육을 강화하고자 특별활동에 단체활동을 신설하였다.

학습문제

01. 제6차 교육과정 시기의 주요 특징을 초·중·고등학교로 구분하여 설명하시오.

09 제7차 교육과정의 시기(1997~2007)

가. 초등학교

1995년 5월 31일, 대통령 자문기구인 교육개혁위원회가 정보화·세계화 시대에 대비하여 신교육 체제 수립을 위한 교육개혁 방안을 발표하여 교육과정 개정의 기본 골격을 마련함으로써 교육과정을 개정하게 되었다. 21세기 정보화·세계화 시대를 주도적으로 이끌어 나갈 수 있는 자율적이고 창의적인 한국인 육성을 표방한 제7차 교육과정은 초등학교 1학년부터 고등학교 1학년까지의 10년간을 '국민공통 기본교육기간'으로 설정하고, 학교급별 개념이 아닌 학년제 또는 단계 개념에 기초하여 기본 교과중심의 일관성 있는 체제를 갖추도록 하였고, 고등학교의 교과 편제에 과목군 개념을 도입하여 10개의 기본 교과를 5개의 과목군으로 분류하였다.

수준별 교육과정을 도입하여 학생의 필요, 능력, 적성, 흥미에 대한 개인차를 최대한 고려하여 학생 개개인의 성장 잠재력과 교육의 효율성을 제고하고, 재량 활동을 신설, 확대하여 학생의 자기주도적 학습을 촉진하고 학교의 자율적이고 창의적인 교육과정 편성·운영을 보장하고자 하였다.

초등학교 교육과정에서는 기본적 언어 능력, 수리적 사고 능력, 기초 체력, 탐구력과 창의성, 기본생활습관 등 기초·기본교육의 충실을 강조하고, 1~2학년의 통합 교과 운영은 교과와 교과 간의 통합 개념에서 탈피하여 활동 중심 주제의 융통성 있는 운영이 이루어질 수 있도록 통합 교과 개념을 재정립하고, 열린교육 체제를 확립하였다. 또한 학생의 학습 부담을 경감시키기 위하여 교과 편제 구조를 점진적으로 확대하여 초등학교 2학년과 3학년 간의 교과 수의 격차를 없애고, 교수-학습의 부담을 경감시키기 위하여 3~4학년은 9개 교과로 편성하였다. 실습중심의 실과 교육을 강화하기 위하여 실과 시간을 5~6학년에 집중적으로 배정하고, 교과별 및 영역의 명칭과 편제의 교과 제시 순서를 학년제와 과목군 개념 도입에 따라 '자연'과 '영어' 교과는 '과학'과 '외국어(영어)'로 명칭을 변경하였다. 학생의 자기주도 학습

능력을 신장시키기 위하여 재량 활동을 확대하고, 특별활동은 제6차 교육과정에서 학급, 학교, 클럽활동 등 집단 중심으로 영역을 설정한 것과 달리, 활동내용 중심으로 자치활동, 적응활동, 계발활동, 봉사활동, 행사활동의 5개 영역으로 구분하고, 영역별 목표를 설정하였다. 또한 수시 개정 체제에 의한 초등학교 교육과정의 부분 개정에서는 2006년에 이루어진 수준별 수업 내실화를 위한 개정으로 이루어졌다.

나. 중학교

1995년 교육개혁위원회의 5 · 31 교육개혁안을 토대로 교육과정 특별위원회에 의해 추진되어 교육부 고시 제1997-15호로 제시된 초 · 중등학교 교육과정이다. 무엇보다도 21세기의 세계화 · 정보화 시대를 주도할 자율적이고 창의적인 한국인 육성을 목적으로 ① 국민공통 기본교육과정 ② 교과군 개념 도입 ③ 수준별 교육과정 도입 ④ 재량활동의 신설 · 확대 ⑤ 교과별 학습량의 최적화와 수준 조정 ⑥ 고등학교 2, 3학년의 선택중심 교육과정 등 대대적인 개혁을 단행했다. 초 · 중등학교 교육과정을 하나의 체제 속에 통합하여 초등학교 1학년부터 고등학교 1학년까지 10년간의 국민공통 기본교육과정과 고등학교 2, 3학년의 선택중심 교육과정으로 조정하고, 국민공통 기본교육과정에는 국어, 도덕, 사회, 수학, 과학, 실과, 체육, 음악, 미술, 외국어(영어)의 10개 교과만 포함시켰으며, 학생들의 개인차를 고려하여 수학 · 영어와 국어 · 사회 · 과학 그리고 선택중심 교육과정에 수준별 교육과정을 도입했다. 종래 중학교의 선택교과는 재량활동에서 우선적으로 배정하게 했다. 제6차 교육과정의 지역화 기조는 그대로 유지되었다.

다. 고등학교

대통령 자문기구인 교육개혁위원회가 정보화 · 세계화 시대에 대비하기 위한 신교육 체제 수립을 위한 교육개혁 방안의 하나로 교육과정 개정의 기본 골격을 제시함에 따라 교육과정을 개정하게 되었다. 자율과 창의를 바탕으로 한 학생중심 교육과정을 표방한 7차 교육과정은 초·중·고의 교육과정을 단일 교육과정으로 통합하고 국민공통 기본교육과정과 선택중심 교육과정으로 구성하였다. 고등학교 1학년까지의 10년간을 국민공통 기본교육기간으로 설정하고 10개의 공통 필수 교과를 배우도록 하였다.

수준별 교육과정을 도입하여 교과의 특징 또는 교과가 가르치고자 하는 교육단계의 특징에 따라 단계형과 심화·보충형으로 구분하여 운영하도록 하였으며, 학생의 자기주도적 학습활동을 촉진하고 학교의 자율적이고 창의적인 교육과정 편성·운영을 보장하기 위해 교과, 특별활동 외에 제3의 영역으로 재량 활동을 신설하였다.

고교 2~3학년의 선택중심 교육과정에서는 이 기간 중에 배워야 할 모든 과목을 선택 과목으로 구성하였다. 일반계 고등학교의 경우 선택 과목 136단위 중에서 시·도교육청과 학교가 각각 28단위 이상을 지정하고, 학생의 선택권도 최대 50%까지 보장하도록 하였다. 선택 과목은 일반 선택 과목과 심화 선택 과목으로 나누고, 일반 선택 과목은 5개의 과목군으로 나누어 각 과목군별로 반드시 1과목(교양 과목군은 2과목) 이상을 이수하도록 하여 균형적인 이수를 도모하였다. 또한 인문·사회·자연 등의 과정은 국가수준에서는 제시하지 않고 필요한 경우 학교가 설치하여 운영하도록 자율권을 부여하였다. 학기당 이수 과목은 10과목 내외로 하도록 하였다. 또한, 1997년 교육법 폐지에 따라 삭제된 고등학교 교육목표를 교육과정에 제시하였다.

학습문제

01. 제7차 교육과정 시기의 주요 특징을 초·중·고등학교로 구분하여 설명하시오

10 2007년 개정 교육과정의 시기(2007~2009)

가. 초등학교

교육인적자원부가 2003년 10월에 도입 계획을 발표한 후 2005년 2월부터 활성화 방안을 마련함으로써 2007년 개정 교육과정은 수시 개정 체제에 따라 개정되었다. 일시적, 전면적 교육과정 개정 방식의 비효율성을 없애고 사회의 다원화 및 급격한 변화에 대응하여 교육내용을 지속적으로 개선하며, 국민 각계각층의 요구를 탄력적, 체계적으로 반영하기 위한 목적으로 도입된 수시 개정 체제에 따라 제7차 교육과정의 기본 철학과 체제를 유지하면서 그동안 운영과정에서 제기된 문제점을 개선하는 데 중점을 두었다.

2007년 개정 초등학교 교육과정은 제7차 교육과정에서 표방한 바와 같이 '학생의 학습과 일상생활에 필요한 기초적인 능력과 태도의 육성'에 중점을 두며, ① 기본생활습관 형성과 기초교육의 충실, ② 재량 활동의 활성화, ③ 학습 부담의 경감과 교과 편제 구조의 점진적 확대, ④ 교과 학습내용의 적정화, ⑤ 통합 교과의 견지 및 내실화를 주요 개정 내용으로 하였다.

초등학교 편제 및 시간배당에서 1~2학년은 국어, 수학, 바른 생활, 슬기로운 생활, 즐거운 생활 및 우리들은 1학년의 5개 또는 6개 교과를 편성하였다. 3~4학년은 9개 교과를 편성하였으며 5~6학년은 실과를 포함하여 국민공통 기본 10개 교과로 편성함으로써 학년이 올라갈수록 교과의 수를 점진적으로 확대하였다. 재량 활동은 교과 재량 활동과 창의적 재량 활동으로 구성되나, 초등학교에서는 학생의 자기주도적 학습능력을 촉진하기 위한 창의적 재량 활동만으로 운영하도록 규정하였다. 특별활동도 이전 교육과정과 마찬가지로 그 본질적 성격과 목표, 내용을 구체적으로 선정・조직하는 데 필요한 준거가 될 수 있도록 자치활동, 적응활동, 계발활동, 봉사활동, 행사활동으로 하였다. 또한 시간배당 기준에서는 3~6학년의 연간 총 수업 시수는 주5일 수업제 월 2회 실시에 따라 제7차 교육과정보다 34시간씩 감축되었다.

나. 중학교

제7차 교육과정 이후의 여러 가지 현실적 어려움과 그 동안의 국가·사회적 요구, 주5일 수업제 시행 등을 반영하여 제7차 교육과정의 골격은 그대로 유지하면서 2007년 2월 부분적인 총론 개정이 이루어졌다(교육인적자원부 고시 제2007-79호). 이에 앞서 2003년부터 교육과정 수시 개정체제가 도입되어 2009 개정 교육과정의 명칭도 '2007년 개정 교육과정'으로 명명되었다. 중학교의 경우 ① 국민공통 기본교육과정의 사회 교과에서 '사회', '역사'의 과목 분화가 이루어져 별도의 학년과 시간이 배당되고, ② 수준별 교육과정이 수준별 수업으로 바뀌고 '단계형', '심화 보충형' 등의 구분이 폐지되었으며, ③ 집중이수제가 강화되어 학기별로도 교과목 이수가 가능해졌고, ④ 주5일 수업제 시행으로 재량활동 시간 수가 감축되었다.

다. 고등학교

제7차 교육과정이 시행된 이후 오랜 기간이 경과되면서 주 40시간 근무제 도입 등 사회·문화적 변화를 반영하여 교육내용 및 내용 체계를 개편하게 되었다. '교육과정 수시 개정 체제'에 따라 교육과정 개정이 이루어졌으며, 교육과정의 안정적 확보 차원에서 제7차 교육과정의 기본 철학과 체제를 유지하되, 운영상의 문제점을 보완하는 수준에서 개정의 범위를 최소화하였다. 교육과정이 개정된 연도를 밝혀 '2007년 개정 교육과정'으로 명명하였다. 단위학교의 교육과정 편성·운영의 자율권을 확대하여 재량 활동의 하위 영역별 단위 배당을 학교에서 편성하도록 하고, 집중이수제를 도입하여 교과에 배당된 수업시간 수를 학기 또는 학년 단위로 집중 편성할 수 있도록 하였다. 보통 교과의 일반 선택 과목과 심화 선택 과목을 통합하여 선택 과목으로 일원화하고, 이수 단위를 6단위(교양 등 일부 과목은 4단위)로 통일하여 학교에서의 효율적 운영을 도모하였다. 5개의 선택 과목군을 6개로 조정하여 예체능 과목군을 체육 과목군과 예술 과목군으로 분리함으로써 지덕체의 조화로운 인성교육이 이루어지도록 하였다.

학습문제

01. 2007년 개정 교육과정 시기의 주요 특징을 초·중·고등학교로 구분하여 설명하시오.

11 2009 개정 교육과정[3)]

가. 교육과정 개정의 배경

국가 교육과정은 학교교육의 방향을 제시하고, 초·중등교육의 경쟁력을 강화하기 위한 것이다. 교육과정이 보다 자발적이며 실효성 있는 기준으로서 학교교육 전반을 이끌기 위해서는 교육과정 전반에 대한 진단과 함께 교육과정 개선에 대한 공감대 형성이 중요하다. 이를 위해 2007년 개정 교육과정의 고시를 전후로 하여 2007년 10월부터 2009년 2월에 걸쳐 두 차례의 '국가 교육과정 포럼'을 추진하였다. 2007년 포럼에서는 교육과정 체제 구조 검토 및 개선, 학교교육과정과 대학입시의 연계, 미래 사회와 학교교육의 과제, 창의력 함양과 초·중등학교 교육과정에 관한 연구를 주요 문제로 다루었다. 2008년 포럼에서는 미래 지향적 교육과정의 방향 및 편성·운영이 다루어졌으며, 고등학교교육과 대학입시 연계 방안을 다루었고, 향후 교육과정 정책의 방향과 과제에 대해 논의하였다. 이와 같은 두 차례의 포럼은 교육과정 체제 개편으로서 국민공통교육기간 하향 조정, 교과목 축소, 공교육과 대학입시의 연계로써 고등학교 교육과정과 대학수학능력시험의 연계, 미래 학교의 역할을 재조명하여 '흥미롭고 깊이 있는 학습 기회' 제공과 자

3) 여기서는 교육과정 개정의 배경 및 학교 급별 교육과정 개정의 방향만 제시하고, 2009 개정 교육과정은 〈부록〉으로 제시한다.

율권 확대 등에 대한 시사점을 제공하였다. 이와 더불어, 2008년 국정 과제로 수행된 '초·중등학교 교육과정 선진화 개혁 방안 연구'에서는 첫째, 교육과정 선진화와 교육과정 설계의 합리화 방안, 둘째, 초·중등학교 교육과정의 적정화 방안, 셋째, 고등학교 교육과정의 특성화 방안, 넷째, 단위학교 교육과정 편성·운영의 자율화 방안, 다섯째, 초·중등 교육과정 개선을 위한 정책 방향을 제시하였다.

이와 같은 두 차례의 국가 교육과정 포럼과 교육과정 선진화 개혁 방안 연구를 발판으로, 대통령직속 국가교육과학기술자문회의의 교육과정특별위원회는 초·중등학교 교육과정의 미래 적합성을 제고하기 위하여 '미래형 교육과정'을 구상하면서 '글로벌 창의인'[4]을 학교교육이 추구하는 인간상으로 설정하였다. 미래형 교육과정 구상의 주안점은 교육과정 적합성 제고, 교육과정의 적정화, 교육과정의 다양화, 교육과정의 자율화, 교육과정의 책무성 강화이다. 이를 바탕으로 초·중등학교 교육과정 개선에서는 첫째, 과잉 규제 완화, 학교교육과정 편성·운영의 자율성 확대, 둘째, 공통 교육과정과 선택 교육과정의 합리적 범위 설정, 셋째, 학습자, 지식, 사회 측면에서 교육내용의 적합성 확보, 넷째, 학년군 간·학교급 간·교과 간 계열성과 통합성 제고에 중점을 두었다. 그 내용은 다음과 같다.

1) 미래형 교육과정 구상에서는 초등학교 1학년부터 고등학교 1학년에 걸친 국민공통 기본교육과정을 중학교 3학년까지 하향 조정하고, 고등학교 3년간의 교육과정을 선택 교육과정으로 확대하였다.
2) 교육과정의 편제는 교과와 교과 외 활동으로 이원화하여 체계적인 교과 학습을 비롯하여 보다 풍부하고 활성화된 교과 외 활동(범교과적 학습, 봉사활동, 프로젝트 활동 등)의 기회를 부여하고자 하였다.

---

4) 국가교육과학기술자문회의 제1차 회의에서는 글로벌 사회를 주도하는 창의 인재의 육성을 제안하고, 다음과 같이 능력 있는 사람, 실용적인 사람, 창의적인 사람을 미래형 교육 인간상으로 제시하였다(국가교육과학기술정책의 비전과 전략, 2008. 10. 29. 자료).

능력 있는 사람	실용적인 사람	창의적인 사람
지구촌 어느 곳에서나 역량을 충분히 발휘	변화를 수용하고 미래를 개척하며 무한히 성장	고정관념을 뛰어넘어 새로운 대안을 제시

3) 교과 영역의 편제에서는 교과(군) 접근을 통해 학기당 이수 교과목 수를 축소하고, 교과 간에 소통과 통합 지도의 가능성을 확대하였다. 또한 학년군별 교과 교육과정 기준 제공으로 학생 수준에 맞는 맞춤형 교육과정을 제공하여 단위학교에 교과 및 시간 운영의 융통성과 자율성을 제공하고자 하였다.
4) 수업시수 편성의 자율성을 증대하기 위하여 '최소 수업시수'를 적정하게 설정하되, 지역과 학교의 자율성을 확대하며, 학년별 · 교과별 세분에 의한 구획성, 경직성을 탈피하고, 학생집단의 특성과 필요에 따라 수업시수를 융통성 있게 설정할 수 있도록 하였다.
5) 고등학교 교육과정 개선에서는 학생의 진로와 적성 계발을 증진하고자 선택중심 교육과정을 3년으로 확대하고, 교과(군)별 최소 필수 이수 단위를 제공하고자 하였다.
6) 교과 교육과정 개선을 위해서 교육목적과 목표달성의 효과성(effectiveness)을 제고하고, 학습 에너지의 효율성(efficiency)을 추구하며, 교수-학습활동 여건 대비 실행가능성을 제고하여 교과 교육과정의 경쟁력을 제고하고자 하였다. 또한 교과별 최소 필수(minimum essential) 학습내용을 정선하였으며, 이 과정에서 교과 간 · 활동 영역 간 과다 중복 또는 과도한 반복을 해소하고, 교과내용과 '범교과 학습' 주제의 중복을 해소할 것을 강조하였다. 아울러 교과 교육의 목표와 내용 수준을 고려하여, 9학년말까지 갖추어야 할 공통 기본 소양과 10~12학년에서의 심화 소양을 위한 내용 수준과 범위를 고려하도록 하였다. 그리고 교과(목) 개설에서의 이수 방식을 고려하고, 교과 교육과정 개선 및 질 관리 체계를 확립할 것을 강조하였다.

이러한 초 · 중등학교 교육과정 구조(편제)에 대한 미래형 교육과정 구상이 실효성을 가질 수 있도록 다음과 같은 방안을 제시하였다. 첫째, 국민공통 기본교육과정 기간을 하향 조정한다. 둘째, 초 · 중등학교 교육과정 구조 개편으로서 재량활동과 특별활동을 교과 외 활동으로 재편하여, 글로벌 창의인이 구비해야 할 핵심 역량을 획득할 수 있는 학습 기회로 활용하도록 한다. 셋째, 고등학교 교육과정 구조 개편으로 무학년제와 교과 교실제 도입을 활성화하고, 교과(군)별 보통 교과와 전문 교과를 재정비하며, 학교 간 프로그램 연계 운영을 지원하고, 학생들의 학교 선택권을 확대하도록 한다. 넷째, 교과 교육과정 개편을 위해 총론에서 교과별 기준 개발을 위한 공통 기준을 제시하고, 교과별 교육과정은 해당 분야 전문기관이나 단체에서 개발하되 합의 가능한 교과부터 먼저 수정 고시할 수 있도록 한다. 다섯째, 교육과정 질 관리를 위하여 자율성에 따른 책무성을 확대하고, 기초학력 결손 학생의 보정교육을 위해 3, 6학년 초에 국가수준 학업성취도 평가를 실시한다. 그리고 주기적으로 시·도교육청 및 학교평가를 실시한다.

나. 학교 급별 교육과정 개정의 방향

(1) 초등학교

2009 개정 교육과정의 방향은 학생의 지나친 학습 부담을 경감하고, 학습 흥미를 유발하며, 단편적 지식·이해교육이 아닌 학습하는 능력을 기르도록 하고, 지나친 암기중심 교육에서 배려와 나눔을 실천하는 창의 인재를 육성하는 교육으로의 변화를 추구하는 것이다. 이를 위해서는 유의미한 학습과 전인적 성장이 가능하도록 교육과정이 구성되어야 하며, 학교교육과정 편성·운영에 있어 자율성이 확대되어야 할 것이다. 이에 대해 자세히 살펴보면 다음과 같다.

1) 교육과정 편제 구조 개선을 위해 '학년군', '교과군' 접근을 시도하였다. 학년군 접근은 교육과정 편성·운영의 경직성을 탈피하고 학년 간 상호 연계와 협력을 통하여 교육과정의 유연성을 부여하며, 학년별·학기별·분기별 집중이수를 통해 학기당 이수 교과목 수를 줄일 수 있다.[5] 교과군 접근은 교육과정의 수평적 연계성을 통하여 교과 간 소

5) 외국의 경우 국가 교육과정 기준을 제시하면서도 학년과 교과 시수 제시 방식 등에서 지역과 학교의 여건, 필요, 요구를 감안하여 자체적으로 편성·운영할 여지를 다양한 방식으로 제공하고 있다. 학년군 운영 사례로서 프랑스는 1~2학년/3~5학년, 영국은 1~2학년/3~6학년/7~9학년/10~11학년, 싱가포르는 1~2학년/3~6학년, 미국 루이지애나 주는 1~3학년/4~6학년/

통과 교육내용의 통합 가능성을 증진시키고, 교과 편제와 수업시수 배정에서의 경직성과 폐쇄성을 탈피하여 학생의 진로와 적성에 따라 탄력적으로 교육과정을 구성·운영할 수 있도록 하기 위한 것이다.

2) 학습자들이 유의미한 학습경험을 가질 수 있도록 학습 부담의 적정화를 추구하였다. 초등학교 고학년은 주당 10개 교과를, 중등학생들은 11~13개의 교과목을 이수하도록 되어 있어 학습 부담이 과중하며, 학습효과 면에서도 바람직하지 못하다. 이를 해결하기 위하여 매 학년 매 학기에 모든 교과목을 편성해 온 데서 벗어나 주당 수업시수가 적은 교과목은 특정 학기, 학년에 집중 이수하도록 하는 '교과 집중이수제'를 통하여 학습 부담을 적정화하는 동시에 학습효과를 제고하도록 하였다.

3) 학습자들의 전인적 성장을 위해서 '창의적 체험활동'을 신설하였다. 2007년 개정 교육과정의 재량활동은 창의적 재량활동(자기주도적 학습, 범교과 학습)과 교과 재량활동으로 구성되고 특별활동은 자치활동, 적응활동, 계발활동, 봉사활동, 행사활동으로 지나치게 세분되고 상호 중복되며, 국가·사회적 요구가 우선되는 등 원래의 취지에 벗어난 면이 있다. 이러한 문제점을 해결하기 위하여 특별활동과 창의적 재량활동을 통합하여 '창의적 체험활동'으로 개편하여 전인적 성장이 가능한 학교교육 기회를 제공하고자 하였다. 아울러 창의적 체험활동의 수업시수는 초등학교는 주당 최소 3시간, 중학교는 주당 최소 3시간, 고등학교에서는 주당 최소 4시간을 운영하도록 하였다.

4) 단위학교 교육과정 편성·운영의 자율성을 확대하였다. 기존의 교육과정은 지역, 학교, 학생집단의 특성과 무관하게 전국적으로 획일화된 교육과정으로 운영됨에 따라, 단위학교의 실정과 요구에 부합하는 특성화된 교육 프로그램을 편성·운영하는 데 제약이 있었다. 아울러 학습부진이 심한 교과목에 대해 단위학교 교육과정에서의 탄력적 대응이 어려우며, 학생의 적성과 진로, 능력의 다양성을 반영한 맞춤형 교육과

7~8학년, 대만과 중국은 학년별 접근과 함께 교과(군)별 학습 단계를 다양한 학년군으로 구분하고 있다.

정을 운영하는 데 한계가 있었다. 이를 개선하기 위해서 국가수준에서는 교육과정 운영의 기본 틀만 제시하고 단위학교의 교육과정 편성·운영의 자율성을 대폭 강화하여 학교교육의 실질적인 다양화와 특성화를 유도하여 교육과정 운영의 유연성을 확대하고자 하였다.

따라서 2009 개정 교육과정에서는 학교교육과정 자율화 조치의 가장 핵심적 내용인 '교과별 20% 범위 내 시수 증감 운영'을 확대하여 '교과(군)별 20% 범위 내 시수 증감 운영'을 가능하도록 하였다. 특히 지역, 학교, 학습자의 수준 및 요구를 반영하지 못하고 일률적으로 운영되었던 '우리들은 1학년' 교과를 폐지하고 창의적 체험활동을 통하여 학교의 특수성을 반영하고 시수 및 내용을 결정할 수 있게 함으로써 학교의 교육과정 운영의 자율성을 강화하였다.

(2) 중학교

2009 개정 교육과정의 방향은 '하고 싶은 공부, 즐거운 학교'가 될 수 있도록 학생의 지나친 학습 부담을 감축하고, 학습 흥미를 유발하며, 단편적 지식·이해교육이 아닌 학습하는 능력을 기르도록 하고, 지나친 암기중심 교육에서 배려와 나눔을 실천하는 창의 인재를 양성하는 교육으로의 변화를 추구하는 것이다. 이를 위해서는 유의미한 학습과 전인적 성장이 가능하도록 교육과정이 구성되어야 한다. 2009 교육과정 개정의 방향에 대해 좀 더 구체적으로 살펴보면 다음과 같다.

1) 교육과정 편제 구조 개선을 위해 '학년군', '교과(군)' 접근을 시도하였다. 학년군 접근은 교육과정 편성·운영의 경직성을 탈피하고 학년 간 상호 연계와 협력을 통하여 교육과정의 유연성을 부여하며, 학년별, 학기별 집중이수를 통해 학기당 이수 과목 수를 줄일 수 있다.[6] 교과

[6] 외국의 경우 국가 교육과정 기준을 제시하면서도 학년과 교과 시수 제시 방식 등에서 지역과 학교의 여건, 필요, 요구를 감안하여 자체적으로 편성·운영할 여지를 다양한 방식으로 제공하고 있다. 학년군 운영 사례로서 프랑스는 1~2학년/3~5학년, 영국은 1~2학년/3~6학년/7~9학년/10~11학년, 싱가포르는 1~2학년/3~6학년, 미국 루이지애나 주는 1~3학년/4~6학년/

(군) 접근은 교육과정의 수평적 연계성을 통하여 교과 간 소통과 교육 내용의 통합 가능성을 증진시키고, 교과 편제와 수업시수 배정에서의 경직성과 폐쇄성을 탈피하여 학생의 진로와 적성에 따라 탄력적으로 교육과정을 구성·운영할 수 있도록 하기 위한 것이다.7)

2) 학습자들이 유의미한 학습경험을 가질 수 있도록 학습 부담의 적정화를 추구하였다. 현재 초등학교 고학년은 주당 10개 과목을, 중등학생들은 11~13개의 과목을 이수하도록 되어 있어 학습 부담이 과중하며, 학습효과 면에서도 바람직하지 못하다. 이를 해결하기 위하여 매 학년 매 학기에 모든 교과목을 편성해 온 관행에서 벗어나 주당 수업시수가 적은 교과목은 특정 학기, 학년에 집중 이수하도록 하는 '교과 집중이수제'를 통하여 학습 부담을 적정화하는 동시에 학습효과를 제고하도록 하였다.8)

3) 고등학교 교육과정에서는 선택 교육과정을 확대하고 교육과정 편제 구조와 교과목을 조정하였다. 현행 10개 학년에 걸친 국민공통 기본교육과정에서는 거의 모든 계열의 고등학교에서 10학년에 공통 기본교육과정을 운영하는 점에서 학생의 다양한 요구를 반영하거나 교육과정 자율화를 시도하는 고등학교에서는 장애가 되고 있다. 이러한 문제점을 해결하기 위하여 2009 개정 교육과정에서는 첫째, 국민공통 기본교육과정을 9년(중학교 3학년까지)으로 조정하여 국민 기초교육에 대한 국가의 책임을 초·중학교 과정으로 명확히 하고, 전 학생의 기초학력을 강화하였다. 둘째, 고등학교 교육과정에서는 기초 핵심 역량을 강화하며, 교과 영역 간 균형 있는 학습을 위하여 기초 영역(국어, 수학, 영어)

7~8학년, 대만과 중국은 학년별 접근과 함께 교과(군)별 학습 단계를 다양한 학년군으로 구분하고 있다.

7) 교과군 접근은 제7차 고등학교 선택중심 교육과정에서 적용되었다. 즉 선택 과목은 학생들의 균형적인 이수를 위하여 ① 인문·사회 과목군(국어, 도덕, 사회), ② 과학·기술 과목군(수학, 과학, 기술·가정), ③ 체육 과목군(체육), ④ 예술 과목군(음악, 미술), ⑤ 외국어 과목군(외국어), ⑥ 교양 과목군(한문, 교양)으로 나눈다. 모든 학생은 ①~④ 과목군에서는 각각 1과목 이상, 외국어 과목군에서는 영어를 제외한 외국어 중 1과목 이상, 교양 과목군에서는 2과목 이상을 이수한다.

8) 집중이수제 : 수업시수가 적은 일부 과목의 이수 시기를 특정 학년이나 학기에 집중 이수하게 하는 방식

과 탐구 영역(사회, 과학)을 강화하는 동시에 체육·예술 영역, 생활 및 교양 영역을 설정함으로써 균형 있는 교육과정 이수를 도모하고자 하였다. 셋째, 지나치게 세분화된 선택 과목을 통합하여 재설정하고, 학생의 적성과 소질을 고려한 맞춤형 교육과정을 구현하고자 하였다.

4) 학습자들의 전인적 성장을 위해서 '창의적 체험활동'을 신설하였다. 현재 재량활동은 창의적 재량활동(자기주도학습, 범교과학습)과 교과 재량활동으로 구성되며, 특별활동은 자치활동, 적응활동, 계발활동, 봉사활동, 행사활동으로 지나치게 세분되고 상호 중복되며, 국가·사회적 요구가 우선되는 등 원래의 취지에 벗어난 면이 있다. 이러한 문제점을 해결하기 위하여 특별활동과 창의적 재량활동을 통합하여 '창의적 체험활동'으로 개편하여 전인적 성장이 가능한 학교교육 기회를 제공하고자 하였다. 아울러 창의적 체험활동의 수업시수는 초등학교는 주당 최소 2시간, 중학교는 주당 최소 3시간, 고등학교에서는 주당 최소 4시간을 운영하도록 하였다.

5) 단위학교 교육과정 편성·운영의 자율성을 확대하였다. 기존의 교육과정은 지역, 학교, 학생집단의 특성과 무관하게 전국적으로 획일적인 교육과정이 편성·운영되는 경향이 있었다. 따라서 단위학교의 실정과 요구에 기반 b을 두어 특성화된 교육 프로그램을 편성·운영하는 데는 여러모로 제약이 있었다. 아울러 학습부진이 심한 교과목에 대해 단위학교 교육과정에서의 탄력적 대응이 어려우며, 학생의 적성과 진로, 능력의 다양성을 반영한 맞춤형 교육과정을 운영하는 데 한계가 있었다. 이를 개선하기 위해서 국가수준에서는 교육과정 운영의 기본 틀만 제시하고 단위학교에 교육과정 편성·운영의 자율성을 대폭 강화하며 학교교육의 실질적인 다양화와 특성화를 유도하여 교육과정 운영의 유연성을 증대하고자 하였다.

(3) 고등학교

2009 개정 교육과정의 주된 방향은 학생의 지나친 학습 부담을 감축하고,

학습 흥미를 유발하며, 단편적 지식·이해교육이 아닌 학습하는 능력을 기르도록 하고, 지나친 암기중심 교육에서 배려와 나눔을 실천하는 창의 인재를 양성하는 교육으로의 변화를 추구하는 것이다. 이를 위해서는 유의미한 학습과 전인적 성장이 가능하도록 교육과정이 구성되어야 한다. 또한 고등학교 교육과정에 변화가 있어야 하며, 이를 위해서는 학교교육과정 편성·운영에 있어 자율성이 확대되어야 할 것이다. 이에 대해 자세히 살펴보면 다음과 같다.

1) 교육과정 편제 구조 개선을 위해 '학년(군)', '교과군' 접근을 시도하였다. 학년군 접근은 교육과정 편성·운영의 경직성을 탈피하고 학년 간 상호 연계와 협력을 통하여 교육과정의 유연성을 부여하며, 학년별·학기별·분기별 집중이수를 통해 학기당 이수 과목 수를 줄일 수 있다.[9] 또한 교과(군) 접근은 교육과정의 수평적 연계성을 통하여 교과 간 소통과 교육내용의 통합 가능성을 증진시키고, 교과 편제와 수업시수 배정에서의 경직성과 폐쇄성을 탈피하여 학생의 진로와 적성에 따라 탄력적으로 교육과정을 구성·운영할 수 있도록 하기 위한 것이다.[10]

2) 학습자들이 유의미한 학습경험을 가질 수 있도록 학습 부담의 적정화를 추구하였다. 초등학교 고학년은 주당 10개 과목을, 중등학생들은 11~13개의 과목을 이수하도록 되어 있어 학습 부담이 과중하며, 학습효과 면에서도 바람직하지 못하다. 이를 해결하기 위하여 매 학년 매학기에 모든 교과목을 편성해 온 데서 벗어나서, 학년 혹은 학기당 이

9) 외국의 경우 국가 교육과정 기준을 제시하면서도 학년과 교과 시수 제시 방식 등에서 지역과 학교의 여건, 필요, 요구를 감안하여 자체적으로 편성·운영할 여지를 다양한 방식으로 제공하고 있다. 학년군 운영 사례로서 프랑스는 1~2학년/3~5학년, 영국은 1~2학년/3~6학년/7~9학년/10~11학년, 싱가포르는 1~2학년/3~6학년, 미국 루이지애나 주는 1~3학년/4~6학년/7~8학년, 대만과 중국은 학년별 접근과 함께 교과(군)별 학습 단계를 다양한 학년군으로 구분하고 있다.

10) 교과군 접근은 제7차 고등학교 선택중심 교육과정에서도 적용되었다. 특히 일반 선택 과목에서는 학생들의 균형적인 이수를 위하여 ① 인문·사회 과목군(국어, 도덕, 사회), ② 과학·기술 과목군(수학, 과학, 기술·가정), ③ 예체능 과목군(체육, 음악, 미술), ④ 외국어 과목군(외국어), ⑤ 교양 과목군(한문, 교련, 교양)으로 나누고, 모든 학생은 ①~④ 과목군에서는 각각 1과목 이상을, 교양 과목군에서는 2과목 이상을 이수하도록 하였다.

수 과목 수를 8개 이하로 편성하여 학습 부담이 경감되도록 하였다. 특히 주당 수업시수가 적은 교과목은 특정 학기, 학년에 집중이수하도록 하는 '교과 집중이수제'를 통하여 학습 부담을 적정화하는 동시에 학습효과를 제고하도록 하였다.11)

3) 고등학교 교육과정에서는 선택 교육과정을 확대하고 교육과정 편제 구조와 교과목을 조정하였다. 현행 10개 학년에 걸친 국민공통 기본교육과정에서는 거의 모든 계열의 고등학교에서 10학년에 공통 기본교육과정을 운영하는 점에서 학생의 다양한 요구를 반영하거나 교육과정 자율화를 시도하는 고등학교에서는 장애가 되고 있다. 이러한 문제점을 해결하기 위하여 2009 개정 교육과정에서는 첫째, 국민공통 기본교육과정을 9년(중학교 3학년까지)으로 조정하여 국민 기초교육에 대한 국가의 책임을 초·중학교 과정으로 명확히 하고, 전 학생의 기초 학력을 강화하였다. 둘째, 고등학교 교육과정에서는 기초 핵심 역량을 강화하며, 교과 영역 간 균형 있는 학습을 위하여 기초 영역(국어, 수학, 영어)과 탐구 영역(사회, 과학)을 강화하는 동시에 체육·예술 영역, 생활 및 교양 영역을 설정함으로써 균형 있는 교육과정 이수를 도모하고자 하였다. 셋째, 지나치게 세분화된 선택 과목을 통합하여 재설정하고, 학생의 적성과 소질을 고려한 맞춤형 교육과정을 구현하고자 하였다.

4) 학습자들의 전인적 성장을 위해서 '창의적 체험활동'을 신설하였다. 현재 재량활동은 교과 재량활동과 창의적 재량활동(자기주도 학습, 범교과 학습)으로 구성되면서 국가 사회적 요구를 수용하도록 하였고, 특별활동은 자치활동, 적응활동, 계발활동, 봉사활동, 행사활동으로 세분됨으로써 일부 서로 중복되는 경우 원래 취지에 벗어난 면이 있다. 이러한 문제점을 해결하기 위하여 특별활동과 창의적 재량활동을 통합하여 '창의적 체험활동'으로 개편하여 전인적 성장이 가능한 학교교육의 기회를 제공하고자 하였다. 아울러 창의적 체험활동의 수업시수는 초등

11) 집중이수제는 특정 학년이나 학기에 교과(목)을 집중 편성하여 이수하도록 하는 방식이다.

학교 및 중학교는 주당 최소 3시간, 고등학교에서는 주당 최소 4시간을 운영하도록 하였다.

5) 단위학교 교육과정 편성·운영의 자율성을 확대하였다. 기존의 교육과정은 지역, 학교, 학생집단의 특성과 무관하게 전국적으로 획일적인 교육과정으로 운영됨에 따라, 단위학교의 실정과 요구에 기반을 두어 특성화된 교육 프로그램을 편성·운영하는 데 제약이 있었다. 아울러 학습부진이 심한 교과목에 대해 단위학교 교육과정에서의 탄력적 대응이 어려우며, 학생의 적성과 진로, 능력의 다양성을 반영한 맞춤형 교육과정을 운영하는 데 한계가 있었다. 이를 개선하기 위해서는 국가 수준에서는 교육과정 운영의 기본 틀만 제시하고 단위학교에 교육과정 편성·운영의 자율성을 내폭 강화하여 학교교육의 실질적인 다양화와 특성화를 유도하며 교육과정 운영의 유연성을 증대하고자 하였다.

학습문제

01. 2009 개정 교육과정의 개정 배경에 대해 설명하시오.

02. 2009 개정 교육과정의 주요 특징을 초·중·고등학교로 구분하여 설명하시오.

PART 02

교육과정의 개발

Chapter 05

교육과정 개발의 기초

학습내용

1. 교육과정 개발을 위한 계획 및 조직
2. 교육과정 개발의 개념

01 교육과정 개발을 위한 계획 및 조직

가. 교육과정 개발 체제

교육과정의 개발과 유사한 용어로는 교육과정 설계(Curriculum Design), 교육과정 계획(Curriculum Plan), 교육과정 입안(Curriculum Planning) 등이 있는데, 이들은 모두 약간의 차이는 있지만 거의 유사한 의미로 사용하고 있다. 본 저서에서는 명확한 구분을 하지 않고 혼용하고자 한다. 교육과정 개발에 있어서 주도권을 누가 가지느냐에 있어서도 중앙집권적인 접근과 분산적인 접근으로 구분할 수 있다. 중앙집권적인 접근은 교육과정의 결정 권한이 중앙에 몰려 있거나 일부 소수의 인사에게 집중되어 있는 것으로 이러한 체제를 채택하고 있는 나라는 프랑스, 스웨덴, 태국, 아랍권 국가, 사회주의 국가 등이다. 분산적인 접근은 교육과정의 결정 권한이 폭넓게 분산되어 있는데 분산체제를 채택하고 있는 나라는 미국, 영국, 독일, 캐나다, 호주 등이다. 일본과 우리나라는 중앙 정부가 교육과정의 기본계획을 정해주고 구체적인 세부 사항은 지역이나 학교에서 마련하는 절충적 체제를 채택하고 있다. 중앙집중체제와 분산체제의 장점을 비교해 보면 다음과 같다.

〈표 5-1〉 중앙집중체제와 분산체제의 장점 비교

중앙집중체제	분산체제
① 새로운 교육혁신의 아이디어나 국가 목표의 실현을 쉽게 전국화할 수 있다. ② 체계적이고 국가적인 노력에 의해 질 높은 교육과정을 설계할 수 있다. ③ 교육과정과 학교교육의 질적 관리를 국가수준에서 용이하게 할 수 있다. ④ 통일된 학교교육평가기준으로 전국의 학교교육 수준을 균등하게 높일 수 있다. ⑤ 지방교육청, 학교, 교사의 교육과정 개발 노력과 비용을 절감할 수 있다. ⑥ 새 교육과정 적용 단계에 효과적인 교사 교육을 시행할 수 있다.	① 지역, 학교, 학생의 특수성을 고려한 다양하고 탄력적인 교육과정이 개발될 수 있다. ② 지역단위 교육청, 학교, 교사들에게 교육문제해결의 자율성을 키울 수 있다. ③ 지역단위 교육청, 학교, 교사들의 교육과정 개발 참여로 교육의 전문성을 높일 수 있다. ④ 교육과정 개발의 여러 가지 접근방법을 수용할 수 있다. ⑤ 학생들의 필요에 따라 선택적인 교육과정을 제공할 수 있다.

우리나라는 교육과학기술부에서 주도권을 가지고 초·중등학교의 경우 학생용 교과서와 교사용 지도자료를 교육과학기술부에서 발행하거나 검인정으로 발간하여 배포하고 있다.

교육과정의 계획이나 구성은 아무나 할 수 있는 것이 아니기 때문에 교육과정에 대한 전문가, 행정가, 교사, 학부모 등 여러 사람이 참여하여 민주적으로 토의하고 협력하여 구성해야 한다. 여러 사람들이 협력하여 효과적인 교육과정을 계획하기 위해서는 각종 위원회를 조직할 필요가 있다. 위원회는 그 필요에 의해 여러 가지를 생각할 수 있는데, 교육과정의 구성단계에 따라 교육목적 또는 목표를 설정하기 위한 것이나, 교육과정의 전체적 조직의 형태 결정 또는 교육과정의 범위나 계열의 형성, 단원의 선택·계획을 하는 각종 임무에 대응하는 기능을 가진 조직이어야 한다.

이러한 견지에서 조직해야 할 각종 위원회는 첫째로, 교육목적이나 목표를 설정하고 교육과정 구성을 위한 기본적 방향을 제시하는 목적위원회(aims committee), 둘째로, 목적위원회에서 결정한 교육과정 구성의 기본적 방향에 따라 교재를 선택·배열하며 전체를 조직하는 구성위원회(production or construction committee), 셋째로, 구성위원회에서 작성한 교육과정을 실제로 실시하고 교육효과를 검증하는 실험위원회(try-out committee)의 실험에 따라 시안적 교육계획을 개정하는 개정위원회(revising committee) 등을 생각할 수 있다. 이렇듯 교육과정의 구성을 위해 각종 의원회가 조직되는데, 그중에서도 중심적 역할을 하는 것이 교육목적설정위원회와 구성위원회가 될 것이다.

교육과정 개발과 유사한 용어로는 교육과정 설계(Curriculum Design), 교육과정 계획(Curriculum Plan), 교육과정 입안(Curriculum Planning) 등이 있는데, 이들은 모두 약간의 차이는 있지만 거의 유사한 의미로 사용된다.

나. 교육목적 및 목표의 설정

(1) 교육목적의 개념

목적이 없는 인생은 참된 인생살이라고 할 수 없으며, 목적이 없는 교육 또한 참된 교육이 될 수 없을 것이다. 목적은 인간행동의 방향을 제시해주고, 무엇인가 행동하게 하는 원동력이 된다. 따라서 목적이 없는 사람은 방향도 없이 되는 대로 살아가는 사람이므로 보람된 삶을 살 수 없을 것이며, 목적이 없는 교육은 방향도 없고 가치 기준도 없는 교육이므로 효과적인 교육이 될 수 없을 것이다. 그러므로 교육에는 반드시 목적이 있어야 하는데, 교육목적이란, 교육이 나가야 할 기본적인 방향 또는 지침이라 할 수 있다. 원래 목적(aims, purposes)과 목표(objects, goals)는 엄격히 구분되기는 하지만 보통 목적이 목표보다 상위개념으로 쓰이며, 목적을 달성하기 위한 하위개념으로서 여러 개의 목표가 설정되는 것이 보통이다. 교육목적이란 어떤 교육활동에서 결과적으로 성취하고자 하는 것이 무엇인가를 의미하는 것으로 추상적인 개념이며, 교육목표란 교육목적을 실현하기 위한 구체적 활동이다. 그러나 본 장에서는 목적과 목표를 엄격하게 구분하여 사용하지 않고 때로는 같은 의미로 때로는 다르게 혼용하여 사용하였다.

교육목적이란 교육이 나가야 할 기본적인 방향 또는 지침을 의미한다.

(2) 교육목적 설정의 원리

교육목적은 교육이 나아가야 할 기본적인 방향이며 지침으로, 사회발전에 발 맞춰 변화되어 왔으며, 앞으로도 변천될 것이다. 그러므로 교육목적도 역사적 현실로서의 사회 이상을 고려하여 규정되어야 한다. 그 사회의 이상과 바람직한 인간 활동이 무엇인가를 고려해야 한다. 훌륭한 교육목적을 설정하기 위한 원리는 다음과 같다(강봉규 · 이종성, 1985).

첫째, 교육목적은 교육을 받을 개인의 내재적 능력과 요구를 토대로 세워져야 한다. 또한 목적은 교육을 받는 학생의 활동과 공동으로 협력할 수 있는 방법이 될 수 있어야 할 뿐 아니라, 학생의 여러 가지 능력을 발휘하게끔 조직하는 데 어떠한 환경이 필요한가 하는 것을 시사해 주어야 한다.

둘째, 교육목적은 올바른 교육철학을 바탕으로 세워져야 한다. 교육의 대상은 인간이다. 인간의 생의 문제나 가치관에 있어서는 교육 철학적 문제가 허다하다. 그러므로 교육에 있어서 철학관이 목적에 반영될 것임은 물론이다.

셋째, 교육목적은 문화유산 · 지역성 · 시대성 · 현실성에 비추어 타당성이 있어야 할 뿐 아니라, 당시 사회에서의 사회적 요구에 비추어 타당성이 있는 것이라야 한다.

넷째, 교육목적은 학습내용(경험)을 선정할 근거를 마련해 줄 뿐 아니라, 학습심리에 비추어 타당성이 인정되어야 한다. 그러니 목적은 학습자의 발달수준에 부합되지 않으면 안 된다.

다섯째, 교육목적은 하나의 교육목적이 달성되면 그 결과에 따라 새로운 다음 목적이 설정되어야 한다. 그리하여 이와 같은 목적의 설정이 단계적으로 연속성을 가져야 한다. 그리고 각 목적 간에는 서로 모순되고 갈등되는 것이 없어야 한다.

여섯째, 교육목적은 교육평가의 근원이며 척도 기준이다. 따라서 목적은 학습자에게 중요하다고 여겨지는 지식 · 기능 · 태도 · 행동유형을 제시해 줄 수 있어야 한다.

끝으로, 교육목적이란 신축성이 있어야 하며, 경우에 따라서 수정될 수도 있는 것이다.

교육목적 설정의 원리는 일반적으로 다음의 여섯 가지를 들 수 있다. ① 교육을 받을 개인의 내재적 능력과 요구 기반 ② 교육철학이 바탕이 되어야 함 ③ 그 사회의 문화유산 · 지역성 · 시대성 · 현실성에 비추어 타당성이 있어야 함 ④ 내용선정 근거를 마련해 줌 ⑤ 연속성 ⑥ 교육평가의 척도 기준

다. 교육내용의 선정 원칙

교육목표가 설정되면 이 목표를 달성하기 위하여 어떤 내용(경험)을 선정할 것인가가 문제가 된다. 영어로는 영역이라는 의미를 갖는 scope라는 용어로 표기되는데, 스미스(E. R. Smith) 등은 이 scope, 즉 교육내용의 선정 원칙을 다음과 같이 제시하고 있다.

첫째, 지식의 조직 분야에 대한 중요성으로 이 기준은 어느 내용이 어느 분야의 지식에 정통하기 위하여 중요하다고 생각되면 곧 교육내용으로 결정하는 것이다.

둘째, 유용성의 원칙으로 그 교재가 현재 젊은이들에게 어떤 유용성이 있는가의 문제로, 교육내용은 현재의 방대한 지식 가운데서 현대 생활에 가장 유용성이 많은 것을 교육내용으로 선정해야 한다는 것이다.

셋째, 사회발전의 원칙으로 교육내용이 민주사회의 성장과 발전에 공헌하는가, 개인이 자기충족적(self-sufficient)인 사회의 구성원으로 공헌하는 방향으로 도와주는가, 개개 인간의 가치와 권위, 민주적 과정, 개인의 기본권 등과 같은 민주사회가 요구하는 가치 실현의 방향으로 교육내용이 공헌하는가 등에 대한 대답이 이 원칙에 의한 교육내용의 선정이다.

넷째, 생존의 원칙으로 이 원칙은 우리가 교육내용으로 선정해서 가르쳐야 할 것은 오랫동안 역사의 과정을 통해 시련을 견디어 낸 것이어야 한다는 것으로 시대는 가치의 표현이라는 생각에 근거를 두고 있다.

다섯째, 흥미의 원칙으로 교육내용이 학습자의 문제, 관심, 흥미, 욕구를 기준으로 선정되어야 한다는 것을 들고 있다.

또한, 교육내용(경험)을 선정하는 일반적인 원칙으로 타당성의 원칙, 가능성의 원칙, 만족의 원칙, 동목표 다경험의 원칙, 동경험 다성과의 원칙을 들기도 하는데 이 원칙들을 간단히 설명하면 다음과 같다.

(1) 타당성(기회)의 원칙

이 원칙은 좋은 학습내용이란 교육목표에 비추어 타당성이 있어야 한다는 것이다. 교육목표가 제시해주는 바로 그 행동을 할 수 있는 기회가 마련되는 학습내용이 가장 좋다는 것이다. 이 원칙은 기회의 원칙이라고도 불리는데 이는 어떤 교육목표를 달성하기 위해서는 그 목표가 의미하는 행동을 학생이 실제로 해 볼 수 있는 기회를 제공해 줄 수 있는 경험이 선정되어야 한다는 원칙이기 때문이다. 어떤 교육목표를 달성하기 위한 학습경험의 계획에서 그 목표가 가리키는 행동을 실제로 해 볼 수 있는 기회를 보장하지 않는다면 목표의 달성을 바라기는 어려운 것이다.

(2) 가능성의 원칙

이 원칙은 학습경험에서 바라는 학생의 반응이 자신의 능력 범위 안에 있는 것이어야 한다는 것이다. 이런 원칙을 가능성의 원칙이라고 한다. 즉 학습경험은 학생의 현재의 능력, 학업성취, 발달 정도 등에 적합해야 한다. 수업은 학생이 현재 서 있는 지점에서부터 시작되어야 하는 것이다. 겨우 300개 정도의 영어 낱말을 알고 있는 학생에게 희곡을 읽히려 한다면 그런 학습경험은 가능성의 원칙을 직접적으로 위배하고 있는 것이다.

(3) 만족의 원칙

학생은 수업목표가 가리키는 학습경험을 하는 과정에서 만족감을 느낄 수 있어야 한다는 것이다. 독서에 대한 흥미를 기르려고 하는 학습경험에서 학생은 광범위한 독서를 스스로 할 수 있는 기회를 가져야 할 뿐만 아니라, 그러한 독서 활동에서 만족감을 느낄 수 있어야 학습경험의 효과가 높아질 수 있다. 따라서 학습경험을 계획하는 교사에게는 학생들의 필요와 흥미뿐만 아니라 인간의 만족감에 대한 기본적인 이해가 요구된다고 할 수 있다.

(4) 동목표 다경험의 원칙

같은 목표를 달성하는 데에 수많은 학습경험을 사용할 수 있다고 하는 이른바 동목표 다경험의 원칙을 들 수 있다. 물론 특정의 수업목표는 일정한 범위 안의 학습경험을 요구한다. 그러나 그 범위는 충분히 넓으며 효과적인 학습을 보장하는 학습경험이라면 어떤 학습경험이라도 우리는 그 수업목표의 달성을 위해서 사용할 수 있는 셈이다. 어떻게 생각하면 특정의 수업목표를 달성하는 데에는 거의 제한이 없을 정도의 다양한 학습경험이 있을 수 있다.

(5) 동경험 다성과의 원칙

학습경험 선정에 있어서의 다섯 번째 원칙은 동경험 다성과의 원칙이다. 한 가지의 학습경험은 반드시 한 가지의 목표달성에 유용하거나 한 가지의 학습성과를 가져오는 것이 아니라, 동시에 여러 가지 목표를 달성하게 하거나 여러 가지 학습성과를 가져온다는 원칙이다.

> 교육내용(경험)을 선정하는 일반적인 원칙으로는 타당성의 원칙, 가능성의 원칙, 만족의 원칙, 동목표 다경험의 원칙, 동경험 다성과의 원칙 등이 있다.

라. 교육내용 조직의 원칙

학습내용이 선정되면 무엇을 먼저 지도하고 어떠한 것을 나중에 지도할 것인가 등 순서를 결정해야 할 것이다. 보통 sequence란 용어로 표기되기도

하는데, 학습내용을 조직하는 원리에 대해 타일러(R. W. Tyler)는 계속성의 원리, 계열성의 원리, 통합성의 원리 등 세 가지 원리를 제시하고 있다. 이 원리들을 소개하면 다음과 같다.

(1) 계속성의 원리

계속성의 원리는 교육내용의 종적관계에 관한 문제로서 반복의 원리라고 할 수 있다. 교육내용 조직에 있어서 중요한 개념, 원리, 사실 등의 학습을 어느 정도 계속해서 반복학습을 할 수 있도록 하기 위한 것이다. 이 원리는 학습심리 면에서 지각의 법칙이 근거가 되는 것으로 학습자가 학습한 내용을 망각하지 않을 정도까지 학습되게 하기 위해서는 학습목표와 직결된 지식이나 과정 또는 행동양식이 어느 기간 동안 계속적으로 반복학습이 되도록 조직해야 한다는 것이다.

(2) 계열성의 원리

이 원리는 교육내용 조직의 종적관계에 관한 점으로는 계속성과 같으나, 계속성의 원리가 개념, 원리, 사실 등의 단순한 반복에 관한 원리임에 비추어 계열성에는 질적인 심화성과 양적인 확대성에 관한 문제를 주로 한다. 따라서 계열성에서는 선행학습과 후행학습의 순서를 정하는데 있어 선행학습의 내용을 기초로 하여 다음 내용은 학습량이 보다 많아지고 그 수준도 높아지도록 조직해야 한다는 원리이다. 교육내용 조직의 계열성을 살리기 위하여 그 기반이 되는 여러 가지 요인으로는 학습자의 성숙, 경험의 배경, 정신연령, 흥미, 실용성, 곤란성 등이며, 실제로 이러한 여러 가지 요인에 따라 교육내용을 계열화할 때에는 논리성, 연대순, 구체적인 것에서 추상적인 것으로, 단순한 것에서 복잡한 것으로 등의 원칙이 고려되어야 한다.

(3) 통합성의 원리

통합성의 원리는 한 영역의 한 가지 내용이나 경험, 능력들이 다른 여러 영역의 그것들과 어떻게 상호 관련을 시키도록 하느냐의 문제로서 극단적으로 말하면 교과와 교과 간, 또는 경험과 경험 간의 조직관계 일이다. 이는 여러 교과의 학습상황에서 얻어진 내용이나 경험들이 서로 독립적으로 관계없이 단절되어 있는 것이 아니라, 개개의 경험들이 상호 연결되어 통합됨으로써 보다 효율적인 학습과 성장, 발달을 촉진할 수 있도록 조직하자는 것이다. 교육내용의 조직에 있어 통합성이 부족하다면 교육내용이나 경험들 간에 불균형, 부조화가 생기며, 또 내용의 중복, 누락, 상극의 결과를 가져오게 된다. 학습경험의 통합을 보다 용이하게 해주기 위한 시도로서 논리적 방법, 심리적 방법, 절충적 방법 등의 내용조직 방법이 있다.

교육내용 조직 원리로는 계속성의 원리, 계열성의 원리, 통합성의 원리 등이 있다.

학습문제

01. 교육목적의 설정 원리에 대해 설명하시오.

02. 교육내용의 일반적인 선정 원칙에 대해 설명하시오.

03. 교육내용 조직 원리 가운데, 계속성과 계열성을 비교하여 설명하시오.

02 교육과정 개발의 개념

교육과정 개발은 교육과정의 다양한 정의만큼이나 다양하게 정의할 수 있으나, 일반적으로 교육과정 개발이란, 한 체제의 문서화된 교육과정을 교육 프로그램으로 전환하는 과정이라고 표현할 수 있다. 즉 무엇을, 누구에게, 어떠한 교수원리에 입각하여 가르쳐야 할 것인가 그리고 그 내용들이 어떻게 상호 관련되어 있는지를 구체적으로 밝히고 정당화하는 일이 교육과정 개발의 중심과업이라고 할 수 있다(Short, 1982).

1900년대 초 Bobbitt, Charters를 출발로 한 교육과정의 과학화 운동 이후, 체계적인 교육과정 개발의 모형으로 등장한 Tyler 모형은 이 분야의 전형이 되어 왔다. 이러한 타일러의 모형은 목표-수단의 이원론, 목표의 우위성, 목표의 사전 명세화 등의 비판의 목소리를 듣게 된다.

이후 교육과정 개발에 있어서 교육과정의 지역화, 학교중심의 교육과정 개발 운동이 등장하기 시작했다. 이러한 학교중심 교육과정 개발은 종래까지의 교육과정 개발을 지배해 온 전통적 개발 모형이 현장의 역동성을 제대로 반영하고 있지 못하다는 비판에서 출발한 것이다. 그 후 영국을 중심으로 Skilbeck(1984)이 SBCD에 관한 논문과 저서를 발표하면서, 호주에까지 신속하게 번져 갔다. SBCD의 가장 협의의 의미는 학교가 단순히 교장 및 소수의 교사수준에서 교육과정 문서나 각 교과목의 교수요목을 결정해 내는 과정으로 이해되기도 하며, 광의의 의미에서는 전반적인 교육과정의 개발, 실행, 평가 더 나아가서는 학교 내 협의회 성원의 문제에 이르기까지 하나의 지속적이고 역동적인 의사결정 과정을 가리키기도 한다. 이 시기에는 교사 배제형의 중앙집권적 개발과정에서 벗어나 교사중심의 개발로 전환되어야 한다는 관점이 우세했다.

또 한편으로 교육과정 개발의 개념은 다른 관점으로 재개념화되기 시작했다. 실제로 현장에서 이루어지고 있는 교육과정 개발을 보면 직선형의 계열적인 형태를 따르고 있지 않다는 것이다. 오히려 교육과정 개발은 어느 교육과정 요소로부터도 시작될 수 있고, 어떠한 순서로 진행하여도 무방하다는 주장이다. 즉, 교육과정 개발은 공학적 합리성이나 규칙성으로 환언되는 개발 전문가들의 전유물이라기보다는 오히려 교육과정 이해 당사자들 간의 신념의 교섭과정, 역동적 상호작용으로 재개념화되어야 한다는 것이다.

이렇듯, 교육과정 개발의 개념은 다양한 교육과정의 개념과 학자들의 관점 차이뿐만 아니라 시대적 변화를 통해서 변해 왔음을 알 수 있다.

교육과정 개발이란, 한 체제의 문서화된 교육과정을 교육 프로그램으로 전환하는 과정이다. 즉 무엇을, 누구에게, 어떠한 교수원리에 입각하여 가르쳐야 할 것인가 그리고 그 내용들이 어떻게 상호 관련되어 있는지를 구체적으로 밝히고 정당화하는 일이 교육과정 개발의 중심과업이다.

Chapter 06

교육과정 개발 모형

학습내용

1. 교육과정 개발 모형 분류
2. 교육과정 개발 모형

01 교육과정 개발 모형 분류

교육과정 개발에 대한 정의와 유사 용어 등과 마찬가지로 교육과정 개발 모형의 구분도 학자마다 다양하다. Posner(1998)는 교육과정 개발 접근 모형에 대해 절차적 물음, 기술적 물음, 개념적 물음, 이데올로기적 물음 등으로 나누어 설명하였다. 절차적 물음이란 교육과정을 계획할 때 따라야 할 단계에 대한 물음이고, 기술적 물음이란 교육과정을 계획하는 사람들이 어떻게 그 일을 수행하는지에 대한 물음이다. 또한 개념적 물음은 교육과정 계획의 요소들이 무엇이며 서로 어떻게 관련되어 있는지에 대한 물음이고, 누가 적합한 지식을 정의하는지 또는 사회 재생산과 의식화 교육을 실현하는 데 어떻게 기능하고 있는지에 대한 것이 이데올로기적 물음이라고 제시한다. 또한 Brady(1987)는 객관주의 모형(objective model)과 상호작용적 모형(interactive model), 과정모형(process model)으로, Print(1993)는 합리적 모형(rational model), 순환적 모형(cyclic model), 역동적 모형(dynamic or interactive model)으로 구분하고 있다. 이러한 유형에 대해서 권낙원 · 민용성 · 최미정(2008)은 합리적 모형, 순환적 모형, 역동적 상호작용 모형 등으로 구분하고 있다. 합리적 모형은 대표적으로 Tyler와 Taba의 모형을 설명하고, 순환적 모형은 Wheeler와 Nicholls & Nicholls의 모형을, 역동적 상호작용 모형은 Walker와 Skilbeck 모형을 예로서 제시하고 있다.

이와 유사하게 김인식·최호성(1996)은 합리적/목표 모형, 순환적 모형, 역동적/상호작용적 모형 등으로 구분하며, 주장 학자들과 함께 교육과정모형의 연속성을 제시하고 있다. 이귀윤(2000)은 교육과정 개발에는 효율성을 고려하는 것을 주된 관심으로 보고 구체성 정도에 따라 과학적-비과학적 분류로 구분하였다. 이러한 분류를 보다 더 구체적으로 이성호(2006)는 기술적·과학적 접근과 비기술적·비과학적 접근으로 구분하고 있다. 기술적·과학적 접근은 객관성과 보편성, 논리성을 특징으로 하는 Tyler의 교육과정 개발 모형, Taba의 귀납적 접근의 교육과정 개발 모형, Saylor & Alexander의 교육과정 계획 모형, Johnson의 선형적 교육과정 개발 모형, Hunkins의 교육과정 개발 모형 등을 포함시켜 설명한다. 그리고 비기술적·비과학적 접근은 주관성, 개별성, 일반성, 심미적 합리성 등이 강조되는 것이라고 설명하며, 열린교육 모형, Weinstein과 Fantini의 정의적 교육과정모형, Lawton의 문화 선정으로서의 교육과정 개발 모형 등을 포함하였다.

최호성(2008)은 처방적-절차적 접근, 기술적-해석적 접근, 비판적 접근 등 세 가지로 구분한다. 처방적-절차적 접근에는 Tyler의 합리적 개발 모형, Taba의 귀납적 모형, Wiggins & McTighe의 후진 설계 모형으로 구분하고, 기술적-해석적 접근으로는 Walker의 실천적 숙의 접근을 소개하며, 비판적 접근에는 Eisner의 예술적 비평모형을 예로서 설명하고 있다.

또한 Ornstein & Hunkins(1988)는 기술적·과학적-비기술적·비과학적으로 분류한 후 전자에는 행동적-합리적, 체제적-운영적, 지적-학문적으로 후자는 인본적-심미적, 재개념적으로 세분하였다. 이와 유사하지만 보다 구체적으로 구분한 박현주(2005)는 기술적-과학적 모형(체계적 접근)과 비기술적-비과학적 모형(비체계적 모형)으로 구분하고, 그 하위 모형을 구체적으로 소개하였다. 즉, 전자에는 Tyler의 합리적 모형, Taba의 귀납적 모형, Gagné의 수업설계체제 모형, 상호작용 모형, Hawes의 과정모형, Saylor와 Alexander의 모형, Oliva의 모형, Hunkins의 모형, Goodlad의 모형, Zais의 모형, Walker의 모형 및 Miller & Seller의 모형을 포함시켰다. 또한 후자에는 Weinstein & Fantini의 정의적 모형, Eisner의 예술적 모형, Cornett의 개별적 실천적 이론 모형 및 Rogers의 개인상호적 관계 모형 등을 소개하고 있다. 이상에서 살펴 본 학자들의 문헌들을 종합한 결과를 표로 제시하면 다음과 같다.

〈표 6-1〉 교육과정 개발 모형에 관한 학자들의 제 구분

학자(연도)	모형 구분
권낙원 · 민용성 · 최미정(2008)	합리적 모형
	순환적 모형
	역동적 상호작용 모형
김인식 · 최호성(1996)	합리적/목표 모형
	순환적 모형
	역동적/상호작용적 모형
박현주(2005)	기술적-과학적 모형(체계적 모형)
	비기술적-비과학적 모형(비체계적 모형)
이귀윤(2000)	과학적 분류
	비과학적 분류
이성호(2006)	기술적 · 과학적 접근
	비기술적 · 비과학적 접근
최호성(2008)	처방적-절차적 접근
	기술적-해석적 접근
	비판적 접근
Brady(1987)	객관주의 모형
	상호작용적 모형
	과정모형
Ornstein & Hunkins(1988)	기술적 · 과학적(행동적-합리적, 체제적-운영적, 지적-학문적)
	비기술적 · 비과학적(인본적-심미적, 재개념적)
Print(1993)	합리적 모형
	순환적 모형

위 표에서 알 수 있는 사실은 대부분인 교육과정 개발 모형을 양 극단으로 구분하고 있다는 것이다. 즉, 합리적-처방적 모형과, 역동적-기술적 모형과 같은 방식으로 구분하고 있다. 그러나 본 절에서는 교육과정 개발 모형을 구분하지 않고 각 모형이 가지고 있는 특징들을 중심으로 설명하고자 한다.

교육과정 개발에 대한 정의와 유사 용어 등과 마찬가지로 교육과정 개발 모형의 구분도 학자마다 다양하다.

학습문제

01. Posner(1998)가 제시한 교육과정 개발 접근 모형에 대해 설명하시오.

02. 일반적인 교육과정 개발 모형 분류에 대해 설명하시오.

02 교육과정 개발 모형

가. Tyler(1949)의 교육과정 개발 모형

교육과정 개발의 대표적인 모형은 Tyler의 모형이다. 8년 연구를 통해 교육과정과 수업에 대한 총체적 접근을 하였던 Tyler는 그 동안의 아이디어를 「교육과정과 수업의 기본 원리(Basic Principles of Curriculum and Instruction, 1949)」라는 소책자 속에 담았다. 그에 따르면 교육과정과 수업은 하나의 과정이며, 이를 계획하기 위해서는 다음의 네 가지 질문에 대답해야 한다고 한다.

첫째, 학교가 달성하려고 하는 교육목표는 무엇인가? 둘째, 이러한 목표를 달성하기 위하여 어떤 학습경험이 제공되어야 하는가? 셋째, 이러한 학습경험은 어떻게 효과적으로 조직될 수 있는가? 넷째, 교육목표의 달성 여부는 어떻게 평가할 수 있는가? 하는 것이다. 이러한 질문과 관련된 문제들은 각각 교육목표의 설정, 학습경험의 선정, 학습경험의 조직, 평가와 관련된 것이고, 이 네 가지 질문이 바로 Tyler가 제시한 교육과정 구성의 네 가지 요소이다.

따라서 Tyler가 제시한 교육과정 개발 이론은 이상의 질문들에 대한 합리적인 해결방안을 찾아 나가는 과정이라고 볼 수 있다. 그의 교육과정 개발 모형은 합리적 모형, 목표중심 모형, 평가중심 모형 등 다양한 이름으로 불린다. 때로는 목표-수단 모형이라고도 불리는데 그 이유는, 목적으로서 목표의 설정이 목표달성에 가장 도움이 될 만한 활동과 조직의 종류 선택에 큰 영향을 끼치기 때문이다. 또한 목표를 세울 때 몇몇 종류의 사실들만 잘 고려하면 목표는 보다 의의 있고, 타당하고, 누구라도 납득할 만한 것이 될 수 있다고 한다. 그다음으로 교육목표 선정에서의 교육철학의 이용과 학습심리학의 이용은 잠정적 목표를 명세적 목표로 정련시키는 체의 역할을 한다. 교육철학을 통해 잠정적 교육목표의 바람직성과 우선순위를 정하고, 학습심리학을 통해 학습 가능성과 교수 가능성을 따져서 보다 명세적 교육목표를 수립하는 것이다. 이러한 Tyler의 교육과정 개발 절차를 그림으로 제시하면 다음 [그림 6-1]과 같다.

20세기 후반 교육과정 개발에 가장 지속적이고 강력한 영향을 끼친 Tyler의 개발 모형에 대한 많은 공헌 가운데 본 연구와 관련지어 몇 가지를 언급하면 다음과 같다. 첫째, Tyler의 교육과정 개발 모형은 어떤 교과, 어떤 수업수준에서도 활용 가능하고 적용할 수 있는 폭넓은 유용성이 있으며, 논리적이고 합리적인 일련의 절차를 제시하고 있어 교육과정 개발자인 단위학교 교사도 이를 따라 하기가 비교적 쉽다고 여겨진다. 둘째, 학생의 행동과 학습경험을 강조함으로써 평가에 매우 광범한 지침을 제공해 주었다. 셋째, 교육목표를 명세적으로 밝히는 일을 강조함으로써 교육목표를 둘러싼 교육과정 관련자들 사이의 의사소통을 원활하고 정확하게 하는 데 기여했다. 넷째, 교육과정과 수업을 구분하지 않고 통합적으로 목표-경험 선정-경험 조직-평가를 포괄하는 광범위한 종합성을 담고 있다.

이러한 많은 공헌과 장점이 있음에도 불구하고 Tyler의 교육과정 개발 모형은 여러 가지 비판의 목소리가 있다. 이를 열거하면 다음과 같다. 첫째,

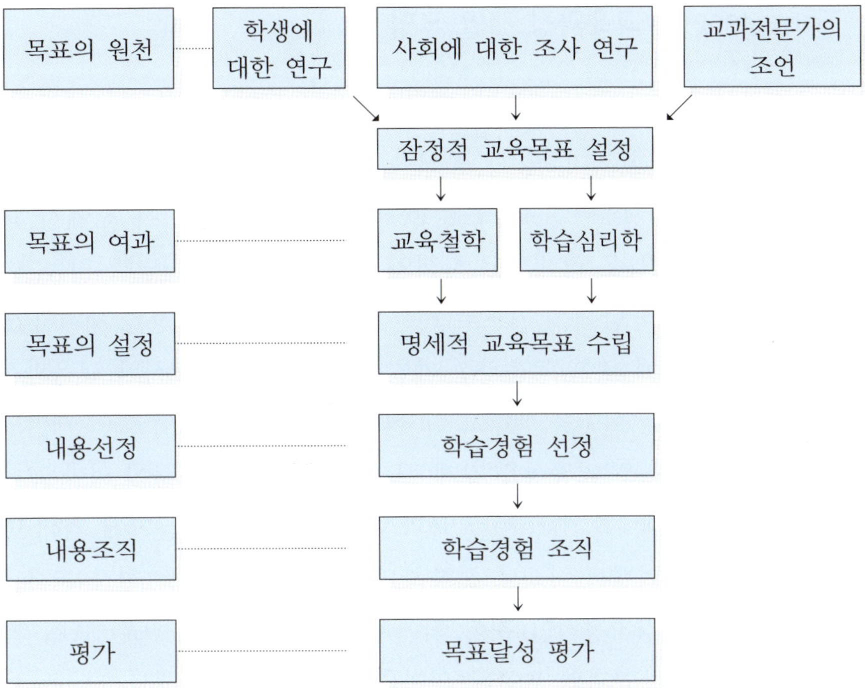

[그림 6-1] **Tyler의 교육과정 개발 모형**

목표의 원천은 제시하고 있으나, 무엇이 교육목표이고 그것은 왜 다른 목표를 제치고 선정되어야 하는지 그 이유를 분명하게 밝혀 주지 못한다. 둘째, 목표를 분명히 미리 설정한다는 것은 수업 진행과정 중에 새롭게 생겨나는 부수적 목표의 중요성을 간과한 것이다. 셋째, 목표를 내용보다 우위에 두고, 내용을 목표달성을 위한 수단으로 전락시킨 면이 있다. 이에 대해 이홍우(1992)와 김종건(1988)은 목표모형에 대응하는 개념으로 내용모형을 소개했다. 넷째, 무엇을 가르쳐야 할 것인가에 대한 대답을 회피하고, 교육과정의 실질적 내용이 어떤 것인가를 가르쳐 주지 않으며, 그것을 확인하는 절차를 제시하고 있다. 다섯째, 겉으로 평가할 수 있는 행동만을 지나치게 강조함으로써 잠재적 교육과정이나 내면적 인지구조의 변화, 가치와 태도 및 감정의 변화를 확인하는 데에는 약하다. 여섯째, 교육과정 개발 절차를 지나치게 절차적, 체계적으로 처방하여 제시함으로써 교육과정 개발 활동과정의 연속성과 실제 교육과정 개발과정에서 일어나는 많은 복잡한 것들에 대한 기술을 간과했다는 것이다(Print, 1993).

나. Taba(1962)의 교육과정 개발 모형

Taba는 Tyler와 함께 8년 연구를 통해 교육과정에 대한 이론적이고 실제적인 연구개발을 익혔으며, 당시 공교육에 대한 비판적 진단을 기반으로 「교육과정 개발(Curriculum Development, 1962)」을 저술하였다. 이 책에서 Taba는 학교의 사회적 기능을 탐색하고 사회와 문화, 학습자의 발달과 지능, 학습의 성격, 지식의 성격 탐색을 기초로 하는 교육과정 개발과정을 제시하였다.

Taba는 또한 교사에 의한 교육과정 개발을 주장하였고, 교사가 교육과정의 구체적인 측면에 관한 실험을 행하고 그 실험을 기반으로 하여 틀이 개발되면 교육과정 개발은 새로운 역동성을 갖게 될 것이라고 보며 교사에 의한 교육과정 개발을 강조하였다. 즉, Taba는 교육과정 개발은 외부 전문가에 의해 만들어져 들여보내거나 위에서 아래로 하향식으로 적용되기보다는 현장 교사들에 의해 만들어지는 현장지향적인 것이 되어야 한다고 여겼다. 또한 Tyler가 전체적인 학습자, 사회, 교과의 요구나 의견을 분석한 것에 비해서 Taba는 보다 좁은 범위에서 학습자에게 무엇이 요구되는가를 분석하였다. 이러한 Taba의 교육과정 개발 절차를 그림으로 나타내면 다음 [그림 6-2]와 같다.

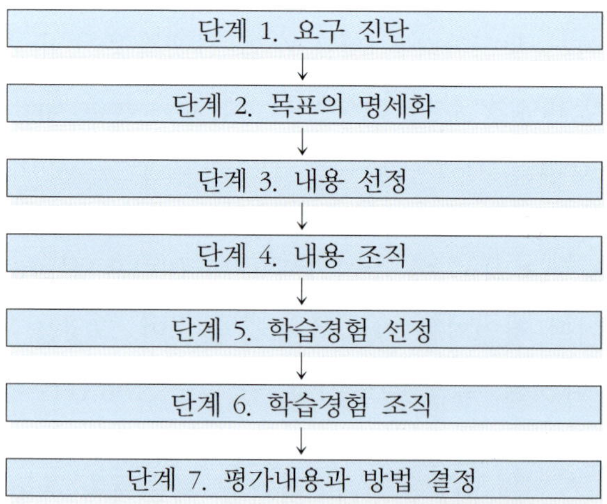

[그림 6-2] Taba의 교육과정 개발 절차

출처 : Taba, H.(1962). *Curriculum Development : Theory into Practice*. New York : Harcourt, Brace & World, Inc. p.12.

다. Wheeler(1967)의 교육과정 개발 모형

Wheeler(1967)는 「교육과정 개발과정(Curriculum process)」에서 교육과정의 각 요소들이 상호 관련되어 있고 상호의존적이며 순환적 형태를 띠고 있으므로 교육과정 개발자들은 순환적 개발과정을 사용해야 한다고 주장했다. 그는 Tyler(1949), Taba(1962)의 아이디어들을 더욱 발전 확장시켰으며, 교육과정 개발과정에서 [그림 6-3]과 같이 목적 및 목표의 설정, 학습경험의 선정, 내용의 선정, 학습경험과 내용의 조직 및 통합, 평가의 다섯 가지 단계를 제시하였다.

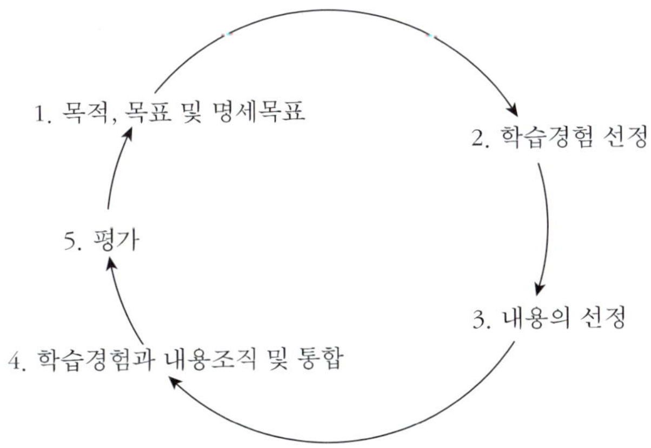

[그림 6-3] Wheeler의 교육과정 개발과정모형

출처 : ~Wheeler, D. K.(1967). *Curriculum process*. London : University of London Press, p.30.

[그림 6-3]에서 보는 바와 같이, 교육과정 개발자들은 단계 1에서부터 단계 5까지의 계열적 순서에 따라 교육과정을 개발해야 한다는 것을 보여주고 있으며, 개발과정을 새로운 정보나 실제에 따라 항상 변화하는 지속적인 활동으로 보고 있으며, 이들 단계가 교육활동 외부의 다양한 변화에 대처하는 연속적인 순환 과정에 있다는 점을 보여주고 있는 것이 특징적이다.

Wheeler의 모형은 Tyler(1949), Taba(1982)의 아이디어를 보다 확장시킨 것으로 교육과정 개발 방식으로 여전히 합리적인 접근 방식을 취하고 있으나, 교육과정 개발과정의 순환적 성질과 교육과정 요소들의 상호의존적 특성을 고려했다는 점에서 교육과정 개발에 중요한 영향을 끼쳤다고 할 수 있다.

라. Nicholls & Nicholls(1976)의 교육과정 개발 모형

Nicholls & Nicholls(1976)는 「교육과정 개발: 실제적 지침(Developing a curriculum : A practical guide)」에서 교육과정의 각 요소들이 상호 관련되어 있고 상호의존적이며 순환적 형태이므로 교육과정 개발자들은 순환적 개발과정을 사용해야 한다고 주장했다. 이들의 모형은 상황 분석, 목표의 선정, 내용의 선정 및 조직, 방법의 선정 및 조직, 평가로 되어 있다. 따라서 Nicholls & Nicholls(1976)는 상황분석으로부터 표출된 지식과 통찰을 활용하여 전체적 상황을 구성하는 모든 요인들을 진단, 분석할 수 있는 포괄적인 접근방법을 주장하였다. 상황분석 단계는 앞서 살펴본 Taba의 요구분석 단계와 유사한 부분이 있다. 다음은 Nicholls & Nicholls(1976)의 교육과정 개발 모형 그림이다.

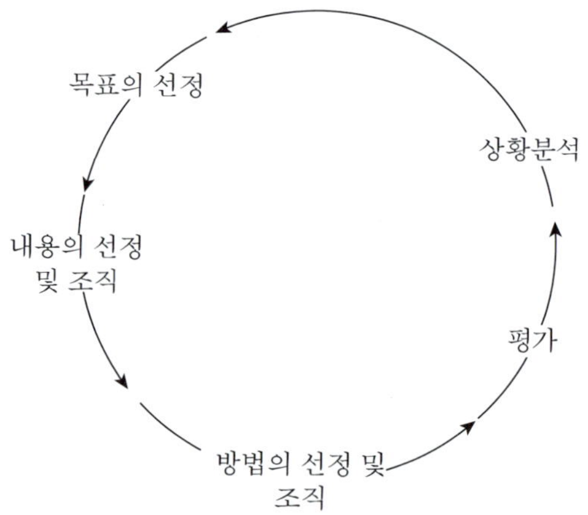

[그림 6-4] Nicholls & Nicholls(1976)의 교육과정 개발 모형

출처: Nicholls, A. & Nicholls, A. H.(1976). *Developing a Curriculum: A Practical Guide(6th)*. London: George Allen & Unwin. p.21.

마. Skilbeck(1976)의 교육과정 개발 모형

Skilbeck(1976)은 교육과정 개발 모형의 이름을 학교 중심 교육과정으로 제안하고 있다. Skilbeck의 모형은 다음 [그림 6-5]와 같이 다섯 단계로 구성되어 있으며, 다섯 단계의 어느 단계에서부터도 계획을 시작할 수 있으며, 어떠한 순서도 허용되며 심지어 서로 다른 단계를 동시에 고려해도 괜찮다고 주장하는 면이 이전의 합리적-처방적 모형 및 순환적 모형과 가장 대조를 이루는 부분이다. 다만, 교육과정 개발팀에서는 교육과정 구성요소와 개발 과정의 여러 측면들을 충분히 고려하고 그 과정을 하나의 유기적 전체로 파악한다는 것이다.

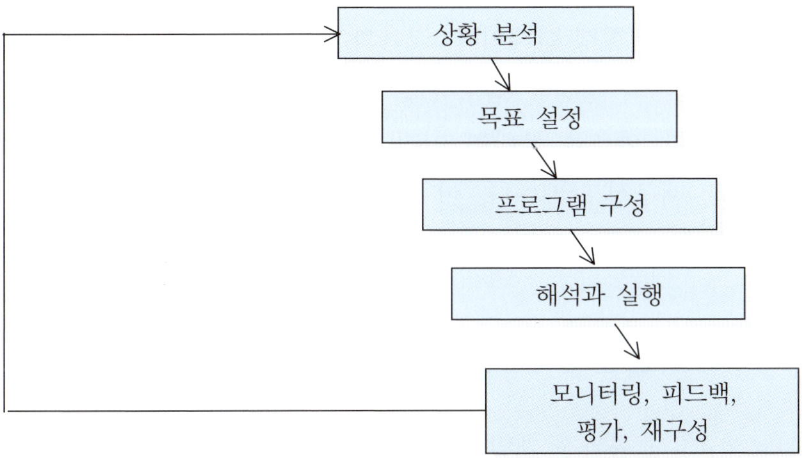

[그림 6-5] Skilbeck의 학교 중심 교육과정 개발 모형

출처 : Skilbeck, M.(1976). *School-based Curriculum Development and Teacher Education*. OECD. p.97. Skilbeck, M.(1984). *School-based Curriculum Development*. London : Harper & Row. pp.231～240.

이 모형은 학생, 교사, 지역 환경, 학부모들의 요구와 필요에 따라 발전적으로 수정할 수 있기 때문에 매우 융통적이고 역동적인 교육과정 개발 방식이라고 볼 수 있다. 각 단계에 대한 구체적인 설명을 하면 다음과 같다.

첫째, 상황 분석 단계이다. 상황을 구성하고 있는 요인들의 분석 단계로

Taba의 절차적 모형과 유사한 특성을 갖고 있으며 이를 외적 변화와 내적 변화로 나눌 수 있다. 즉 외적 변화는 학부모의 요구, 학교장의 기대, 지역사회의 가치와 문화적·사회적 변화 등이다. 내적 변화는 교사의 태도와 교수 기술, 학생의 능력, 학교 기대와 교수자료 및 자원 등의 변화를 말한다.

둘째로 목표 설정 단계이다. 목표의 진술은 교사와 학생의 행동을 구체화하고 기대되는 학습성과에 대한 내용을 담고 있다. 어떤 점에서 목표는 상황을 수정하기 위한 단계를 나타낸다. 즉 목표는 앞으로의 활동 방향에 대한 선택, 가치, 판단을 암시하고 진술한다. 셋째로 프로그램 구성 단계이다. 프로그램 구성은 교수-학습활동의 설계, 필요한 수단과 자료의 기술, 적절한 제도적 장치와 현장 연구 장면의 설계, 교직원의 역할분담, 시간표 및 규정 등을 계획한다.

다음으로 해석과 실행 단계이다. 교육과정의 변화를 일으킬 수 있는 문제를 중심으로 과거의 경험을 검토하고, 교육과정 변화에 대한 연구와 관련 이론을 분석하며, 예측을 통하여 미리 해결한다. 마지막으로 모니터링, 피드백, 평가 및 재구성 단계이다. 이 단계는 상황파악과 의사소통 체제의 설계, 평가 일정의 준비, 과정의 강화 계획 등이 포함된다.

바. Walker(1975)의 교육과정 개발 모형

Walker(1975)의 교육과정 개발 모형은 1969년 Eisner에 의해서 수행된 미술과 교육과정 개발 프로젝트의 경험에서 나온 것이다. Walker는 교육과정 개발과정에 대한 관찰과 평가를 통해서 교육과정 개발을 위한 주요 구성요소와 단계를 추출하였고 이 구성요소를 근거로 하여 [그림 6-6]과 같은 자연주의적 모형(naturalistic model)을 개발하였다.

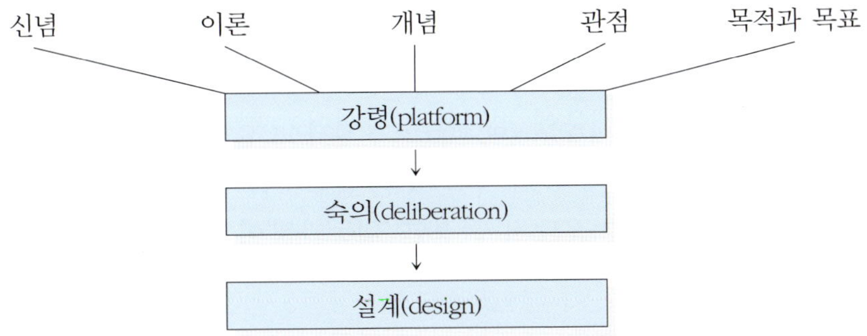

[그림 6-6] **Walker의 교육과정 개발 모형**

출처 : Walker, D. F.(1971). A naturalistic model for curriculum development. *School Review, 81(1)*. p.51.

(1) 강령(platform)

강령, 출발점이라고 불리는 이 단계는 교육과정 의사결정자가 가지고 있는 믿음과 가치체계를 의미한다. 교육과정 의사결정자는 자신의 관점을 실현시키기 위해서 어떤 결정을 내릴 것인지를 고민할 때 이 강령의 도움을 받는다. 강령은 현재 상태에 대한 이해와 지향점에 대한 전망을 포함하고 있으며, 이러한 것들은 교육과정 의사결정자가 자신의 관점을 알기 위해 해야 할 일이 무엇인지를 결정하게 해준다. 즉 교육과정 개발자들은 '진공의 상태'에서 출발하지 않는다는 것이다. 개발자들이 교육과정을 개발할 때 품고 있는 아이디어, 가치, 개념 등은 개발자들의 선행경향성을 나타낸다. 일단 개인 간의 상호작용이 시작되면 그들은 '숙의'의 단계로 들어간다. 이 단계에서 개인들은 자신의 플랫폼을 방어하고 순간적인 아이디어를 내놓게 된다. 이와 더불어 개발자들은 자신의 아이디어를 명확히 하고 합의를 이끌어 낼 수 있는 장면을 형성하기 시작한다.

(2) 숙의(deliberation)

숙의 단계는 목표 모형에서처럼 일련의 단계 혹은 절차에 따라 엄격하게 진행되지 않는다. 이 단계는 실제 교육과정이 설계되기 전에 상당한 정도의 기초 작업을 거치는 복잡한 사회적 과정으로서 강령은 교육과정 개발 초기에 공통된 신념, 유효한 원칙 체계의 역할을 하지만 그 자체의 불완전하고도 분명하지 못한 점 때문에 정책으로 바뀌어야 한다. 강령이 정책으로 바뀌는 과정이 바로 숙의이다. 정책은 앞으로 전개될 의사결정을 안내하기 위한 주어진 여러 대안 가운데서 선정된 '행동과정'이자 '행동방법'이다.

(3) 설계(design)

마지막 단계는 설계 단계로 교육과정 개발과정에서는 이론적으로 중요한 산출물이다. 설계의 단계에서 교육과정의 여러 구성요소에 관한 결정이 이루어지는데 의사결정자 간의 논의와 조정을 통해 도달되는 것이다.

Walker(1975)의 모형에 따르면, 어떤 교육과정을 만들어 낼 것인가에 대해 생각해 보는 숙의와 실지로 그것을 만들어 내는 설계가 그 순서대로 진행되는 것이 아니라 이들은 서로 상호작용한다는 것이다. 미리 결정된 절차에 의해 교육과정 개발의 목적과 과업을 최대한으로 성취해 나가는 전통적 관점의 모형과는 달리 모든 참여자의 신중한 숙의적·실제적 추론의 역동적 과정에 의한 경험의 공유를 통해 합의된 결정에 도달하는 모형으로 특징지어질 수 있다.

사. Print(1993)의 교육과정 개발 모형

Print(1993)는 여러 가지 유형의 교육과정 개발 모형의 절충적 입장을 견지하면서 보다 종합적인 개발 모형을 제시하고 있다. Print는 학교체제 교육과정, 각과 교육과정, 단위학교 교육과정, 학교 내 하위 교육과정, 프로젝트 교육과정 등 다양한 교육과정 맥락에서 활용할 수 있는 교육과정 개발 모형을 [그림 6-7]과 같이 제시하였다.

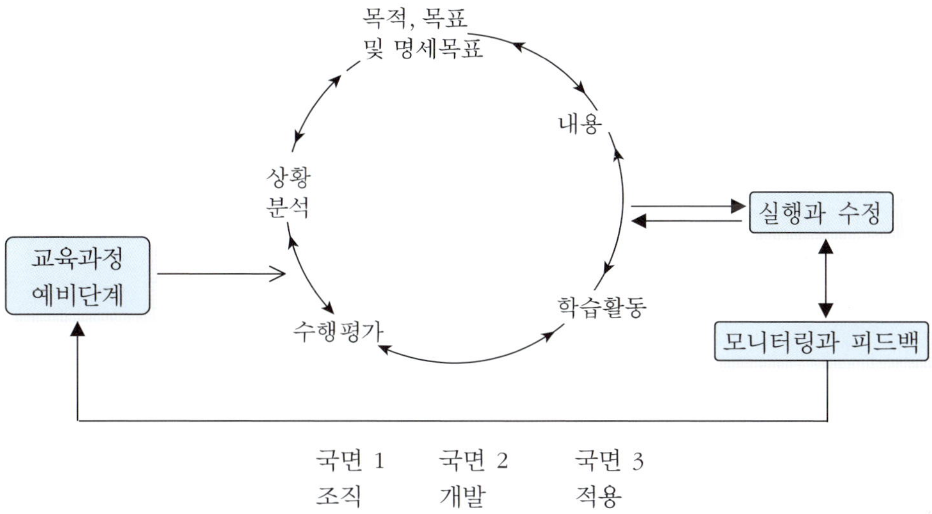

[그림 6-7] **Print의 교육과정 개발 모형**

출처 : Print(1993). *Curriculum development and design(2nd)*. NSW : Allen & Union. p.84.

Print 모형의 특징은 복합적이며 논리적이고 처방적이라 할 수 있다. 또한 이 모형은 교육과정 맥락에 세 가지 국면, 즉 조직, 개발, 적용을 제시하였다. 조직은 교육과정 개발 계획에 참여하는 사람들의 특성을 고려한 것으로 국면 1과 관련된 다음과 같은 세 가지 질문을 제시한다. 첫째, 이 교육과정의 개발에 누가 참여하며 그들이 대표하고 있는 것이 있다면 도대체 무엇인가? 둘째, 교육과정 개발에 참여하는 이들이 지니고 있는 교육과정의 개념은 무엇인가? 셋째, 교육과정 개발자들의 생각에 영향을 미치는 근본 힘이나 배경은 무엇인가? 등이다. 국면 2는 실제 교육과정 개발과정이라 할 수 있는데, 이 단계에서는 상황 분석으로부터 시작하여 목적, 목표, 명세 목표의 설정, 내용, 학습활동, 평가로 진행하여 다시 상황 분석으로 이어지는 과정을 거치게 된다. 국면 3에서는 교육과정 개발 후와 관련되는 것으로, 교육과정 실행, 교육과정의 감독 및 피드백, 맥락집단에 피드백 자료 제공 등이 해당한다.

교육과정 개발 모형은 Tyler의 합리적 모형, Taba의 교사중심 모형, Wheeler와 Nicholls 부부의 순환적 모형, Walker의 숙의 모형, Skilbeck의 학교중심 모형, Print의 종합적 모형 등 다양하다.

학습문제

01. Tyler와 Taba의 교육과정 개발 모형을 비교하여 설명하시오.

02. Skilbeck의 학교중심 교육과정 개발 모형에 대해 설명하시오.

03. Print의 교육과정 개발 모형에 대해 설명하시오.

Chapter 07

교육과정 개발 수준

학습내용

1. 국가수준 교육과정 개발
2. 지역수준 교육과정 개발
3. 학교수준 교육과정 개발

교육과정 개발의 수준을 구분하는 것은 학자들의 관점에 따라 조금씩 다르다. 앞서 살펴본 바와 같이, Goodlad(1966)는 학습자와의 거리를 기준으로 수업수준, 기관수준, 사회수준 등 3수준으로 구분하고 있으며, Helbowitsh(2005)는 교육과정이 포함하고 있는 영역에 따라 거시적 교육과정(macro-curriculum)과 미시적 교육과정(micro-curriculum)으로 구분하고 있다. 또한 이상주(1974)는 교육과정 구성 체제에 따라 국가수준(national level), 지역수준(local level), 학교수준(school level), 학급수준(classroom level)으로 구분하고, 각 수준에 따라 권한과 책임, 구조와 과정, 기능과 역할이 다르다고 설명하고 있다.

이러한 학자들의 구분과 함께 우리나라 국가수준 교육과정 총론 해설서에서 제시하고 있는 국가수준, 지역수준, 학교수준 교육과정 구분을 중심으로 설명하고자 한다.

01 국가수준 교육과정 개발

가. 국가수준 교육과정 개발의 의미

'국가수준 교육과정', '지역수준 교육과정', '학교수준의 교육과정'은 교육과정을 결정하는 주체에 따른 분류로서 그 성격 및 역할이 구분된다. 국가수준 교육과정이란, 한 국가의 초・중등교육의 기본 설계도이며, 교육에 대한 국가의 의도를 담은 문서 내용을 말한다. 국가수준 교육과정에는 기초·공통 교육을 통하여 추구하고자 하는 인간상이 제시되어 있고, 이러한 인간상을 형성하기 위해 학교교육을 통하여 공통적으로 다루어야 할 국가의 교육목표 및 목적, 내용 기준, 학생의 성취기준, 교육방법, 평가, 교육과정 운영기준 등에 관한 기본 지침을 담고 있다. 우리나라의 경우 국가수준 교육과정은 교육과학기술부 장관이 결정·고시하는데, 초·중등교육법 제23조 2항에 근거하여 전국의 모든 학교에 적용되는 교육과정을 말한다. 다음은 교육과정의 수준과 위계를 보여주는 그림이다.

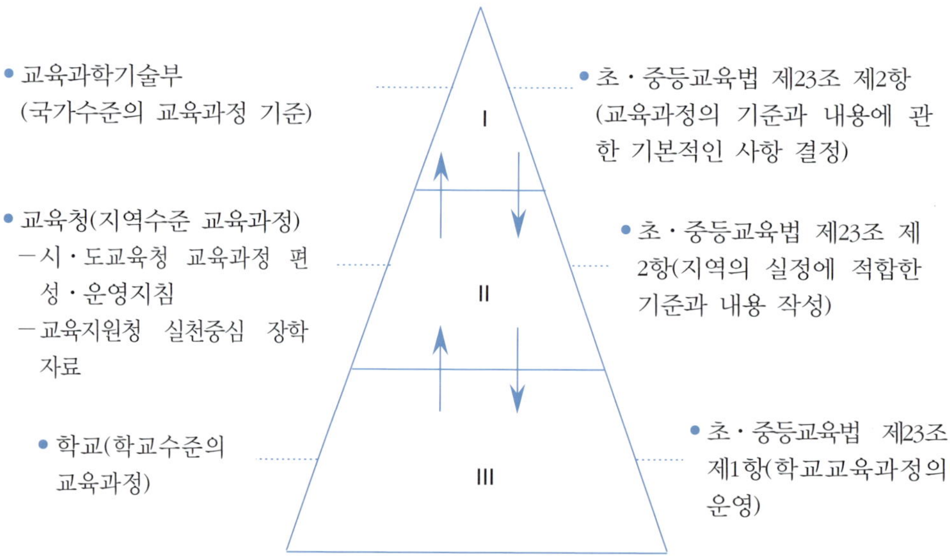

[그림 7-1] **교육과정의 수준과 위계**

출처 : 교육과학기술부(2010). 초등학교 교육과정 해설-총론. p.43.

이러한 국가수준 교육과정은 전국의 모든 학교에서 편성·운영해야 할 교육내용의 공통적이며 일반적인 기준이므로 각 지역의 특수성과 각 학교의 다양한 교육적 요구와 여건을 모두 고려하기는 사실상 어려운 일이다. 그럼에도 불구하고 중앙 정부에서 국가수준의 교육과정 기준을 제시하고 있는 주된 근거는 다음과 같다(권낙원·민용성·최미정, 2008).

첫째, 초·중등의 학교교육은 보통 교육이기 때문에 국민으로서 필요한 공통적이고 일반적인 기준이 국가수준에서 설정되어야 한다. 특히, 국민으로서의 기본적인 자질과 생활태도를 기르는 것을 목적으로 하는 초·중등의 학교교육이 자유방임적이고 무궤도적인 운영이 되지 않도록 하기 위해서는 국가가 교육적인 측면에서 일정한 표준을 설정해야 하는 책임이 따르게 된다. 따라서 현재 대부분의 국가가 국가수준 혹은 주정부 수준에서 국민들의 위임을 받아 교육내용에 관한 기준 설정권을 가지고 있다.

둘째, 전국의 어느 학교에서나 같은 수준과 질의 교육혜택을 받을 수 있도록 교육의 질적 기회를 균등하게 보장하기 위해서 전국 공통의 기준이 필요하다. 모든 국민은 어느 지역, 학교, 교원 및 교육환경에서도 동일한 질과 수준의 보통 교육을 보장받을 수 있을 때에 교육의 기회균등은 실현될 수 있다. 이를 위해서는 당연히 학생의 발달단계에 적합하고, 타당한 교육내용의 전국적인 공통 기준이 국가수준에서 설정되어야 한다는 것이다.

셋째, 단계별 교육은 교육내용의 영역, 범위, 수준, 학습량 등에 있어서 계통성과 일관성을 필요로 하기 때문에 교육내용의 학년 또는 단계적인 체계 및 일관성을 유지하기 위해서 국가수준의 기준이 필요하다. 어느 나라든지 일정한 학제를 가지고 있어 학교교육은 단계적으로 이루어진다. 단계별 학교교육은 그 교육내용의 영역, 수준, 범위, 학습량 등의 계통성, 일관성을 필요로 한다. 학제의 전체적인 구조 속에서 교육내용의 학교 급별 체계 및 일관성을 유지하기 위해서는 역시 일정한 교육내용의 국가적인 기준을 요구하게 되는 것이다. 이에 대한 혼란이 생기면 각 단계별 학교교육 간의 연계와 교육이수 및 학습에 장애가 생기고, 위계적이고 계열적인 교육이 불가능해지기 때문이다.

넷째, 각 학교에서 이루어지는 교육이 공교육의 입장에서 객관적으로 질 관리가 가능하도록 하고, 교육의 일정 수준을 유지, 향상시키기 위해서는 국가수준의 기준이 필요하다. 한 나라의 교육수준은 그 나라의 발전과 국력수준의 중요한 지표가 된다. 모든 국가는 그 나라의 교육수준을 향상, 발전시키기 위해서 노력하고 있으며, 국가적, 사회적, 개인적, 학문적으로 적정한 교육내용의 수준을 정하고 유지하는 일을 각 학교에만 맡길 수 없기 때문에 국가에서 타당한 수준의 교육내용 기준을 결정, 제시하여야 한다는 것이다.

다섯째, 교육에 가해질 우려가 있는 부당한 압력이나 간섭, 편향된 교화, 선전 등을 방지하여 교육의 중립성을 확보하기 위해서는 국가수준의 기준이 필요하다. 우리나라는 교육의 중립성 확보를 위해 교육의 정치적, 종교적 중립을 법으로 규정하고 있다. 공교육이 이러한 중립성을 확보하기 위해서는 교육 외적 체제로부터의 부당한 간섭, 압력, 편향된 교화, 선전 등을 방지하기 위한 방파제로서의 기준이 필요하게 된다.

여섯째, 초·중등학교의 교육을 통해 기르고자 하는 인간상을 구현하는 일은 궁극적으로 국가의 책임이기 때문에 이를 위한 기준이 필요하다. 각국은 제각기 교육 관계법에 초·중등 교육을 통해 성취하고자 하는 교육이념을 제시하고 있다. 우리나라는 교육기본법 제2조에 교육이념을 제시하고 있으며, 이러한 교육이념을 바탕으로 추구하는 인간상과 학교 급별 교육목표를 교육과정에 제시하고 있다.

이러한 국가수준 교육과정의 구성은 크게 총론과 각론으로 구분되며, 총론에서는 '교육과정 편성과 운영'에서 교육과정 구성의 방향, 학교 급별 교육목표, 편제와 시간(단위) 배당 기준, 교육과정 편성 운영지침을 제시하고 있으며, 각론에서는 각 교과별로 성격, 목표, 내용(내용체계와 학년별 내용), 교수-학습방법, 평가 등이 제시되어 있다.

> 국가수준 교육과정이란, 한 국가의 초·중등교육의 기본 설계도이며, 교육에 대한 국가의 의도를 담은 문서 내용을 말한다.

나. 국가수준 교육과정 개발의 절차

국가수준 교육과정 개발의 절차는 대체로 중앙부처인 교육과학기술부에서 개정의 기본계획을 수립하고, 기초 연구를 수행하며, 교육과정 개정시안을 개발하고, 교육과정 전문가와 각계각층의 요구를 반영하여 수정·보완 과정을 거친다. 이어서 전문가 집단의 심의회 결과를 반영한 개정안을 마련하고, 이 개정안에 대한 공청회를 거쳐 다시 수정·보완한 다음 확정·고시하는 절차를 밟고 있다. 이처럼 우리나라의 국가수준 교육과정 개발과정을 보면, 교육과정 개발의 기본계획에서부터 개정안의 확정·고시에 이르기까지 대부분의 개정절차에 교육과학기술부가 관여하고 있으며, 개정을 위한 기초 연구와 교육과정 개정시안 개발연구는 한국교육과정평가원을 비롯한 전문 연구기관에 위탁하여 수행해 왔다.

이와 같은 국가수준 교육과정의 개발이 구체적으로 어떠한 절차를 통하여 이루어지는가를 이해하기 위해 우리나라 제7차 교육과정 개발의 절차를 예로 제시하면 [그림 7-2]와 같다(권낙원 외, 2011).

단 계	업무 추진내용	소요시간
(1) 교육과정 개정 기본 계획 수립	• 개정 기본 방향 설정 • 관계 전문가와의 협의 및 종합 검토 • 실무 작업반 구성·운영 • 기본계획 수립, 결제	1개월
⇓	⇓	
(2) 기초 연구 및 체제·구조 개선 연구의 위탁	• 연구개발 위탁 협의 및 기관 선정 • 연구개발 세부 계획서 및 국고 보조금 신청서 제출 • 연구개발 책임자 협의회 • 연구진, 협의진 등 실무 추진팀 구성 • 연구개발비 국고 보조	2개월
⇓	⇓	
(3) 교육과정 개정 기초 연구	• 위탁과제별 기초 연구 • 현행 교육과정의 분석, 평가 • 교육과정 국제 비교, 연구 • 학생·교원·학부모의 요구 및 의견 조사 • 국가·사회적인 요구 및 학교교육의 전망 조사·연구 • 교육과정 운영실태 조사 • 추진상황 검토 협의회 • 위탁과제별 협의회 • 위탁과제별 기초 연구결과 답신 보고서 제출 • 국고 보조금 집행 정산서 제출	6개월
⇓	⇓	
(4) 교육과정 총론 개정 시안의 개발	• 교육과정 체제·구조개선 연구 • 추진상황 검토 협의회 • 종합 세미나, 공청회 • 시안작성 및 검토 협의회 • 수정·보완 1차 집중작업 • 수정안 작성 및 검토 협의회	

(계속)

단계	주요 내용	기간
(4) 교육과정 총론 개정 시안의 개발	• 수정 · 보완 2차 집중작업 • 심의자료 제출 • 제1차 심의 • 총론 개정시안 작성 • 총론 개정시안 개발 답신 보고서 제출 • 국고 보조금 집행 정산서 제출	6개월
⇓	⇓	
(5) 교육과정 심의회 구성 · 운영	• 교육과정 심의회 구성 • 교육과정 심의위원 위촉 • 총론 개정시안에 대한 1차 심의자료 작성 • 총론 개정시안 1차 심의 　– 운영위원회 　– 학교 급별 소위원회 • 심의결과 수정 · 보완 • 총론 수정안 2차 심의	3개월
⇓	⇓	
(6) 총론 개정 시안 현장 검토, 공청회	• 총론 수정안에 대한 의견 수렴 　– 초 · 중 · 고등학교 현장검토 　– 시 · 도교육청, 관련학회, 각론 연구기관, 타 부처 • 총론 수정안에 대한 공청회 • 총론 수정 · 보완 집중작업 • 총론 개정안 작성	3개월
⇓	⇓	
(7) 교육과정 총론 확정	• 교육과정 개정 기본 방향, 개정 중점, 주요 개정 사항보고 • 편제와 시간배당기준 확정 • 교육과정 총론 개정자료 및 홍보자료 발간	1개월
⇓	⇓	
(8) 교육과정 각론 개정안 개발 계획 수립	• 각론 연구개발 위탁기관 및 책임자 추천 • 위탁 예정기관과의 사전 협의 조정 • 각론 연구개발 지침 작성 • 각론 개정안 개발 기본계획 수립, 결재 • 각론 개정시안 연구개발 위탁 • 연구개발 책임자 협의회 개최 • 교과별 연구개발 세부 계획서 제출 • 교과별 연구진, 협의진 구성 • 연구 계획서, 보조금 신청서 검토, 조정 및 확정 • 연구개발 과제별 국고 보조금 교부	2개월
⇓	⇓	

(계속)

단계		내용	기간
(9) 교과별 각론 개정시안 연구개발	—	• 연구진, 협의진 공동 협의 • 교과별 연구개발 계획의 상세화 • 교과별 각론 개발 기본 방향 설정 • 현행 교과별 교육과정 분석, 평가 • 교과별 교육과정 국제 비교 분석 • 학생, 교원, 학부모 및 관계 전문가의 요구, 의견 조사 • 교과별 교육과정 운영 현장실태 조사 • 교과별 세미나, 협의회	8개월
⇓		⇓	
(10) 교육과정 각론 현장 검토, 공청회	—	• 각론 수정안에 대한 의견 수렴 – 초·중·고등학교 현장검토 – 시·도교육청, 관련학회, 타 부처 등 • 각론 수정안에 대한 공청회 • 총론 수정·보완 집중작업 • 교과별 각론 개정안 작성	3개월
⇓		⇓	
(11) 교육과정 개정안 (총론, 각론) 작성	—	• 교육과정 운영위원회 최종 심의 • 학교 급별 소위원회 최종 심의 • 종합 세미나 개최 • 교육과정 개정안 종합 수정·보완 • 개정안 작성 최종 정리 작업	2개월
⇓		⇓	
(12) 교육과정 개정안 확정, 고시	—	• 교육과정 개정안 보고, 확정 • 새 교육과정 고시 • 교육과정 고시 책자 발간, 보급	2개월
⇓		⇓	
(13) 교육과정 개정 후속 지원업무	—	• 교과용 도서 개발 • 교육과정 시행 대비 교원 연수 • 교육과정 해설서 발간·보급 • 연수자료, 홍보자료 발간·보급 • 교과별 이행 조치 • 시·도별 교육과정 편성·운영지침 작성 • 학교교육과정의 편성·운영 • 교과용 도서 실험 연구학교 운영 • 교육과정 연구학교 운영	• 3년 • 3년 • 1년 • 1년 • 1년 • 1년 • 1년 • 3년 • 3년
⇓		⇓	
(14) 새 교육과정의 시행	—	• 학교 급별 전국 적용 – 연차별, 단계적으로 시행	새 교육과정 고시 후 2~4년 소요

[그림 7-2] **우리나라 제7차 교육과정 개발절차**

출처 : 교육인적자원부(1999). 중학교 교육과정 해설(Ⅰ)-총론, 특별활동. 대한교과서주식회사. pp.85-87.

[그림 7-2]와 같은 국가수준 교육과정 개발의 진행 절차를 구체적으로 살펴보면 다음과 같다.

(1) 교육과정 개정의 기본계획 수립

교육과정 개정의 필요성에 대한 공론화의 과정을 거친 후 교육과정 개정의 기본 방향을 설정한다. 또한 관계 전문가와의 협의 및 검토를 거쳐 교육과정 개정을 위한 실무 팀을 구성하여 교육과정 개정의 기본계획을 수립한다. 기본계획에 따라 소요 예산을 편성・확보하고 연구진 및 협의진 등 개정을 위한 실무 추진 팀을 구성한다.

(2) 교육과정 개정의 기초 연구 수행

교육과정 개정의 기본계획에 따라 현행 교육과정에 대한 분석・평가 연구, 교육과정 국제비교 연구, 학생・교사・학부모의 요구 및 의견 조사 연구, 교육과정 운영 실태 조사 연구, 국가 및 사회의 교육과정에 대한 요구 조사 연구 등 다양한 교육과정 개정을 위한 기초 연구를 수행한다.

(3) 교육과정 총론 개정시안의 개발

교육과정 총론은 국가수준에서 교육과정 전반에 관한 체제와 구조를 담고 있다. 이를 위하여 교육과정 체제 및 구조의 개선에 관한 연구를 수행하며, 이 연구 결과에 대해 세미나와 공청회를 개최하고 여기에서 제안된 의견들을 토대로 교육과정 총론시안을 작성하는 절차로 진행된다.

(4) 교육과정 심의회 구성 및 운영

교육과정 총론에 대한 시안이 마련되면, 이를 심의할 교육과정 심의회가 구성된다. 이 심의회에서 교육과정 총론시안에 대한 심의자료가 작성되면 이 심의결과에 따라 교육과정 시안을 수정・보완하게 된다. 이와 같은 심의와 수정 · 보완의 절차를 2~3차례 반복하게 된다.

(5) 교육과정 총론시안에 대한 현장 검토 및 공청회 개최

교육과정 심의회에서 심의와 수정 · 보완을 거친 교육과정 총론시안은 지정된 초 · 중 · 고등학교에서 현장 적합성에 대한 검토 · 연구를 수행한다. 이 과정에서 다양한 의견이 도출되고 이를 토대로 공청회를 개최하여 총론 시안에 대한 수정과 보완을 집중적으로 실시한다.

(6) 교육과정 총론 확정

현장 검토 연구와 공청회를 거쳐 집중적으로 수정 · 보완된 교육과정 총론을 확정한다. 교육과정 총론에는 교육과정 개정의 기본 방향, 개정 중점 사항, 주요 개정사항과 확정된 교육과정 편제와 시간배당 기준을 담아야 한다. 개정된 교육과정 총론에 대한 자료 및 홍보자료도 발간한다.

(7) 교육과정 개정안의 확정 고시

교육과정 개정안을 확정하고, 새 교육과정을 고시하며, 교육과정 고시 책자를 발간하고 보급한다.

(8) 교육과정 개정 후속 업무의 지원

새로운 교육과정 개정안이 확정 · 고시되면 이 새 교육과정에 대한 교육과정 해설서를 발간 · 보급하고, 개정된 교육과정에 근거한 교과용 도서를 개발해야 한다. 교육과정의 시행과 관련한 연수 자료를 발간하고, 현장 교사들을 대상으로 교육과정 시행 연수를 실시하는 등 여러 가지 후속 조치를 시행해야 한다.

국가수준 교육과정 개발의 절차는 대체로 중앙부처인 교육과학기술부에서 개정의 기본계획을 수립하고, 기초 연구를 수행하며, 교육과정 개정시안을 개발하고, 교육과정 전문가와 각계각층의 요구를 반영하여 수정·보완 과정을 거친다. 이어서 전문가 집단의 심의회 결과를 반영한 개정안을 마련하고, 이 개정안에 대한 공청회를 거쳐 다시 수정·보완한 다음 확정·고시하는 절차를 밟고 있다.

학습문제

01. 국가수준 교육과정 개발의 의미를 설명하시오.

02. 국가수준 교육과정 개발 절차에 대해 서술하시오.

02 지역수준의 교육과정 개발

가. 지역수준 교육과정 개발의 의미

지역수준의 교육과정은 교육에 대한 지역의 의도를 담은 문서 내용으로 국가수준의 교육과정을 시·도 단위 시·군·구 단위에서 지역의 특성과 실정, 필요, 요구 등을 반영하여 지침의 형태로 구체화한 것을 의미하며 국가수준 교육과정과 학교수준 교육과정을 연결하는 교량 역할을 한다. 각 시·도나 시·군·구에서 학교에 제시하는 각급 학교교육과정 편성·운영 지침이나 실천 중심 장학자료가 이에 해당한다. 일반적으로 시·도교육청 수준에서는 각급 학교교육과정 편성·운영지침을 작성하여, 이를 관내의 교육지원청과 각급 학교에 제시하게 되며 교육지원청에서는 이를 토대로 실천 중심의 장학자료를 작성하여 학교에 제시하게 된다.

이와 같은 지역수준의 교육과정은 지역의 특수성을 반영하고 지역교육청의 교육문제해결능력을 신장하며, 교육 관련 전문성을 키울 수 있다는 장점을 가지고 있다. 그러나 시간, 인력, 비용 등의 부족으로 질이 낮아지고, 지역 간의 교육격차가 심화될 수 있다는 위험도 함께 갖는다.

우리나라의 경우, 교육과정 개발에서 이러한 지역수준의 역할과 책임을 강화하기 시작한 것은 제5차 교육과정 개정의 주요 방침으로 '교육과정 지역화'를 공식적으로 도입함으로써 시작되었다. 이를 위해 교과용 도서의 2종화, 교과 단원의 지역화, 교재 활용의 다양화, 교육과정 운영의 탄력화 등을 통해서 교육과정 지역화를 도모하고자 하였다(교육부, 1998). 이러한 지역수준의 교육과정 역할 강화는 제6차 교육과정에서는 초등학교에서 학교장에게 해당 지역 및 학교의 특성에 맞는 교육과정을 자체적으로 개발하여 운영할 수 있도록 하였으며, 제7차 교육과정에서는 이를 중등학교로 확대하였다.

특히 제7차 교육과정과 2007년 개정 교육과정, 2009 개정 교육과정에서는 국가, 시·도 및 지역교육청, 학교 등 교육과정 주체 간의 역할분담을 보다 명확하게 하고, 지역단위의 교육과정 자율권을 보다 확대하였다. 즉, 국가수준에서는 전국의 각급 학교에서 실행해야 할 공통적·일반적 기준만을 제시하고, 각 지역의 특수성을 반영한 교육과정 편성·운영지침은 해당 시·도교육청 및 지역교육청에서 작성하도록 하였다. 또한 각급 학교에서는 국가 기준과 시·도 및 지역교육청의 편성·운영지침을 토대로 단위학교의 실정에 맞게 학교교육과정을 편성하여 운영하도록 하고 있다.

지역수준의 교육과정은 교육에 대한 지역의 의도를 담은 문서 내용으로 국가수준 교육과정과 학교수준 교육과정을 연결하는 교량 역할을 한다.

나. 지역수준 교육과정 개발의 절차

국가수준의 교육과정은 표준적, 일반적 교육과정의 특성을 지닌다. 그러나 국가수준의 교육과정은 각 지역의 특성을 온전히 반영하지 못하며, 너무 구체적이거나 상세하게 규정되면 지역의 자율성을 해치게 된다. 따라서 각 시·도교육청에서는 국가수준 교육과정에 대한 면밀한 분석과 해석을 통해 해당 지역의 특성에 부합한 교육과정으로 거듭나도록 국가수준 교육과정을 보완하거나 새롭게 조정해야 하는 역할을 수행하게 된다(권낙원·민용성·최미정, 2008).

시·도교육청 수준의 '각급 학교교육과정 편성·운영지침'을 작성하기 위해서는 일반적으로 [그림 7-3]과 같은 절차를 거치게 된다(교육인적자원부, 1999).

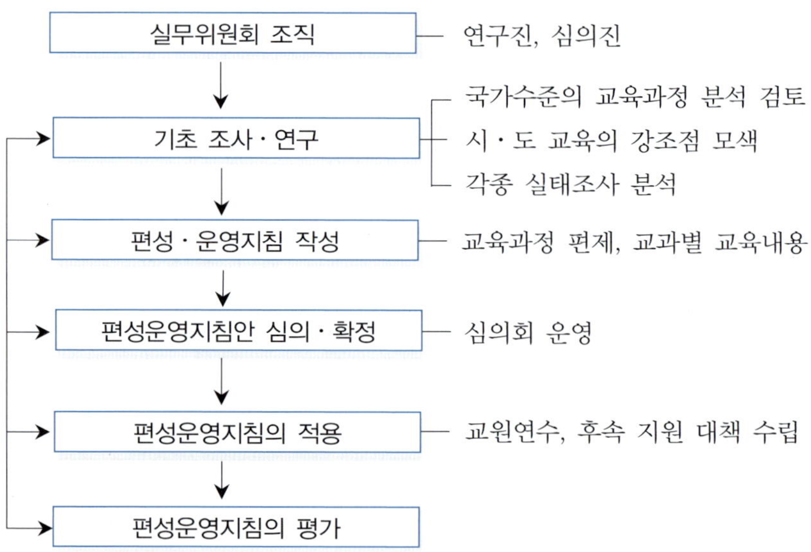

[그림 7-3] 시·도교육청의 편성·운영지침 개발과정

출처 : 교육인적자원부(1999). 중학교 교육과정 해설(Ⅰ)-총론, 특별활동. 대한교과서주식회사. p.114.

다음은 [그림 7-3]에서 제시하고 있는 시·도교육청의 편성·운영지침 개발과정에 대한 구체적인 설명이다.

(1) 실무위원회 조직

국가 교육과정 문서에 제시된 시・도교육청 편성 지침에 따르면, "시・도교육청은 교육과정의 편성・운영에 관한 조사・연구와 자문기능을 담당할 교육과정위원회를 구성하여 운영한다. 이 위원회에는 교원, 교육 행정가, 교육과정 전문가, 교과교육 전문가, 학부모, 지역사회 인사, 산업체 인사 등이 참여할 수 있다"고 규정하고 있다.

이 지침에 따라 시・도교육청은 관내의 각급 학교에 제공할 교육과정 편성・운영지침을 작성하기 위해서 '교육과정 위원회'를 구성하고 실무를 담당할 실무위원회를 조직해야 한다. 실무위원회는 초등학교 교육과정의 경우와 중학교 교육과정 및 고등학교 교육과정의 경우로 구분하여 조직할 수도 있고 통합적으로 조직할 수도 있다. 어떤 방법을 택하든 해당 시・도교육청의 교육과정이 일관성과 계열성을 유지할 수 있기 위해서는 이들 학교급별 간에 서로 교류할 수 있는 방안들이 검토되어야 한다. 학교 급별 실무위원회 업무별 조직은 대체로 국가수준 교육과정 개발의 절차를 고려하는 것이 일반적이나 해당 시・도교육청의 여건에 따라 적절히 구성하는 것이 바람직할 것이다.

(2) 기초 조사・연구

실무위원회가 구성되면, 국가수준 교육과정 기준에 대한 세밀한 분석과 해석, 해당 지역의 분석 등은 물론, 학부모의 요구, 지역사회의 필요, 학생의 실태, 교원의 지도실태, 시설・환경 및 재정 등 기초적인 조사를 수행하고, 이를 분석하여 해당 지역의 교육과정에 반영하여야 할 시사점을 도출해 낸다. 국가수준의 교육과정 분석 결과와 기초 조사를 통해 교육현황을 파악하여 이를 토대로 해당 지역의 교육에 대한 교육중점을 설정하게 된다. 이러한 기초 조사・연구는 시・도교육청뿐만이 아니라 교육 연구기관, 연수기관, 학회, 교원양성기관 등과의 유기적인 협조체제를 유지하면서 추진되어야 한다.

(3) 편성·운영지침 작성

시·도교육청에서는 국가수준 교육과정 기준에 의거하여 '각급 학교교육과정 편성·운영지침'을 작성하여, 이를 관내의 지역교육청과 각급 학교에 제시하도록 규정되어 있다. 즉, 시·도의 지침(2009 개정 교육과정)에는 다음과 같은 사항이 포함되어 있다.

① 공통 교육과정의 교과, 창의적 체험활동 시간 확보와 운영에 관한 사항
② 공통 교육과정의 교과, 창의적 체험활동의 교육중점에 관한 사항
③ 수준별 교육과정 편성과 운영에 관한 사항 〈삭제〉
④ 중학교 창의적 체험활동의 선택과목 시간 확보와 운영에 관한 사항
⑤ 고등학교 선택 교육과정의 편성과 운영에 관한 사항
⑥ 교육과정에 표시되지 않은 교과목의 신설과 운영에 관한 사항
⑦ 고등학교의 계열, 학과의 신설과 운영에 관한 사항
⑧ 일반계 고등학교의 과정·설치와 운영에 관한 사항
⑨ 실업계 및 기타계 고등학교의 전문 교과 이수단위에 관한 사항
⑩ 실업계 및 기타계 고등학교의 전문 교과 실험·실습에 관한 사항
⑪ 실업계 고등학교의 현장실습에 관한 사항
⑫ 고등학교 총 이수단위 수의 증배 운영에 관한 사항
⑬ 교과, 창의적 체험활동의 교육평가에 관한 사항
⑭ 교과용 도서의 인정, 개발, 보급에 관한 사항
⑮ 조기 입학, 조기 진급 및 졸업에 관한 사항
⑯ 특수아, 귀국자 및 다문화 가정 자녀의 교육에 관한 사항
⑰ 학교교육과정의 작성 절차 및 체제에 관한 사항
⑱ 독서 목록 작성·활용에 관한 사항
⑲ 교육과정 편성·운영에 관한 평가와 질 관리에 관한 사항
⑳ 창의적 체험활동 운영의 지원에 관한 사항
㉑ 특성화 학교, 자율학교 등의 교육과정 운영에 관한 사항
㉒ 기타 필요한 사항

이처럼 각급 학교에서 반영해야 할 편성·운영지침을 시·도교육청에서 작성하는 이유는 학교교육과정 편성·운영에 도움을 주기 위한 것이다. 따라서 시·도교육청 수준의 교육과정 편성·운영지침에는 해당 지역의 특수성을 반영한 교육중점이 교과, 재량활동, 특별활동(창의적 체험활동)에 반영되어야 하며, 학교교육과정을 지원하기 위한 계획이 구체적으로 제시되어야 한다.

(4) 편성·운영지침안 심의·확정

시·도교육청에서 개발한 교육과정 편성·운영지침의 시안에 대하여 교원, 교육 행정가, 교과 교육 전문가, 학부모, 지역사회 인사 등 광범위한 인사들의 전문적인 검토를 받는 과정이 필요하다. 예컨대 ① 국가수준의 교육과정 기준에 제시된 내용의 포함 여부, ② 교육 관련 법규에 규정된 사항의 반영 여부, ③ 교육중점에 각 학년별 교과, 창의적 체험활동이 체계적으로 반영되었는지 여부, ④ 학교교육과정의 효율적인 편성·운영을 위한 후속적인 지원 대책(교재 개발, 교원 연수·수급, 교육자료 등)의 수립 여부 등을 확인함으로써 편성·운영지침 시안의 현장 적용 가능성을 종합적으로 검토하는 작업이 요구된다. 특히 적용 가능성에 대한 검토를 위해 실험학교를 지정하여 지침에 따라 학교교육과정을 실제로 편성해 보도록 하는 과정도 필요하며, 시안의 확정에 앞서 공청회나 세미나, 협의회 등을 개최하는 방안도 마련되어야 할 것이다.

이와 같은 검토 과정을 거쳐 제기된 문제점을 수정·보완하고 최종안을 확정하는데, 최종안의 확정은 적어도 그 지침이 실제로 적용되기 1년 전에는 이루어져야 한다. 그렇게 함으로써 이의 적용에 필요한 제반 사항에 대한 후속적인 대책을 수립할 수 있으며, 각 학교도 이에 필요한 사전 준비를 할 수 있기 때문이다.

(5) 편성·운영지침의 적용

확정된 시·도교육청의 교육과정 편성·운영지침의 적용을 위해서는 무엇보다 각 학교 교장 및 교원을 대상으로 한 연수가 요구된다. 이 과정에서는 연구에 실제로 참여했던 연구진이 지침의 성격, 그 개발과정 및 검토되었던 쟁점들, 지침의 기본 이념 및 지침 적용 시 주의를 요하는 사항 등을 상세하게 설명해 줄 필요가 있다. 연수에서는 무엇보다 각 학교에서 개발해야 할 '학교교육과정'에 대한 교육이 강조되어야 할 것이다. 다른 한편으로 시·도는 교육과정 편성·운영지침의 적용에 필요한 제반 후속 대책을 수립하고 이를 실천해야 한다. 교원 수요에 대한 예측과 이에 따른 수급 방안의 수립, 시·도교육청 수준에서 제공되어야 할 교수-학습자료의 개발, 교과, 교사 연구 모임에 대한 지원대책 수립 등이 여기에 포함된다.

이와 함께 시·도교육청에서는 편성·운영지침이 실제로 적용된 이후에도 각 학교에 대해 계속적인 장학을 실시할 필요가 있다. 이때 장학의 기본적인 목적은 의도된 교육과정 지침이 학교 현장에서 충실하게 실천되도록 지도 조언과 동시에 계획된 시·도 교육과정 지침의 문제점을 확인하는 데에도 도움을 줄 수 있다. 즉, 적용에 수반되는 장학은 학교수준에서 지역 교육과정을 실천함에 있어서 문제점 및 쟁점을 확인하고 필요한 지원책을 모색하여 필요시 이를 수정, 보완하는 등 시·도교육청과 각급 단위학교 간의 상호 협력 체제를 구축하는 데 중점을 두어야 한다.

국가수준의 기준에 제시되어 있는 시·도교육청에서의 운영지침은 다음과 같다(2009 개정 교육과정).

① 시·도교육청은 관내의 지역교육청에서의 교육과정 운영 지원 실태와 각급 학교의 교육과정 편성과 운영 실태를 정기적으로 파악하고, 효과적인 교육과정의 운영과 개선 및 질 관리에 필요한 적절한 지원, 지도, 조언을 한다.

② 교원의 교과, 창의적 체험활동에 대한 지도 능력 향상을 위하여 각급 학교 교원에 대한 연수 계획을 수립, 시행한다.

③ 중학교 선택 과목, 고등학교의 선택 교육과정이 정상적으로 운영될 수

있도록 장기적인 교원 수급 계획을 수립, 시행한다.

④ 전·입학, 귀국 등에 따라 공통 기본 교과를 이수하지 못한 학생이나, 각 고등학교가 개설하지 못하는 과목을 선택하고자 하는 학생들이 해당 과목을 이수할 수 있도록 다양한 기회를 마련해주고, 학생들이 지역사회의 공공성 있는 사회 교육 시설을 통해 이수한 과정을 인정해주는 방안을 마련한다.

⑤ 중등학교에서 이 교육과정에 제시된 선택 과목 이 외의 과목을 설치, 운영하는 경우에 대비하여, 이를 위한 지침을 학교에 제시해주고, 학교로 하여금 필요한 사전 절차를 밟도록 지원한다.

⑥ 귀국자 자녀의 교육 경험의 특성과 배경을 고려하고, 이 교육과정을 이수하는 데 어려움이 없도록 지원한다.

⑦ 특정 분야에서 탁월한 재능을 보이는 학생과 학습 장애가 있는 학생들을 위한 교육 기회를 마련하고 지원한다.

⑧ 교육과정 편성·운영의 개선을 위한 연구·시범학교를 유영하고, 수업 개선을 위한 연구 교사를 두어 적극적으로 지원한다.

⑨ 소규모 학교의 정상적인 교육과정 운영을 지원하기 위해서 교원의 배치, 학생의 교육받을 기회의 확충에 필요한 행·재정적인 지원을 한다.

⑩ 각 학교가 수준별 수업을 효율적으로 운영하는 데 필요한 행정·재정적인 지원을 한다.

⑪ 교과, 창의적 체험활동 운영을 위한 각종 교수-학습자료를 연구, 개발하여 보급하고, 교육시설, 설비, 자료 등의 정비 확충에 필요한 행·재정적인 지원을 한다.

(6) 편성·운영지침의 평가

국가 교육과정 문서에 제시된 시·도교육청 편성 및 운영지침 중에서 각종 자료의 개발 및 보급, 행·재정적 지원에 관련된 지침은 다음과 같다.

편성

시·도교육청은 각급 학교가 새 학년도 시작에 앞서 교육과정 편성·운영에 관한 계획을 세울 수 있도록 교육과정 편성·운영 자료를 개발, 보급하고, 교원의 전보를 적기에 시행한다.

운영

교과, 창의적 체험활동 운영을 위한 각종 교수-학습자료를 연구, 개발하여 보급하고, 교육 시설, 설비, 자료 등의 정비 확충에 필요한 행·재정적인 지원을 한다.

시·도교육청에서 개발한 지침이 각급 학교에 효율적으로 적용되기 위해서는 적절한 교육과정 편성·운영 자료의 개발과 보급이 필요하다. 실천 중심의 장학 자료 개발 및 보급에 관한 사항은 지역교육청에서 이루어지고 있지만, 실제로 시·도교육청에서의 행정적, 재정적인 지원이나 인력의 충원 없이는 어려운 일이다. 또한 시·도교육청의 교육과정 편성·운영지침은 일회적으로 개발되어 계속 적용되기보다는 끊임없는 평가의 과정을 통해 수정, 보완될 필요가 있다. 이러한 평가의 작업은 개발, 확정된 지침이 실제 학교 현장에서 적용, 실천되면서 그 실행 가능성을 검토하는 과정에서 이루어질 수 있으며, 다른 시·도교육청의 교육과정 편성·운영지침과의 상호 비교를 통해서도 이루어질 수 있다.

> 지역수준 교육과정 개발은 실무위원회 조직, 기초 조사·연구, 편성·운영지침 작성, 편성·운영지침안 심의·확정, 편성·운영지침의 적용, 편성·운영지침의 평가 등의 절차를 따른다.

학습문제

01. 지역수준 교육과정 개발의 의미를 설명하시오.

02. 지역수준 교육과정 개발 절차에 대해 서술하시오.

03 학교수준의 교육과정 개발

가. 학교수준 교육과정 개발의 의미

학교교육과정은 '학교 중심' 또는 '학교수준' 등의 교육과정 의미와 동일하게 사용되기도 하고 구분되기도 한다. 그러나 불리는 이름이 약간씩 상이한 것을 제외하고는 국가, 혹은 교육청 수준의 교육과정이 아니라 개별 학교의 교육과정을 의미하며, 의사결정권이 중앙이 아니라 학교에 있다는 점에서는 맥락이 같다. 학교교육과정이 이렇듯 상이한 이름을 갖게 된 것은 교육과정의 개발 주체 또는 수준에 따라 교육과정의 개념을 구분한 데서 원인을 찾을 수 있다. 즉, Goodlad(1966)는 일찍이 교육과정 결정자의 수준을 학습자와의 거리로 보고 사회적 수준, 기관수준, 수업수준으로 구분하였고, 김종서 외(1989)는 국가 및 사회적 수준의 교육과정, 교사수준의 교육과정, 학생 수준의 교육과정 등으로 구분하여 교육과정 개념 모형을 개발하였다. 이원희 외(2004)는 크게 중앙집권형과 지방분권형으로 나누고, 후자의 유형을 세분하여 지역중심 교육과정, 단위학교중심 교육과정, 교사중심 교육과정, 학생-교사 협업 교육과정, 그리고 학생중심 교육과정으로 나누고 있다.

학교수준의 교육과정 개발이라는 용어 역시 학자들마다 다양한 견해를 보이고 있다. 즉, 개발 활동 범위의 경계, 참여집단과 개발 대상 등에 따라 다양한 개념 모형이 나타난다. 현재 우리나라의 경우 학교교육과정 개발이라는 용어는 국가수준의 교육과정, 각 시・도교육청의 교육과정 편성・운영 지침, 지역교육청의 장학자료 지침 등을 근거로 개발된 교육과정을 단위학교 수준에서 채택 또는 재구성하여 실행하는 의미로 사용된다.

그러나 학교교육과정 개발은 이상에서 열거한 '학교수준'보다 '학교중심'이란 용어로 더 많이 알려져 있다. 그것은 영국의 Skilbeck이 1974년 『학교중심 교육과정 개발과 교사 교육(School-based Curriculum development and Teacher Education)』이라는 책을 출판하면서 '학교중심 교육과정'이라는 용어를 처음 사용한 것에서 연유한다. 즉, 국가 주도적 교육과정 개발 체제에 대립되는 개념 혹은 교육과정 실체로 이해되기 시작했으며(손충기, 2000), 중앙집권적 교육과정과 상반되는 것으로서 교육과정에 대한 의사결정권을 단위학교에 위임하고 학교 안에서 교사들이 중심이 되어 기존의 교육과정을 재구성하거나 새로운 교육과정을 개발하여 학교 내외로 전파하는 것을 의미한다(Skilbeck, 1984). Marsh, C. et al.(1990)는 이를 'school-based'로 명명하며, 철저히 분권화된 의미로 보았다. 그들은 이러한 극단의 분권화와 충실도 관점에서의 중앙집권적 교육과정 의사결정의 중간 정도의 지점을 'school- focused'로 표현하였다. 이러한 학자들의 명확한 구분과는 달리, 본 저서에서는 앞 절의 국가수준과 지역수준과 맥락을 함께하여 학교수준으로 제시하고자 한다.

우리나라의 경우, 학교수준의 교육과정이라는 개념이 본격적으로 등장한 것은 제6차 교육과정에서부터이다. 당시 제6차 교육과정 입안자들이 중앙집권적 교육과정 정책이 가져온 폐단을 시정하기 위한 방안으로 교육과정 개발과 적용 과정에 있어서의 결정 권한을 시・도교육청과 학교에 대폭 이양하고자 한 것이다(류방란・박상철, 2004). 즉 국가가 교육과정의 전반적인 틀을 정해주면, 시・도교육청에서는 틀을 준수하는 범위 내에서 각 시・도교육청의 특수성을 반영한 교육과정 편성・운영지침을 만들고, 학교에서는 그러한 편성・운영지침에 준해 학교의 특수성과 학생의 수준을 고려한 교육과정을 개발하여 운영한다는 것이다. 그러나 현재 우리나라에서는 학교수준 교육과정 개발이란 용어 대신 주로 학교교육과정 편성·운영이라고 불리고 있다. 국가수준의 교육과정인 제7차 교육과정에서도 제1장을 교육과정의 편성과 운영이라 지칭하고 있다. 하지만 교육과정 편성이란 용어는 교육과정 연구 분야에서는 교육과정 개발이라는 주제로 탐구되고 있다(김두정, 2006). 이에 대한 이해를 위해 다양한 학교수준 교육과정 개발의 의미에 대해 살펴보면 다음과 같다.

학교수준 교육과정 개발의 의미와 범위에 대해서는 학자마다 다양한 견해를 갖고 있다. 먼저 Brady(1987)는 학교수준 교육과정 개발 유형을 '활동유형'과 '참여인사'로 구분하였다. 활동유형은 창조, 재구성, 선택 등으로 구분하고, 참여인사를 교사에 중점을 두어 개별교사, 극소수교사, 교과/학년 교사집단, 전 교직원 등으로 나누었다. 즉, Brady(1987)의 모형은 12가지의 유형을 만들어 냈다. 그러나 참여인사를 교사수준으로만 분류하였다는 점과 개발의 대상이 빠져 있다는 점이 한계점으로 나타난다. 이와 관련하여 국내에서는 황규호(1995)가 학교수준 교육과정 개발의 의미를 '개발의 대상'과 '활동의 성격'에 따라 구분하고, 다음 <표 7-1>과 같이 아홉 가지 활동으로 나누었다.

<표 7-1> 학교수준 교육과정 개발의 의미

활동의 성격 / 개발의 대상	자체 개발	수정·보완	선 택
교과편제	교과편제의 자체개발	교과편제의 수정·보완	교과편제의 선택
각 론	각론의 자체개발	각론의 수정·보완	각론의 선택
교수학습 자료	교수학습자료의 자체개발	교수학습자료의 수정·보완	교수학습자료의 선택

<표 7-1>에서 보는 바와 같이 황규호(1995)의 개념 모형은 개발의 주체가 빠져 있다는 것이 한계점이다. 이것은 개발의 주체인 교사를 4가지 유형으로 세분화한 Brady(1987)의 개념 모형과 구분되는 점이다. 이러한 구분보다 폭넓게 구분한 Marsh, C. et al.(1990)는 '개발에 참여하는 인사', '활동유형', '시

간' 등 세 가지 변인으로 나누었다. 개발에 참여하는 인사는 개별교사, 소집단교사, 전 교직원, 교사·학부모·학생 등으로 구분하고, 활동유형은 검토, 선택, 재구성, 개발 등으로, 시간은 즉각적 활동, 단기계획, 중기계획, 장기계획 등으로 나누었다. 즉, 이전에 개발된 2차원의 의미모형을 확장하여 3차원의 의미모형을 개발하였다.

> 학교수준 교육과정 개발이란 학교교육과정의 범위와 수준에 따라 정의가 다양할 수 있지만, 일반적으로 학교교육과정 활동 영역의 하위 영역을 이루는 활동으로서 '무엇을, 왜, 어떻게 가르치고 배워야 하는지에 대한 결정과정'이다.

나. 학교수준 교육과정 개발의 절차

학교수준 교육과정의 개발은 국가수준의 교육과정 기준과 지역 시·도교육청 수준의 교육과정 편성·운영지침을 토대로 하여 해당 지역 및 해당 학교의 특성에 적합하게 개발되어야 한다. 해당 학교 학교장의 학교경영 철학과 교육적 신념에 따라 창의성을 발휘하여 특색 있는 교육과정이 개발되어야 한다.

학교수준 교육과정의 구성은 학교마다 특색 있게 자율적으로 구성할 수 있어야 한다. 해당 학교의 특색 있는 교육목표와 경영철학, 전통, 특성 등이 반영된 그 학교만의 창의적이고 독특한 교육과정이 개발되어야 한다. 이처럼 학교수준의 교육과정은 해당 지역이나 학교의 특성에 따라 자율적으로 다양하게 개발되어야 하지만, 일반적인 학교수준의 교육과정 체제는 '학교교육과정의 편성과 운영의 기본 방향', '학교교육과정의 영역별 지도 내용', '학교교육과정의 평가 중점', '학교교육과정에 대한 지원체제' 등이 구성되어야 한다.

엄격한 의미에서 학교수준의 교육과정은 교과별, 학년별, 학급별 교육과정이 상세하게 제시되어야 하며, 학교 현장의 문제가 많이 반영되어야 한다. 또한 학교수준 교육과정의 내용에는 단위학교의 교육목표, 학교장 경영

관, 교과 편제 및 시수, 교과별 교육과정의 목표 및 방법의 재구성, 교수-학습자료, 구체적인 교과별 지도 내용과 교과별 평가방법, 중·장기 학교 발전 계획 등이 포함된다. 이러한 학교수준 교육과정의 구성 형태 및 명칭은 학교마다 자율적으로 선택할 수 있다. 다음은 학교수준 교육과정 구성 형태의 예시를 보여주는 표이다.

〈표 7-2〉 **학교수준 교육과정 구성 형태 예시**

I. 학교교육과정의 기저	**V. 학교교육과정 운영 지원계획**
1. 국가 및 시·도교육의 방향	1. 교직원 조직 및 연수 계획
2. 학교경영의 기본계획	2. 자율 장학 추진계획
3. 기초 조사 및 실태 분석	3. 독서 지도계획
4. 전년도 학교교육과정 운영 결과 분석	4. 생활 지도계획
	5. 방과 후 학교 운영계획
	6. 기초학력 책임지도 운영계획
	7. 각종 위원회 운영계획
II. 학교교육목표	8. 예산 운영계획
1. 학교교육목표	9. 기타
2. 교육목표 구현 중점	
3. 구현 중점별 세부 추진계획	**VI. 학교교육과정의 평가**
4. 특색 사업	1. 학생평가
	2. 학교교육과정 편성·운영 평가
III. 학교교육과정 편성·운영계획	
1. 기본방침	**〈부록〉**
2. 학교교육과정 편성표(입학연도별)	1. 학교 연혁
3. 연간 수업일수 및 수업시수 확보 계획	2. 학사 일정
	3. 교직원 일람
IV. 학교교육과정 운영의 실제	4. 교사별 교과 담당 시간
1. 교과	5. 업무 분장표
2. 창의적 체험활동	6. 교사배치도
	7. 각종 규정
	8. 기타

출처 : 교육과학기술부(2010). 초등학교 교육과정 해설-총론. pp.84~85.

위와 같은 학교수준 교육과정을 개발하기 위한 학교교육과정의 편성 및 운영절차는 다음 [그림 7-4]와 같이 제시하였다.

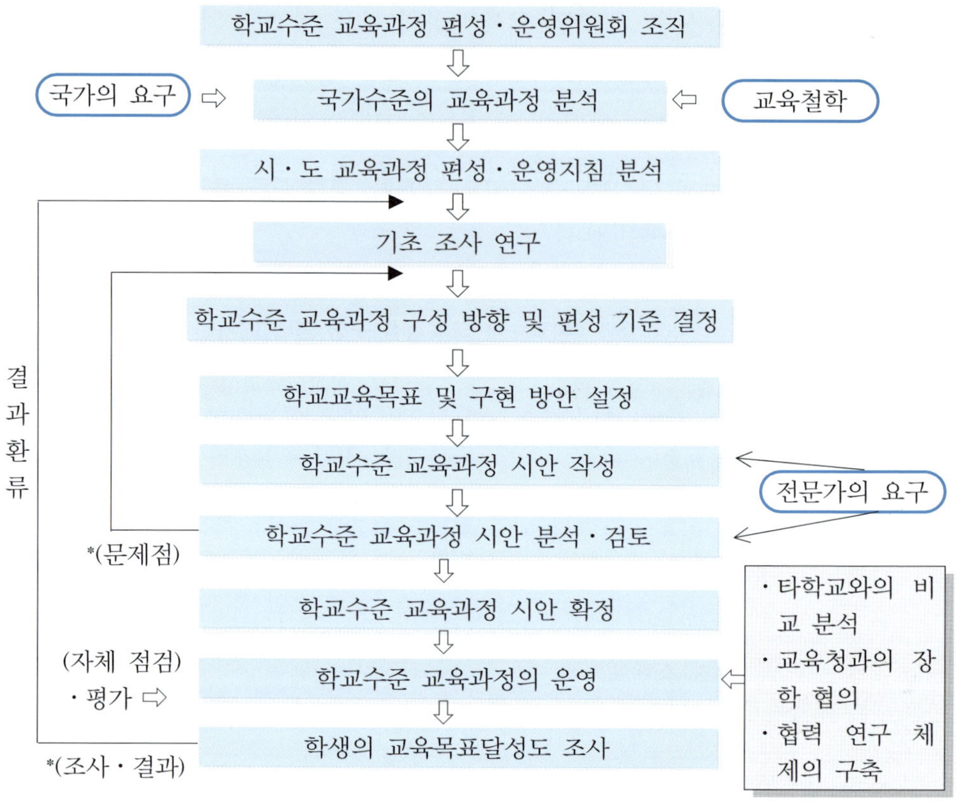

[그림 7-4] **학교수준 교육과정의 개발과정**

출처 : 교육인적자원부(1999). 중학교 교육과정 해설(Ⅰ)-총론, 특별활동. 대한교과서주식회사. p.158.

[그림 7-4]에서는 학교수준 교육과정 개발과정을 모두 11개 단계로 제시하고 있다. 단위학교에서는 이와 같은 11개 단계의 절차를 학교 실정에 따라 자유롭게 통합, 조정할 수도 있을 것이다. 이 절차를 좀 더 구체적으로 살펴보면 다음과 같다.

(1) 학교수준 교육과정 편성·운영위원회의 조직

국가수준 교육과정에 따르면 "교육과정의 합리적 편성과 효율적 운영을 위하여 교원, 교육과정 전문가, 학부모 등이 참여하는 학교교육과정 위원회를 구성하여 운영하며, 이 위원회는 학교장의 교육과정 운영 및 의사결정에 관한 자문의 역할을 담당한다.", "학교교육과정을 편성, 운영함에 있어서는 교원의 조직, 학생의 실태, 학부모의 요구, 지역사회의 실정 및 교육 시설·설비 등 교육 여건과 환경이 충분히 반영되도록 노력한다."라고 규정하고 있다. 이러한 지침에 따라 단위학교에서는 학교의 실정에 따라 '교육과정 위원회'를 설치하고 '기획 조정분과', '편성·운영 분과', '교과활동 분과', '창의적 체험활동 분과' 등을 구성해야 한다.

(2) 교육과정 기준과 지침의 내용 분석

학교수준 교육과정 편성·운영위원회가 조직되면 국가수준 교육과정에 제시된 교육과정 기준과 시·도교육청에서 제시한 교육과정 편성·운영지침의 내용을 교과활동, 창의적 체험활동에 따라 분석해야 한다. 이때 경우에 따라서는 관계법령, 교육시책, 교육지표, 중점 과제의 내용을 분석하여 학교교육과정에 반영할 시사점을 일관성 있고 체계적으로 추출하여야 한다. 학교교육과정 작성과 관련된 법령을 살펴보면 헌법 제31조, 교육기본법 제2조, 초·중등교육법 제23조 제2항, 초·중등교육법 제38조, 제41조, 제45조, 지방교육 자치에 관한 법률 제22조 6호를 들 수 있다.

이들 관계법령에서는 의무교육과 평생교육, 교육이념, 초·중·고등학교의 교육목적, 교육감의 교육과정 운영 사항 등이 명시되어 있다. 교육 관계법령을 살펴본 후에 교육과학기술부 고시 자료, ○○교육청 편성·운영지침, 교육지원청이 발간한 실천중심 장학자료를 검토하여야 한다. 교육과정 기준과 지침의 내용분석을 위해 필요한 자료는 기본 자료, 구체적 자료, 기타 자료로 나누어 볼 수 있는데, 기본 자료로 국가수준 교육과정과 해설서, 시·도교육청이 고시한 ○○교육과정 편성·운영지침 및 해설서, 교육지원청에서 제시하는 실천중심의 장학자료가 해당된다. 구체적 자료로 각종 교육과정 연구학교 운영 보고서 및 교과목별로 편찬된 교과서와 교사용 지도서, 교과별 '성취기준 및 평가기준', '시·도교육청에서 개발한 교과별 교수-학습자료' 및 '인터넷에 게재된 각종 자료'가 포함된다.

(3) 각종 실태 조사·분석

지역의 특수성과 학교의 실정에 알맞은 특색 있고 창의적인 교육 프로그램을 구성하려면, 무엇보다도 중요한 것이 각종 기초 조사와 실태 분석이다. 이러한 조사를 통하여 지역의 여건 및 학생·학부모의 특성에 알맞은 학교수준의 교육과정을 구성할 수 있다. 이를 위한 기초 조사에서는 교직원 현황, 시설·재정·환경 등의 여건, 학생과 학부모의 실태, 지역사회의 특성, 교직원·학생·학부모의 요구 사항 등을 면밀히 조사하여 학생들의 교과별 성취기준을 정하고 목표, 내용, 방법, 평가 면에서 당해 학교로서 강조하거나 노력해야 할 중점 사항에 대한 시사점을 추출할 수 있다.

(4) 학교수준 교육과정의 기본 방향 설정

학교수준의 교육과정은 당해 학교의 구체적인 실행 교육과정으로서 '학생들에게 어떠한 교육목표를 어떠한 교육내용과 방법을 통하여 어떻게 구체적으로 성취시킬 것인가' 하는 것을 계획하고 실천하는 일이다. 따라서 단위학교가 창의성을 발휘하여 특색 있게 구성할 수 있으므로 학생, 교사, 지역사회 주민의 의견을 수렴하고 교육과정위원회를 통하여 효과적인 학교교육과정이 개발될 수 있도록 해야 한다. 국가수준 교육과정 기준, 시·도 교육과정 편성·운영지침의 분석 결과와 기초 조사 및 실태 분석 결과를 종합·분석·토론하고 학교장의 교육철학과 교육방침을 종합하는 작업이 선행되어야 한다. 그리고 이를 토대로 교육목표, 특색 사업, 역점사업, 영역별 교육중점, 편성·운영의 기본 원칙을 확정하고, 마지막으로 교과별, 영역별, 학년별 교육중점을 설정해야 한다.

(5) 학교수준 교육과정 시안의 작성

학교수준 교육과정 편성·운영의 기본 방향이 설정되면 구체적인 시안을 작성하게 된다. 시안은 학교교육과정 위원회의 분과별로 역할을 분담하여 작성한다. 학교교육과정 시안에는 학교교육과정 편성의 기저로서 국가수준 교육과정 편성・운영의 방향, 시・도 교육과정 편성의 방향, 각종 실태 조사, 전년도 교육과정 편성・운영 평가 분석이 제시되고, 이를 바탕으로 학교교육목표 및 주요 사업이 제시되고 그 교육목표를 달성하기 위한 역점 및 특색 사업이 제시된다. 이 외에 학교교육과정의 편성・운영의 방향, 교육과정 편제와 시간배당, 시간운영계획, 수준별 수업 편성・운영, 교과활동 평가계획, 창의적 체험활동 교육과정 편성 및 운영・평가계획, 학교교육과정 운영 지원계획, 학교교육과정 평가계획이 명시된다.

(6) 학교수준 교육과정 시안 심의 및 확정

학교수준 교육과정 시안이 작성되면 시안에 대한 분석 및 검토 작업이 진행되어야 한다. 이 과정에서 교과활동, 창의적 체험활동 교육과정에서 추가・보완해야 할 사항, 재구성・조정・통합해야 할 내용, 학생 실태에 비추어 조정시켜야 할 내용, 지도 순서・시간 조정 및 계절・행사와의 연계 방안, 지도방법이나 평가방법, 예산, 시설, 인력 등과 관련된 실현가능성 등에 대하여 충분한 검토를 실시한 후 확정해야 한다.

(7) 학교수준 교육과정의 운영

학교수준 교육과정 시안이 확정되고 나면 교육과정의 실제적인 운영이 이루어진다. 학교수준 교육과정의 효율적인 운영을 위해 단위학교에서는 지속적인 연수를 실시하고 교내 자율 장학을 활성화하여야 할 것이며, 운영과정에서 문제점이 발견되었을 경우 탄력적으로 대처하여야 한다. 이를 위해 타 학교의 학교교육과정과 비교・분석하거나 교육지원청과 장학 협의를 통해 협력 연구 체제를 구축하는 것도 학교수준 교육과정 운영의 내실화를 다질 수 있는 방안이 될 것이다.

(8) 학교수준 교육과정 평가와 개선

학교수준 교육과정 평가는 크게 교과, 창의적 체험활동 운영의 평가로 나눠볼 수 있는데 평가기준에 따라 학부모, 교사, 학생에게 당해 연도 교육과정을 평가하도록 하여 그 결과를 분석하여 개선점을 추출하고, 다음 해의 학교수준 교육과정 편성·운영에 반영하도록 한다.

또한 손충기(2000)는 교육과학기술부에서 제시한 교육과정모형을 근거로 학교수준 교육과정 개발을 위한 하나의 모형을 소개했다. 이에 대한 학교수준 교육과정 개발 절차와 구성요소를 2009 개정 교육과정에 맞게 수정하여 표로 제시하면 다음 <표 7-3>과 같다.

〈표 7-3〉 **학교교육과정 개발 모형에 따른 절차**

단 계	구 성 요 소
학교교육과정위원회 조직과 편성 계획 수립	• 위원회 구성 • 교육과정 편성 계획 수립 • 인적 조직과 임무, 역할의 구체화
교육과정 기준과 지침의 내용 분석	• 교과부 고시 교육과정 기준 분석 • 시·도 교육과정 지침의 분석 • 지역교육청 장학 지침의 분석 • 관계법령, 교육시책, 교육적 과제의 분석을 통한 학교교육과정에 반영할 시사점 추출
각종 실태 조사와 분석과 시사점 추출	• 교직원 현황, 학교 여건, 학생과 학부모 실태, 지역사회의 특성 조사 분석 • 교사, 학생, 학부모의 요구 사항 조사 분석 • 학생들의 교육적 필요 조사 분석 • 교과활동, 창의적 체험활동의 운영 실태와 개선점 추출 • 학교의 시설과 설비, 지역사회의 시설 등 물리적 환경과 교육 자원의 분석을 통한 학교교육과정에 반영할 시사점 추출
학교교육과정 기본 방향 설정	• 학교장의 학교경영 방침 및 교육목표 체계 설정 • 교과별, 교육활동 영역별, 학년별 교육중점 제시
학교교육과정 시안 작성	• 편제와 시간배당, 수업일수, 수업시수 결정 • 교과, 창의적 체험활동의 연간 운영계획 • 목표, 내용, 수준, 지도 순서, 시간, 방법의 조정 • 교육과정 평가계획 • 생활지도, 특수학생 지도 및 교육자료 활용계획 • 교과전담 운영, 특별교실과 운동장 활용계획 • 특별학급 운영계획

	• 수준별 수업 운영에 따른 특별 보충과정 운영계획 • 영재아, 학습부진 학생 지도계획 • 집중이수제 운영계획(선택)
학교교육과정 시안의 심의 및 확정	• 시안의 심의, 검토 분석, 목표 설정 • 수정 및 보완 사항 추출, 문제점 추출 • 시안의 수정・보완
학교교육과정의 운영	• 전 교사 대상 오리엔테이션 실시 • 지속적인 연수 실시, 교내 자율장학 활성화 • 운영과정의 문제점에 탄력적인 대처 • 교내・외 장학협의를 통한 교육과정의 수정 및 보완
학교교육과정의 평가와 개선	• 교과, 창의적 체험활동의 운영 평가 • 평가기준에 따른 교육과정 평가

학교수준 교육과정 개발은 학교교육과정위원회 조직과 편성 계획 수립, 교육과정 기준과 지침의 내용 분석, 각종 실태 조사와 분석과 시사점 추출, 학교교육과정 기본 방향 설정, 학교교육과정 시안 작성, 학교교육과정 시안의 심의 및 확정, 학교교육과정의 운영, 학교교육과정의 평가와 개선 등의 절차를 따른다.

학습문제

01. 학교수준 교육과정 개발의 의미를 설명하시오.

02. 학교수준 교육과정 개발 절차에 대해 서술하시오.

PART 03
교육과정의 실행

Chapter 08

교육목표와 교육내용

학습내용

1. 교육목표의 분류와 진술
2. 교육내용의 선정과 조직
3. 단원의 구성

교수-학습의 활동을 구성하는 핵심적 요소로 교육목표와 교육내용을 우선적으로 고려할 수 있다. 교육과정의 개발 단계에서는 교육목표의 설정과 교육내용의 선정에 따른 원리가 중요하게 거론되었다면, 실행의 단계에서는 그러한 교육목표를 실제로 어떻게 진술할 것이며, 또한 교육내용은 어떻게 선정하고 조직할 것인가에 따른 구체적인 방법이 다루어져야 한다.

01 교육목표의 분류와 진술

가. 교육목표의 분류

(1) B. S. Bloom의 지적 영역 분류

블룸은 교육목표의 확인과 선정의 과정을 타일러(R. W. Tyler)가 제시하는 교육과정 구성의 원칙에 의존하고, 이에 기초해서 교육목표 중 지적 영역(cognitive domain)을 체계화시켰다. 이 체계화의 일차적 목적은 교사 및 전문가 사이의 교육목표 진술에 관한 의사소통의 공통적 배경을 제공하는 데 있었다.

지적 영역이란 지식의 기억, 상기, 사고, 문제해결, 창의력 등 광범위한 지적 과정을 모두 포함하는 것으로 정의된다. 그는 먼저 지적 행동의 교수목표를 크게 지식(knowledge)과 지적 기능(intellectual skills)으로 분류하고, 후자의 지적 기능 속에 이해(comprehension), 적용(application), 분석(analysis), 종합(synthesis), 평가(evaluation) 등 다섯 가지 상이한 지적 능력을 포함시키고 있다.

지적 영역의 각 유목이 단순한 분류에 그치지 않고, 한 개의 체계화된 구조를 갖게 하기 위한 분류원칙으로서 복잡성의 원칙(principle of complexity)을 도입하고 있는 것이 블룸의 교육목표 분류학의 특징이다. 복잡성의 원칙이란 여러 가지 지적 영역의 행동목표를 단순히 나열하는 것이 아니라 요구되는 지적 능력 및 작용으로 보아 가장 단순한 것에서부터 복잡한 것의 순으로 조직하는 것을 지칭한다. 이 원칙은 곧 지적 행동의 습득 과정에서 비추어 보아서도 가장 학습하기 쉬운 것에서부터 가장 학습하기 어려운 단계로 분류하는 원칙에 따르게 된다. 이와 같은 분류원칙에 의해 지적 행동의 목표를 분류한 것인데 이를 소개하면 다음과 같다.

1.00 지식(knowledge) : 특수한 것과 보편적인 것의 재생, 방법과 과정의 재생, 양식·구조·장면 등의 재생을 포함한다.
- 1.10 특수한 것에 관한 지식(knowledge of specifics)
  - 1.11 용어에 관한 지식(knowledge of terminology)
  - 1.12 특수한 사실에 관한 지식(knowledge of specific facts)
- 1.20 특수한 것을 다루는 방법과 수단에 관한 지식(knowledge of ways and means of dealing with specifics)
  - 1.21 형식에 관한 지식(knowledge of conventions)
  - 1.22 경향과 연계에 관한 지식(knowledge of trends and sequences)
  - 1.23 분류와 유목에 관한 지식(knowledge of classification and categories)
  - 1.24 준거에 관한 지식(knowledge of criteria)
  - 1.25 방법론에 관한 지식(knowledge of methodology)
- 1.30 보편적인 것과 추상적인 것에 관한 지식((knowledge of the universals and abstractions in a field)
  - 1.31 원리와 통칙에 관한 지식(knowledge of the universals and abstractions in a field)
  - 1.32 이론과 구조에 관한 지식(knowledge of theories and structure)
  - 1.33 지적 능력과 기능(intellectual abilities and skills)

2.00 이해(comprehension) : 이해(understanding)의 최하위 수준을 나타낸다.
  - 2.10 전환(translation)

2.20 해석(interpretation)
2.30 추론(extrapolation)
3.00 적용(application) : 특별하고 구체적인 장면에 추상적인 것을 활용하는 것
4.00 분석(analysis) : 사고의 위계적 관계를 명확히 하거나 추상적인 관계를 명백히 하기 위해서 하나의 정보를 그 구성요소나 부분으로 분해하는 것
4.10 요소의 분석(analysis of elements)
4.20 관계의 분석(analysis of relationships)
4.30 조직 원리의 분석(analysis of organizational principles)
5.00 종합(synthesis) : 하나의 전체를 형성할 수 있도록 요소나 부분을 종합하는 것
5.10 독특한 정보의 구성(production of a unique communication)
5.20 계획의 작성 혹은 조작의 창안(production of a plan or proposed set of operations)
5.30 일련의 추상적 관계의 도출(derivation of a set of abstract relations)
6.00 평가(evaluation) : 주어진 목적을 위하여 자료와 방법의 가치를 판단하는 것.
6.10 내적 준거에 의한 평가
6.20 외적 준거에 의한 평가

블룸의 교육목표 분류학은 지적 행동의 분류 체계를 시도했다는 뜻에서뿐 아니라, 각 유목의 행동에 관한 심리적 의미도 아울러 밝혀수고 있어, 목표의 세분화에 대한 우리의 사고를 명확하게 해준다.

블룸 및 타일러의 교육목표 체계화에서 공통적으로 발견할 수 있는 한 가지 특징은 교육목표를 내용과 행동으로 이원화시키는 데서 찾아볼 수 있다. 즉 학생이 통달해야 할 교과의 내용과 이 내용에 관련해서 길러야 할 행동의 두 가지 차원의 교차(交叉)분류를 하는 것이 특징이다. 이 두 가지 유목인 내용-행동이 서로 상호작용을 해서 나타나는 것이 학생의 지적 성취라고 볼 수 있다.

(2) D. R. Krathwohl 등의 정의적 영역 분류

정의적 영역의 교육목표는 크래도올, 블룸 등(1964)이 분류를 시도하였다. 이들이 개발한 정의적 영역 목표 분류의 가장 중요한 가정은 가치 획득의 유형은 가장 낮은 인지의 단계에서 점차 높은 수준의 가치의 단계로 옮아가는데, 이때 분류의 기초가 되는 것이 내면화의 수준(level of internalization)이라

고 보았다. 정의가 얼마나 내면화되느냐에 따라 5단계의 정의적 행동으로 분류할 수 있다. 그들이 제시한 분류는 다음과 같다.

1.00 감수(receiving) : 어떤 현상이나 자극을 감지하는 것, 즉 현상이나 자극을 수용하고 유의하는 것. 의도된 다른 목표를 습득하기 위한 최초의 결정적 단계
  1.1 감지(awareness)
  1.2 자발적인 감수(willingness to receive)
  1.3 통제나 선택적 주의집중(controlled or selected attention)

2.00 반응(responding) : 현상에 대해서 단순히 감수하는 것 이상으로 능동적으로 반응하는 것. 흥미 목표를 기술하기 위해서 이 유목을 사용한다.
  2.1 묵종반응(acquiescence in responding)
  2.2 자발적인 반응(willingness to respond)
  2.3 반응에 대한 만족(satisfaction in response)

3.00 가치화(valuing) : 행동의 지침이 되는 근본적인 가치에 관여되어 동기가 유발되는 것. 이 유목은 태도와 가치에 관한 목표를 기술하는 데 사용한다.
  3.1 가치수용(acceptance of a value)
  3.2 가치선호(preference of a value)
  3.3 행동화(commitment)

4.00 조직화(organization) : 하나 이상의 가치가 관계된 상황에서 ① 하나의 체계로 그 가치들을 조직하고, ② 그들 간의 상호관계를 결정하고, ③ 지배적인 가치체계를 수렴하는 것. 조직된 가치체계가 나타나므로 그 가치들을 개념화하고 위계적 관계를 수립하여야 한다.
  4.1 가치의 개념화(conceptualization of a value)
  4.2 가치체계의 조직(organization of a value system)

5.00 가치 또는 복합가치의 인격화(characterization by a value or value complex) : 가치가 개인의 가치위계 내에 자리를 잡고 있으며, 내적으로 일관된 체계로 조직되고, 이 방향으로 행동을 조정할 만큼 충분한 시간 동안 개인의 행동을 통제하고 위험이나 도전이 있는 경우를 제외하고는 그와 같은 행동을 유발하지 않는다. 이미 수용되어 조직화된 가치체계에 따라 일관성 있는 행동을 할 만큼 인격의 일부로 내면화된 상태
  5.1 일반화된 행동 자세(generalized set)
  5.2 인격화(characterization)

감수(receiving)는 정의적 영역 분류의 가장 기초 단계이며, 어떤 자극의 존재에 대한 민감성과 그것에 대한 주의나 관심을 자진해서 흔쾌히 기울이려는 경향성을 나타낸다.

반응(responding)은 정의적 영역 분류의 두 번째 단계이다. 이것은 현상에 대해 단순히 관심을 기울이는 것을 초월한 반응이며, 단순한 수동적 반응이 아니라 적극적 반응과 관심을 기울이며, 그 대상이 무엇인지도 알고 반응하는 심리적 태세이다. 특히 교사들은 이 수준의 정의적 행동을 흥미(interests)라고 부르고 있다. 흥미란 곧 어떤 대상이나 활동에 대해 충분히 몰입해서 그것을 구하고, 찾고, 해보려는 경향성을 말한다.

가치화(valuing)란 표현은 교사들이나 일반 대중이 흔히 쓰는 용어이다. 여기에서도 일반적인 뜻으로 사용하고 있으며, 어떤 사물, 현상, 행동이 어떤 사람에게 값있는 것인가를 지시하기 위해 사용하고 있다. 이 유목에 속하는 다른 용어로는 태도, 가치(value)란 말로 표현하기도 하는 개념이다. 이미 이 단계의 정의적 행동에 오면 무엇이 값있는 것이며, 가치 있는 것이며, 해야 할 것인가에 대한 판단기준이 산발적으로나 체계적으로나 확립되기 마련이다. 그래야 태도나 가치가 부여될 수 있기 때문이다. 사람이 가치를 내면화해 감에 따라 한 개의 가치 이상의 여러 가지 가치에 직면한다. 그러한 가치 사이에는 잘 조화되어 일치성이 있는가 하면, 어떤 경우에는 그들 사이에 갈등을 일으키기도 한다. 이때 사람은 부득이 그러한 가치 사이에 어떤 종류의 응집적 체계(cohesive system)를 재조직해야 한다. 이같이 조직화된 가치체계가 나타나면 그들 가치들을 개념화하고 그들 사이의 위계관계를 세워야 할 필요가 생긴다. 이것이 곧 복합가치의 조직화라고 말할 수 있다.

정의적 행동이 가장 내면화되었을 때, 그것은 곧 그 사람의 인격과 마찬가지가 된 상태이며 이를 지칭해서 인격화(characterization)라고 한다. 이 수준에 도달한 개인은 그의 행동이 그가 이전에 수락한 가치와 일관하게 조화됨을 볼 수 있다. 조직화된 가치체계가 완전히 내면화되어 한 개인의 인격으로 승화되면 그가 하는 행동(말, 행위, 표현, 느낌 등)은 한 개의 아름다운 조화로 나타나게 된다. 예컨대 이 수준에 있는 어느 개인이 자유주의라고 판단되면 그가 하는 말, 행위, 표현, 느낌 등은 모두 이 복합체계에서 벗어나지 않는다.

(3) E. J. Simpson의 심동적 영역 분류

인간행동 중 심리운동적 영역에 관한 교육목표 분류학의 체계적 연구는 아직도 미숙한 상태에 있다. 심리운동적 영역은 근육의 발달과 사용 그리고 신체의 운동을 조절하는 신체 능력에 관한 행동을 지칭한다. 대부분의 지능, 운동, 지각 활동이 여기에 포함된다고 볼 수 있다.

이 심리운동적 영역에 관한 분류는 여러 사람이 시도했으나 심슨(1966)이 개발한 「교육목표 분류학: 심리운동적 영역」이 가장 대표적인 것으로 판단된다. 그가 분류한 것을 소개하면 다음과 같다.

1. 지각(perception)
운동행위를 수행하는데 가장 먼저 와야 할 단계가 감각기관을 통해 사물의 질, 관계 등을 지각하는 과정이다. 이것이 운동행위를 유도하는 상황-해석-행동 연쇄의 주된 부분이라고 말할 수 있다. 이 속에서 다시 세 가지 수준으로 나눈다. (1.1) 감각적 자극(sensory stimulation), (1.2) 단서의 선택(clue selection), (1.3) 번역(translation)

2. 자세(set)
자세란 어떤 특정한 행위나 경험을 하기 위한 예비적 적응상태(preparatory adjustment)를 지칭한다. 자세란 말은 심리학에서도 흔히 쓰는 개념이며, 무엇을 행하기 이전의 정신적, 신경적, 운동적 준비상태를 지칭한다. 이 단계는 세 가지 자세로 나누어진다. 즉(2.1) 정신적 자세(mental set), (2.2) 신체적 자세(physical set), (2.3) 정서적 자세(emotional set)이다.

3. 인도된 반응(guided response)
이것은 운동기능을 발달시킬 때의 초기 단계에 해당한다. 여기에서 강조한 것은 보다 복잡한 운동기능의 한 요소가 되는 능력이며, 인도된 반응은 다른 사람의 지도, 유도에 의해 외현적 행위를 하도록 하는 단계이다.
지도자나 교사에 따라 하나하나의 행위를 해보는 단계이다. 여기에는 (3.1) 모방(imitation), (3.2) 시행착오(trial and error)의 두 수준으로 나눈다.

4. 기계화(mechanism)
이 수준에 오면 학습자는 한 가지 심리운동적, 혹은 지각적 행위를 수행하는 데 상당한 수준의 자신감과 기능이 생긴다. 상황에 따라 습관적 동작이 자동적으로 나타나며, 상황이 요구하는 것에 따라 자기가 갖고 있는 행위의 레퍼토리에서 선택해서 자동적으로 반응하게 된다.

5. 복합적 외현반응(complex overt response)
이 수준이 되면 개인은 복잡한 운동행위를 할 수 있게 된다. 뿐만 아니라 그 행위도 노력이나 시간을 최소한으로 들여서 가장 유효하고 원활하게 할 수 있게 된다. 잘 훈련된 테니스 선수나 잘 훈련된 피아노 연주를 상상하면 짐작할 수 있는 행동이다. 이것은 다시 (5.1) 불확실성의 해결(resolution of uncertainty), (5.2) 자동적 수행(automatic performance)으로 분류된다.

교육목표는 행동영역, 즉 지적 영역, 정의적 영역 및 심동적 영역으로 분류한다.

나. 교육목표의 진술 방법

교육의 목표를 올바르게 진술한다는 것은 매우 어렵다. 주요 학자들의 수업목표 진술 방법을 소개하면 다음과 같다.

(1) Tyler(1949)의 수업목표 진술 방법

타일러에 의하면 교육목표는 내용과 행동 두 가지 요소가 포함되도록 진술되어야 한다. 내용만으로 교육목표를 진술하면 그러한 내용으로 학생들이 무엇을 해야 하는지를 나타내지 못하며, 행동만으로 교육목표를 진술하면, 그러한 행동이 어떤 내용이나 생활면에 통용되는 것인가를 나타내지 못하기 때문에, 만족스러운 목표 진술이 되지 못한다고 하였다. 또한 교육목표는 교사가 수행해야 할 일을 나타내는 교사의 활동 형태로 진술되거나, 주제, 이념, 법칙에 대해서 진술되거나 일반적인 행동형으로 진술되어서는 안 된다고 주장한다. 왜냐하면, 교육목표는 학습자가 수행해야 할 행동을 나타내는 형태로 진술되어야 하는데, 이 세 가지는 학생의 행동을 표현하지 않기 때문이라는 것이다.

이러한 구성요소가 포함된 수업목표의 예시를 나타내면 〈표 8-1〉과 같다.

〈표 8-1〉 Tyler의 수업목표 진술 방법

내 용	행 동
산성 용액의 성질을	설명할 수 있다.
직육면체의 겨냥도를	그릴 수 있다.
훈민정음이 만들어진 까닭을	설명할 수 있다.

(2) Mager(1962)의 수업목표 진술 방법

메이거는 타일러 이래, 수업목표를 행동 용어로 진술하여 이 방면에 새로운 연구 붐을 일으킨 업적을 가지고 있다. 그에 의하면, 수업목표는 성공적으로 수업을 마친 학생들이 보여주어야 할, 관찰될 수 있는 행위(performance)를 명시하도록 설정되고 표현되어야 한다. 즉, 수업목표 속에는 다음과 같은 세 가지 요소가 동시에 포함되어야 한다.

① 수업을 통해서 가져오려고 하는 도착점 행동을 나타내는 동사
② 이 행위가 발생되어야 할 중요 조건이나 장면의 기술
③ 행위의 성공 여부를 판단하기 위한 수락기준의 명시

메이거가 제시한 수업목표의 예를 들면 〈표 8-2〉와 같다.

〈표 8-2〉 Mager의 수업목표 진술 방법

학습장면(조건)	수락 기준	도착점 행동
여러 사회·경제적 조건과 요소를 열거한 표에서	학습자는 1929년의 경제공황의 원인이 될 만한 것을 적어도 5개 이상	선택할 수 있다.
10개의 1차방정식 문제를 주었을 때	40분 이내에 모든 문제를	정확하게 풀 수 있다.
역사적 사건의 원인에 관계된 목록을 주었을 때	적어도 5개 이상	경제에 영향을 미친 요인을 지적할 수 있다.

(3) Gagné & Briggs(1979)의 수업목표 진술 방법

가네는 목표 진술에 있어서, 설계자가 목표에서 나타내고자 하는 학습성과는, 학습될 능력 동사에 따라 유목화된다고 하여, 수업목표를 5가지 요소를 중심으로 진술할 것을 제안했다. 즉 행동, 대상, 사상, 도구 및 제약, 학습되어질 능력을 수업목표 진술의 요소로 보고 있다. 이러한 구성요소가 포함된 수업목표의 예시를 나타내면 〈표 8-3〉과 같다.

〈표 8-3〉 Gagné & Briggs의 수업목표 진술 방법

상 황	도구 · 제약	행위	대상	능 력
암 치료를 위한 다섯 가지 화학요법 약품 중 하나가 주어지면 학습자는	참고자료를 활용하지 않고	글을 써서	그 유목에 속하는 세 가지의 이름을	열거할 수 있다.
주사기와 바늘을 그린 그림이 주어지면 학습자는	5분 이내에	그림에 명칭을 붙임으로써	피스톤의 원통 손잡이 중심 각 부분 등 주사기의 구성요소를	확인할 수 있다.

(4) Gronlund(1973)의 진술방법

Gronlund는 교수목표를 일반적 교수목표와 구체적 교수목표로 구분한다. 먼저 일반적 교수목표를 진술하고, 이 목표에 행동적 증거가 될 수 있는 구체적 교수목표를 진술한다. 또한 Gronlund는 목표 진술을 더욱 간단명료하게 나타내기 위해 주어에 해당하는 학습자를 생략하고, '할 수 있다'라는 동사를 '하기'와 같이 줄여서 부정사로 표현할 것을 권장하고 있다. 다음의 〈표 8-4〉는 이에 대한 예시를 보여준다.

〈표 8-4〉 Gronlund의 수업목표 진술

일반 목표	구체적 목표
1. 단원에 속해 있는 용어들의 의미를 안다.	1-1 용어의 정의를 쓴다. 1-2 뜻이 비슷한 용어를 구별한다. 1-3 용어의 동의어를 한 개 찾아낸다. 1-4 용어의 반의어를 한 개 찾아낸다. 1-5 개념의 묘사에 용어를 맞춘다.

Gronlund의 진술방법이 앞에서 살펴본 Tyler, Mager, Gagné & Briggs의 진술방식과 다른 점은 구체적 학습성과, 즉 구체적 교수목표의 상위에 일반적 교수목표를 두고 있다는 점이다. 따라서 Gronlund의 경우 구체적 교수목표는 목표의 성취를 나타내는 행동적 증거가 되는 하나의 표본이지 그 자체가

목표는 아니며, 일반적 교수목표가 수업의 목적이 되는 것이다. 다시 말하면, 구체적 교수목표에 진술된 구체적 행동은 평가의 기초로 활용될 수 있으나 수업은 어디까지나 포괄적인 일반적 교수목표의 성취를 지향해야 한다는 것이다. 이렇게 함으로써 구체적 교수목표만을 진술할 때의 단점을 극복하고 교수-학습의 과정을 보다 융통성 있게 진행할 수 있으며, 교육과정과 교과 및 단원목표 간의 연계성을 찾아볼 수 있다는 점에서 가장 현실적인 목표 진술 모형의 하나로서 수업이론의 발전에 크게 공헌을 하고 있다.

Tyler, Mager, Gagné & Briggs, Gronlund 등을 교육목표 진술 시 명확하고 행동적 용어를 진술해야 함을 공통점으로 제시하고 있다.

다. 교육목표 진술 시 고려사항

일반적으로 교육목표 진술 시 고려해야 할 사항을 들어보면 다음과 같다(강봉규 외, 1985)

첫째, 교육목표는 학습경험 조직과 지도에 구체적 시사를 줄 수 있는 정도로 하고, 구체적이고 명료한 용어로 진술되어야 한다. 여러 학교의 교육목표에서 흔히 볼 수 있는 현상은 진술된 교육목표가 너무 막연한 말로 표현되어 있어서 그것을 달성하기 위하여 어떠한 학습경험을 학생에게 마련해 줄 것인지를 분명히 암시하지 못하는 것들이 있다. 따라서 교육목표는 어느 누구에게나 같은 뜻으로 해석될 수 있게끔 명료하게 진술하여야 한다. 나아가서는 교육성과의 판정기준, 즉 도달수준의 평가가 용이하게끔 내용과 행동의 진술이 포함되어야 한다.

둘째, 진술된 전체 교육목표는 포괄적이어야 한다. 여러 학교의 교육목표 진술을 보면 대개의 경향 혹은 강조하는 바가 지식 기능의 발달을 중점으로 하여 문화유산의 전달, 지적 단련, 지적 성장 등에 치우치고 있다는 사실을 부정하기 곤란하다. 그러나 인간을 통합된 유기체로서의 전체성을 강조하는 생물학적, 심리학적 발견을 중요시하여 현대교육이 전인의 발달을 돕는 것을 중요한 원리로 생각하고 있다는 사실을 우리가 받아들인다면 지적 발달만을 중시하는 교육목표의 비타당성을 지적하지 않을 수가 없을 것이다. 따라서 통합된 전인으로서의 발달을 강조하는 학교의 교육목표는 지적 발달뿐만 아니라 신체적, 정서적, 사회적 각 면의 조화적 발달을 위하여 그 중 어느 한 면도 빠뜨리거나 소홀히 할 수 없는 것이다. 따라서 과거의 지식 기능에만 한정되었던 목적 이외에도 생활 전면에 걸쳐서 필요한 태도, 감상력, 흥미 등이 조화적으로 포함되어야 하는 것이다.

셋째, 진술된 교육목표 속에는 통일성, 일관성이 있어야 한다. 학생, 사회, 민주이념, 학과목 등의 자원에서 시사되고 추출된 목적들의 이념적, 철학적, 현실적 타당성이 검증되어야 한다는 것은 앞서도 몇 번이나 강조하였다. 여기에서 다시 강조하는 일관성의 원리는 여러 목적 사이에 일관된 철학적 입장이 살아 있어야 한다는 것이다. 만약에 어떤 항목에서는 '비판적 사고능력'이 강조되고, 또 다른 항목에서는 '관에 대한 무조건 복종'이 나온다면, 여기에는 상반되는 철학의 갈등이 있을 뿐 결코 통일적인 일관성이 있는 교육철학을 반영하고 있다고는 볼 수 없는 것이다.

넷째, 진술된 교육목표는 실현성이 있는 것이어야 한다. 이 원리 속에는 두 가지 척도가 포함되어 있다고 볼 수 있다. 첫째는, 심리학적 실현성이다. 여러 자원에서 추출된 교육목표의 타당성 검증에 있어서 학습심리학적 고려가 필요하다. 이를테면 우리나라 과학의 후진성을 속히 시정하기 위하여 초등학교 저학년 때부터 어린이들에게 원자 물리의 복잡한 원리를 이해시킬 필요가 있다고 생각되어 그것을 그 학년의 교육목표로 정한다고 가정하여 보자. 그 단계의 어린이들의 지적 발달의 정도로 보아 그 목적의 무리함을 인정하지 않을 수가 없는 것이다. 그렇다면 이와 같은 목적들이 학생 일반에게 혹은 특정한 집단의 어린이들에게 실현될 수 있을 것이냐의 고려 없이 선정, 진술된다는 일은 어리석은 일이다. 실현성의 원리가 내포하는 또 하나의 의미는, 어떤 학교가 자리 잡고 있는 지역사회의 현실이나 어떤 학과목이 가지는 특수한 교육적 기능으로 보아 타당하고 실현성이 있는 목적만이 선정되고 진술되어야 한다는 것이다.

다섯째, 진술된 교육목표는 모든 교사들이 이해하고 받아들이며, 그들의 교육적 직책 수행에 있어서 그 목적 속에 항상 살아갈 수 있는 것이어야 한다. 이 원리 속에는 두 가지 의미가 포함되어 있다. 첫째는 앞에서도 강조한 바와 같이 학교의 교육목표를 설정함에 있어서 모든 교사가 참여해야 한다는 것이다. 모든 교사가 교육목표 설정을 위한 연구에 참여함으로써 설정된 교육목표는 그 실현성이 높아지는 것이다. 둘째로 내포된 의미는 진술된 교육목표가 잡다함이 없이 한 폭의 그림과 같이 전체성을 가지고 있어야 한다는 것이다.

여섯째, 진술된 교육목표는 결코 완성되고 불변한 것이 아니고, 그 타당성이 항상 비판되고 필요에 따라 언제나 변경될 수 있는 것이어야 한다. 바람직한 학교는 보다 나은 교육목표, 보다 나은 교육실천을 통하여 보다 나은 학생의 발달을 희구하는 까닭에 계속적인 평가와 그에 따르는 계속적인 개조가 요청되는 것이다. 특히 급격히 변화해 가는 오늘의 사회 속에서 나날이 성장하고 변화해 가는 학습자들의 요구, 흥미, 문제를 생각할 때 학교의 교육목표가 한자리에만 그냥 머물러 있을 수가 없다는 것은 쉽게 이해할 수 있는 일이다.

> 교육목표는 구체적이고 명료한 용어, 포괄적이고 일관적이며, 실현가능성과 가변성을 갖도록 진술해야 한다.

학습문제

01. Bloom의 지적 영역 교육목표 분류를 설명하시오.

02. Tyler나 Mager의 행동적 목표진술 방식의 장단점을 설명하시오.

02 교육내용의 선정과 조직

가. 교육내용 선정의 방법

스미스(B. O. Smith) 등이 교육내용을 선정하는 방법으로 제시한 내용을 소개하면 다음과 같다.

(1) 판단적 방법

이 방법은 앞에서 제시한 여러 계층의 교육내용 구성자들이 독자적인 판단을 통하여 올바른 교육내용을 찾아내도록 하는 방안을 말한다. 그러기 위해서는 판단하는 사람들의 이념과 지식이 건전해야 하는 것은 물론이며, 만일 사회적 전망이 너무 협소하고 지나치게 과거 지향적이어서 관심, 흥미, 욕망, 선입감 등이 민주적 이념에 무감각하거나 어떤 특수한 사회집단, 노동조합, 전문 학술단체 등에만 쏠린다면 그 판단은 좋은 교육내용 선정의 기반이 될 수 없을 것이다.

(2) 실험적 방법

실험적 방법이란 내용선정에 있어서 어떤 교육내용이 달성하고자 하는 목표나 충족시키고자 하는 원칙을 충분히 만족시킬 수 있는가 하는 점을 실제 실험을 통해서 결정하는 방법을 말한다. 이러한 실험에서 교육내용은 민주적 생활태도의 함양이란 목표를 달성할 수 있는가, 유용성의 원칙, 만족의 원칙 또는 가능성의 원칙을 충족시킬 수 있는가 등 우리가 실험해 보고자 하는 광범위한 문제에 대해서 과학적인 근거를 마련해 준다. 물론 이러한 교육내용의 실험은 규정된 조건 아래에서 가능한 한 엄격한 기술로써 이루어져야 하며 그럼으로써 개인적, 집단적인 편견이나 잘못된 판단 또는 다른 요인에 의한 오류를 최소한도로 줄일 수 있는 것이다.

(3) 분석적 방법

분석적 방법은 널리 알려진 내용선정방법의 하나로서 여러 가지 목적 또는 원칙을 확인하기 위해서 사용되나 특히 유용성과 밀접한 관계가 있다. 일반적으로 이 방법은 어떤 활동에 기능적으로 공헌할 수 있는 교육내용을 발견하기 위해서 인간이 하는 활동을 분석하는 것이다. 활동분석(activity analysis)으로서 이것은 어떤 국가 또는 지역 내의 사람들이 종사하고 있는 활동의 일반 유형을 발견해 보자는 데 목적이 있다. 다음으로는 직업분석(job analysis)으로서 앞에서 설명한 활동분석을 직업분야에 적용한 것이다. 마지막으로는 일반적으로 유용한 지식, 기능의 분석(analysis to determine the generally useful knowledges and skills)이다.

(4) 합의적 방법

합의적 방법은 교육과정은 어떤 것이어야 한다고 믿는 여러 사람들의 의견을 수집하는 방법이다. 이 방법의 결과는 어떠한 것을 학교에서 가르쳐야 된다고 믿는 사람들의 수, 백분율 또는 특수집단 등으로 표현된다. 과정이 매우 간단하기 때문에 연구가 또는 실천가들이 많이 사용하고 있다.

> 교육내용 선정 방법으로는 판단적 방법, 실험적 방법, 분석적 방법, 합의적 방법 등이 있다.

나. 교육내용 조직의 방법

교육내용 조직의 방법으로 널리 쓰이는 방법을 소개하면 다음과 같다.

(1) 논리적 방법

논리적 방법이란 교과나 교재내용의 논리적인 구조에 따라 '쉬운 것으로부터 어려운 것으로', '간단한 것으로부터 복잡한 것으로', '구체적인 것으로부터 추상적인 것으로', '가까운 것으로부터 먼 것으로'의 순으로 배열하는 방법으로서 주로 교과를 중심으로 한 교과과정 구성에서 적용된다.

이 방법은 좀 더 구체적으로 나눌 수가 있는데, 하나는 현행 교과서에 따라 논리적으로 조직 내용을 배열하는 방법이고, 다른 하나는 전문가에 의하여 논리적 순서, 시간적 장소와의 관계, 개념의식, 기능의 발달 등을 판단하여 학습경험을 배열하는 방법이다.

(2) 심리적 방법

이 방법은 학습자들의 심리적인 특성을 토대로 교육내용을 배열하려는 방법이다. 학습자의 성숙과 성장 발달의 특징, 심리적 · 정신적인 경험의 민감성, 흥미와 필요, 학습의 곤란도 또는 성공이나 실패가 학습에 미치는 영향 등을 고려하여 교육내용을 배열하려는 것이다. 이 방법은 학습자의 심리적 특성이 토대가 되는 만큼 종래의 방법에 비하면 진보적인 방법이라고 생각할 수 있으나, 그 나름의 난점을 내재하고 있다. 즉, 학습자 집단의 실태를 보면 그들의 흥미나 능력이 다양하고 변화가 많다는 것, 각 학습자의 흥미도에 따라 곤란을 극복하는 데 영향이 많다는 것 등 여러 가지 문제점이 있으므로 이 방법도 그 원칙에만 의존할 수는 없는 것이다.

(3) 절충식 방법

이는 위의 두 가지 방법을 절충한 것으로 학습자의 흥미를 중심으로 하면서도 한편으로는 교재의 논리적 순서와 그 발전이 보장되도록 배열하는 방법이다. 앞에서 본 논리적 방법이나 심리적 방법은 다 같이 동일한 내용을 서로 다른 측면에서 강조한 것이지만, 실제에 있어서는 양 측면의 극단보다는 종합적인 견지에서 연구되어야 한다고 주장하는 학자가 있다. 학습자의 활동에는 논리적인 발전의 순서가 있으며 또 논리적인 교과나 교재에도 그 학습의 특유한 심리적 요소가 있다는 것을 인정하고 학습자의 발달 순서와 교재의 논리적 발전으로 조화를 이루는 방법이다.

현대 교육과정의 경향이 교과서나 교재내용을 중심으로 하는 것보다 아동의 생활 경험의 확대를 위한 방법을 취한다면 학습자의 경험 과정을 중시하는 계열이 설정되어야 한다. 그리고 학습자의 이해도나 또는 경험의 장으로서의 생활환경을 충분히 고려해야 할 것이다.

따라서 교육내용을 조직함에 있어서는 교재나 교과보다도 학습자의 발달을 중심으로 한 입장에서 '생활권의 확대', '흥미활동의 이동', '역사의식의 발달', '사회의식의 확대', '사회과정의 복잡성', '사회이념의 현실 접근' 등을 생각해야 한다는 의견이 지배적이다.

교육내용 조직 방법으로는 논리적 방법, 심리적 병법, 절충식 방법 등이 있다.

학습문제

01. 2009 개정 교육과정에서 쟁점이 된 교과군의 의미와 필요성을 교육내용의 조직 방법에 근거하여 설명하시오.

03 단원의 구성

가. 단원이란?

학습내용의 조직에 있어서 최저단위의 조직에 해당하는 것으로 단원(unit), 과(lesson), 주제(theme) 등이 있다. 이 용어들은 서로 유사한 의미를 갖고 있는데 교육과정의 성격, 교과의 종류, 학습자의 특성에 따라 다른 의미로 사용되기도 한다. 전통적으로 교육과정의 구성에는 과나 주제 등의 용어보다는 단원이라는 용어를 널리 사용해 왔다. 교과중심 교육과정이나 학문중심 교육과정에서는 교육과정을 교과영역이나 지식영역으로 구분하고 각 교과나 영역을 다시 몇 개의 단원으로 구분한다. 그런데 각 교과는 그 교과내용에 차이가 있기 때문에 단원이라는 용어보다는 과나 주제라는 용어를 사용하는 것이 더 어울릴 때가 있다. 일반적으로 국어나 외국어 과목 등 언어과목에서는 단원이라는 용어 대신 과(課)라는 용어를 사용하며, 수학, 과학, 사회 등의 교과에서는 단원이라는 용어 대신 주제나 내용 등의 용어를 사용한다. 경험중심 교육과정이나 인간중심 교육과정에서는 아동의 흥미중심, 생활중심, 활동중심 등으로 교육과정을 구성하고 있기 때문에 단원이라는 용어보다는 주제나 내용이라는 용어를 주로 많이 사용하고 있다. 현행 우리나라의 유치원 교육과정에서는 단원이라는 용어를 사용하지 않고 주제라는 용어를 사용하고 있다.

단원이란 학생들에게 적절한 행동의 변화를 가져다줄 수 있는 하나의 중추적인 제재를 중심으로 하는 일련의 의미 있는 학습활동과 내용이다. 단원이란 표현은 통일성 또는 전체성이라는 뜻을 내포하고 있다. 즉 단원이란 어느 중핵적인 힘에 의해서 통합된 학습의 국면을 말한다. 학습계획의 기초로서 단원이 효과적으로 조직되느냐 그렇지 못하느냐는 통합의 여하에 달려 있다. 따라서 통합하는 힘이 되는 학습자료가 단원의 성격에 근본적인 결정을 하게 된다.

단원이라는 단어의 뜻에는 단위, 단일(oneness), 전체성(wholeness), 통일성 등이 있는데, 학습계획에서 사용되는 단원이란 하나하나의 학습내용이 서로 엉키어 유기적으로 결합하고 있는 통합적인 학습단위를 말하는 것이다. 또한 단원은 교육의 목적에 따라 이를 달성하는 과정 중의 하나이며 아동・학생들이 흥미 있게 몰두할 수 있는 하나의 활동계열이다. 즉 필요한 교육목표를 세우고 이 목표에 도달하기 위하여 완전한 통합성을 지닌 최소단위의 학습내용이라 할 수 있는 것이다. 따라서 교육내용에서 필요한 제재를 골라 이를 다시 하나의 활동을 위한 집합체로 형성해 놓은 것이다.

단원의 구성이란 이제 곧 교수-학습활동에 들어갈 최종적인 단계라는 것은 이미 앞에서 밝힌 바와 같다. 그러나 이것이 전체 교육과정의 계획이나 운영 속에서 어떤 위치에 있으며, 또 어떤 단계를 밟아야 하는가를 이해하는 것은 단원을 이해하는 데 있어 매우 중요한 일이다. 세일러(J. Saylor) 등은 교육과정 계획에 있어서의 논리적 단계를 설명하고 있는데 여기서 단원의 위치를 짐작할 수 있다.

① 교육목표의 설정 : 교육당국자, 교직전문인, 시민, 학부모 그리고 학생들을 대표하는 계획집단에 의해 학교에서 달성해야 할 주요 목적들의 결정

② 전체 구조의 확인 : 조직된 계획집단에 의한 전체 교육과정의 대략적인 윤곽의 결정

③ 교육과정 영역의 확정 : 조직된 계획집단에 의해서 앞의 ①과 ②와 관련되어 궁극적으로 학습하게 될 단원들이 도출되는 주요 영역들이나 생활 문제들의 확정

④ 교육과정 계열의 확정 : 조직된 계획집단에 의해서 각 영역이나 각 문제에서 강조되어야 할 내용의 순서, 정도의 암시

⑤ 자료단원의 계획 : 학교의 계획집단에 의한 주요 영역이나 주요 문제에 걸친 자료단원의 계획

⑥ 단원계획의 작성 : 교사 개개인에 의한 각 학습집단을 위한 단원의 계획

⑦ 학습경험의 전개(학습단원의 전개) : 학습집단에 의해서 학습단원을 통한 단원계획과 관련된 학습경험의 전개

위의 단계를 보면 단원이라는 말이 3단계에 걸쳐 쓰이고 있다. 첫째 단계는 여러 학습의 자료를 많이 간직한 자료단원의 계획이고, 둘째 단계는 자료단원의 암시에 따라 교사들에 의한 단원계획의 작성이며, 셋째 단계는 이 단원계획을 바탕으로 하여 교사와 학생이 공동으로 실제적인 학습단원을 전개하는 것이다.

단원이란, 학생들에게 적절한 행동의 변화를 가져다줄 수 있는 중추적인 제재를 중심으로 하는 일련의 의미 있는 학습활동과 내용이다.

나. 자료단원(Resource unit)의 구성

단원에는 교사를 위한 자료단원(resource unit)과 학생들의 학습활동을 위한 학습단원(learning unit)의 두 가지가 있다. 자료단원이라 함은 '교사가 학습단원을 계획하고 전개하여 평가함에 있어서 도움이 되는 여러 자료의 체계적·종합적인 조사·분석 및 조직'을 말하는 것이다. 좀 더 쉽게 말하면 학생들로 하여금 단원학습을 이끌어 나가도록 하는 데 필요한 여러 가지 기준이나 자료를 제시할 수 있는 하나의 참고 역할을 하는 것이다. 이 자료단원은 대체로 도서관의 직원이나 교육과정 전문가, 그리고 여러 정보 제공처의 도움을 받아 교사집단이나 교사 자신이 만들어야 한다.

자료단원의 형태는 작성하는 사람에 따라 다르기는 하지만 대체로 다음과 같은 형식이 보통이다.

① 서론 : 단원 혹은 문제의 성격과 그 자료단원의 이용에 있어서 알고 있어야 할 몇 가지 암시 혹은 조언의 대강이 나온다.

② 철학과 목표 : 자료단원 작성에 따라서 다르지만 대개는 그 자료단원이 사용될 학교의 일반 철학과 목적이 소개되고, 나아가 그 특정한 단원 혹은 문제영역에서 성취하고자 하는 교육목표가 진술된다.

③ 영역 : 여기서는 주로 그 단원 혹은 문제영역이 내포하는 문제·가설 등의 범위를 정하고 아울러 그 문제영역에 대한 교사의 더욱 깊은 연구를 위하여 참고문헌이 소개되기도 한다.

④ 학습활동의 암시 : 교사와 학생의 협동계획에 의한 학습단원을 전개함에 있어서 보다 효과적인 학습내용을 보장하여 줄 만한 여러 가지 학습활동의 장면과 내용을 체계적으로, 혹은 아무 조건 없이 나열하여 놓는 것이다.

⑤ 참고자료와 도구 : 학습단원을 전개함에 있어서 학생들에게 도움이 될 만한 책·정기간행물·영화·컴퓨터 자료(CD, DVD)·모델·그림·지도 등의 시청각 교구의 목록을 적는 것이다.

⑥ 평가 : 여기에서는 그 자료단원이 만들어진 넓은 단원 혹은 문제영역 안에 있어서 학생들이 가지게 될 단원학습을 통하여 있을 평가를 위

한 여러 가지 암시가 들어 있다.

⑦ 타 단원으로의 인도 : 이것은 대개 간단히 적은 것으로 이 자료단원과 관련성 있는 다른 문제영역 혹은 단원을 위한 자료단원 작성의 가능성 등을 암시하여 둔다.

⑧ 단원의 이용 : 이 자료단원이 어떤 학습단원 전개에 어떻게 이용될 수 있을 것인가를 밝혀 놓는다.

이상의 형식은 하나의 모형이므로 반드시 이와 같은 내용으로 꾸며져야 한다는 원칙은 없으나 하나의 대표적인 모형으로 생각하고 이를 참고하여 훌륭한 자료단원을 작성하면 좋을 것이다.

다. 학습단원(Learning unit)의 구성

학습단원(learning unit)은 교사가 지도하려고 하는 특정한 학습집단을 위해서 자료단원과 학습경험을 근거로 학생의 필요와 욕구, 사회적인 문제와 욕구 등을 참고하여 학습활동을 계획한 도표(chart), 개요(outline) 혹은 안내서(prospectus)인 것이다. 그리고 학습단원은 학습자의 입장에서의 용어이고, 교사의 입장에서는 가르칠 단원이기 때문에 교수단원(teaching unit)이다.

일반적으로 학습단원을 계획함에 있어서 다음과 같은 내용이 포함된다.

첫째 : 단원명

학습단원을 계획하려면 먼저 그 단원에 붙일 제목부터 정해야 한다. 이것이 곧 단원명이며, 가능한 한 간단명료하고 매력적이면서 흥미를 끌게 만들어야 한다. 단원명을 붙이는 방법에는 대략 다음과 같은 다섯 가지 형식이 있다.

① 일반적 대표적인 중요한 제목 형식

(예 : '교통발달과 문명의 진보', '물의 성질과 우리의 생활' 등)

② 중요한 원칙, 개념, 사실을 대표하는 문구 형식

(예 : '전제주의의 계속은 혁명을 가져온다', '노예에서 자유인으로의 역사' 등)

③ 중요한 학생의 문제를 표시하는 의문문 형식
(예: '우리가 어떻게 하면 보다 잘살 수 있나?', '과학과 철학은 융합할 수 없는 것일까?' 등)

④ 중요한 사회문제를 표시하는 의문문 형식
(예: '청소년의 범죄가 왜 증가해 가는가?', '실업자는 왜 생기는가?' 등)

⑤ 중요한 일 또는 작업을 나타내는 문구 형식
(예: '비행기 만들기', '화단 꾸미기', '나무 심기' 등)

단원명은 어느 정도 그 단원의 성격을 나타내는 것이다. 가령 위에서 ①과 ②의 형식은 교과적 · 이론적 · 문화적 내용을 강조하고, ③과 ④는 생활이나 심리적인 문제에서 출발하나 지적인 문제해결 과정을 강조하며, ⑤는 그 출발은 앞의 것과 같으나 해결과정은 행동적 · 실험적인 것을 강조한다고 볼 수 있다.

따라서 단원명의 결정은 위의 내용을 참고로 하여 신중히 결정해야 한다.

둘째 : 단원 설정의 이유

① 학생의 요구와 흥미 고려 여부 : 선택된 단원에 포함되어 있는 학습경험들이 학생의 어떠한 요구나 흥미에 기초를 두고 있는가를 밝힌다.

② 사회적 요구에의 적부 : 선택된 단원에 포함되어 있는 학습경험들의 국가 · 사회나 향토사회의 문제해결이나 이념 실현상 어떠한 뜻이나 가치를 가지고 있는가를 밝힌다.

③ 학습경험 발전상의 적부 : 선택된 단원에 포함되어 있는 학습경험들이 그 교과과정의 범위(scope)나 계열(sequence)에 있어서 어떤 관계를 가지고 있는가를 밝힌다. 여기서 주의할 일은 다른 단원에서 나온 말을 지나치게 반복하거나, 너무 추상적이며 막연한 문장을 쓴다거나, 반대로 지나치게 자세히 다방면에 걸쳐서 서술하는 것은 좋지 않다.

④ 계절상의 적부 : 이 항목은 과학과 실과 등에서 꼭 필요할 때만 밝힌다.

셋째 : 단원의 지도목표

학생이 이 단원을 학습한 후에 도달하게 되는 목표를 구체적으로 명시하되, 능력·개념적인 이해, 태도, 기능 등으로 또는 경험·영역별 읽기, 쓰기, 말하기, 듣기 등으로 나누어 진술한다. 그리고 목표 진술은 교수-학습 목표 진술 기준에 맞게 진술하여야 한다.

교수-학습 목표 진술 기준은 다음과 같다.

① 교수-학습 목표는 의도한 결과를 교수-학습내용과 그 내용을 통해서 성취해야 할 행동을 결부시킨 형식의 문장으로 진술하여야 한다.

② 교수-학습 목표는 명시적 동사를 진술하여야 한다.
명시적 동사라 함은 성취되었고 되지 않았음을 분명히 구분할 수 있는 용어요, 학습목표에 도달하였음을 제3자에게 보일 수 있는 명백한 행동적인 용어이며, 사람에 따라서 여러 가지로 해석이 될 수 있는 용어가 아니라 누구나 한 가지 뜻으로 해석되는 동사를 뜻한다. 교수-학습 목표를 명시적 동사가 아닌 동사로 진술하면 막연하게 혼동을 야기한다. 예를 들어, '야구경기의 규칙을 이해한다'라는 교수-학습 목표를 생각해 볼 때, '이해'라는 말은 사람에 따라서 여러 가지로 해석할 수가 있다. 즉, '야구경기의 규칙을 암기하여 말할 수 있다', '야구경기의 규칙을 항목별로 쓸 수 있다', '야구경기를 할 때 규칙을 어기지 않는다', '타인의 야구경기를 보고 반칙을 지적하여 말할 수 있다'와 같이 이해라는 말은 여러 가지로 해석이 된다. 따라서 교사가 의도한 것은 이 여러 가지 해석 중 어느 것인가가 분명하지 않고, 학습자는 그가 학습되었다는 증거를 무엇으로 보여야 할 것인가가 분명해지지 않는다.
이와 같이 교수-학습 목표 진술에 있어서 '안다', '이해한다', '감상한다', '중요성을 인식한다', '즐긴다', '믿는다' 등의 동사를 쓰면 사람에 따라서 다르게 해석될 수 있으므로 '쓴다', '암산한다', '분간한다', '만든다', '선택한다' 등의 동사로 진술하여야 한다.

③ 교수-학습 목표에는 기대되는 성취 행동이 나타나는 조건도 함께 진술되어야 한다. 예컨대 '1차 방정식을 참고서나 다른 보조물을 쓰지 않고 5분 내에 3문제를 풀 수 있다'에서는 기대되는 성취 행동이 나타나

는 '조건'에 해당하는 말은 '참고서나 다른 보조물을 쓰지 않고'이다.

④ 교수-학습 목표에는 수락 기준(acceptable criteria)이 포함되어야 한다.
수락 기준이라 함은 글자 그대로 받아들일 수 있는 기준으로서 목표 행동이 어떤 기준 이내에 나타나야 목표에 도달한 것으로 본다는 기준이다. 곧 '100m를 평지에서 15초 내에'가 수락 기준이다. 앞에 예를 든 기준인 '기대되는 성취 행동이 나타나는 조건'과 혼동을 하면 안 된다. 조건은 위 예문에서는 '평지에서'가 된다.

⑤ 교수-학습 목표는 학생의 입장에서 진술되어야 한다.
교수-학습 목표는 교사의 수업활동 방법의 개요가 아니라 '학생이 해야 할 어떤 일로 진술해야 한다'는 기준이다. 예컨대 '정부조직법을 설명하게 한다', '피아노를 연습시킨다' 등의 진술은 교사가 할 교수활동의 개요이지 교수-학습 목표는 되지 못한다. 이런 경우 '정부조직법을 말할 수 있다', ' 피아노를 악보대로 칠 수 있다' 등으로 진술하여야 한다.
교수-학습 목표를 진술할 때 지적, 기능적인 목표는 지식, 이해, 적용, 기술 등으로서 직접적으로 관찰할 수 있는 명백한 행동(overt behavior)이기 때문에 진술하기가 쉬우나, 정의적인 목표인 흥미, 태도, 가치관, 신념 등의 가려져 있는 행동(covert behavior)은 진술하기가 매우 어렵다.
정의적인 목표의 진술 요령은 가려져 있는 행동의 간접적인 관찰을 통하여 추리할 수 있는 상관이 높은 의태적인 조건을 포착하고, 이 의태적인 조건 밑에서 나타나는 명시적 동사로 진술하는 것이다. 예를 들어 '어머님의 사랑에 보답하기 위하여 앞으로 일주일 동안에 하려고 마음먹은 것 세 가지를 글로 써서 발표한다'와 같이 제시될 수 있다.

넷째 : 단원의 내용

단원 전체를 통하여 지도해야 할 사항을 중점적으로 정리 서술한다.

다섯째 : 지도 과정

학습의 지도 과정은 지도해야 할 내용, 시간, 학생 수, 교수-학습활동의 매개체, 환경 등을 고려하여 가장 최적의 방법을 택하는 것이 좋다. 이 과정의 자세한 이론은 다음 장에서 다루는 교수-학습활동의 형태와 교수-학습활동의 절차를 참고하기 바란다.

여섯째 : 정리 및 평가계획

교수-학습활동이 끝나면 정리 및 평가 활동이 수반되어야 한다. 이 단계에서의 자세한 이론은 다음 장을 참고하기 바란다.

학습문제

01. 자료단원과 학습단원의 차이점을 설명하고, 학습 주제를 정하여 실제 단원을 두 가지 형태로 구성해 보시오.

Chapter 09

교수-학습활동

학습내용

1. 교수-학습활동의 형태
2. 교수-학습활동의 절차
3. 교수-학습활동에서의 평가

01 교수-학습활동의 형태

교육과정은 교수-학습활동으로 실행된다. 따라서 학습내용(경험)을 선정하여 효과적으로 조직하였으면 학습내용이나 경험을 학생들이 효과적으로 이해하고 유용하게 활용하여 행동의 변화를 가져올 수 있도록 가장 적절한 교수-학습활동 방법을 투입하여 최적의 교수-학습활동이 이루어지도록 해야 한다.

교수-학습활동 형태에 대한 구분은 학습의 조직 면에서 개별학습, 일제학습, 개인학습, 공동학습의 형태로, 학습목적과 결부시켜 볼 때 문제해결 학습, 구안학습, 발견학습, 감상학습 등으로, 학습활동을 중심으로 생각할 때 독서, 청취, 문답, 토의, 보고, 관찰, 실험, 조사, 극화, 창작 등의 형태로 나눌 수 있다.

그러면 어떠한 형태가 가장 이상적인 교수-학습활동의 형태인가? 이에 대한 답변은 매우 어렵다. 왜냐하면 모든 사람에게 모두 적합한 수업방법은 없기 때문이다. 최선의 수업형태를 택하기 위해서는 학생의 수준, 학생의 수, 내용의 성질, 지도목표, 환경 등 여러 가지를 고려해야 되기 때문이다. 다음은 교수-학습활동 형태로 일반적으로 많이 사용되는 방법들이다.

가. 강의법

강의법은 교사가 강의를 교수-학습활동의 중요한 방법으로 사용하는 수업의 형태이다. 강의법은 대개 일정한 교과서를 바탕으로 하여 실시된다. 인류 역사상 가장 많이 사용되어 왔으며, 현재도 교육현장에서 가장 많이 사용되고 있는 방법일 것이다. 많은 지식을 다수의 학생들에게 체계적으로 전달하기 위해서는 어떤 방법보다도 효과적이다. 시간을 절약할 수 있고, 유능한 교사가 강의를 하는 경우에는 학생들에게 감명 깊은 경험을 줄 수 있다.

그러나 강의법은 학생들의 흥미보다는 이미 존재하고 있는 지식의 체계를 전달하는데 기울기 쉽고, 학생들은 수동적으로 지식을 전달받기 때문에 문제해결력과 같은 차원 높은 정신력을 발전시키기가 어렵다. 교사의 강의를 필기하고 암기하거나 이해하는 정도에 그치게 되는 경우가 많고, 시간이 지나면 강의의 내용이 망각되기 쉬운 것이다.

나. 문답법

교사와 학생 사이에서 서로 질문을 주고받으면서 수업을 전개하는 형태가 문답법에 의한 교수-학습활동이다. 대개의 경우 교사가 질문을 하면 학생들이 응답하는 경우가 보통이지만, 학생들이 질문하고 교사가 응답하는 방법도 있다. 문답법의 역사는 매우 오래되었다. 그리스의 소크라테스(Socrates)가 아테네의 청년들을 모아 놓고 나무 밑을 거닐면서 대화의 형식으로 교육을 전개한 것은 너무나 유명하다. 이때 소크라테스는 지식의 체계를 학생들에게 전달하려고 하지 않았다. 소크라테스는 그가 기대하는 대답이 학생들로부터 나올 때까지 계속해서 질문을 하였던 것이다. 소크라테스는 자기 자신을 학생들이 진리를 인식할 수 있도록 도와주는 산파와 같다고 했다. 이런 이유 때문에 소크라테스의 문답법을 산파술이라고도 한다.

문답법은 학습하려고 하는 문제에 대하여 학생들의 흥미를 자극하고 이해를 도와주는 장점이 있다. 학생들은 강의법에서보다는 훨씬 더 능동적인 위치를 갖게 된다. 그러나 학생들이 학습해야 할 부분을 미리 예습하지 않거나 학습에 적극적으로 참여하려는 높은 동기를 가지지 못하는 경우, 또는 교사가 경험이 부족하거나 폭넓은 지식을 가지고 적절하게 수업을 유도하지 못하는 경우에는 수업이 충실하게 되지 못하는 단점이 있다.

다. 토론법

토론법은 학생들이 능동적으로 토론을 전개해 감으로써 학습과제를 풀어나가는 교수-학습활동의 형태이다. 토론에는 교사가 참여하는 경우도 있지만 대개는 학생들끼리 토론하고, 교사는 토론을 이어가는 중재자 역할을 수행하는 것이 보통이나.

토론법은 지식의 전달을 목표로 하는 것이 아니라 주어진 과제를 학생들이 스스로 해결해 나가도록 하는 방법이다. 태도, 가치의 문제나 정책 방향에 대해 서로 다른 의견을 가지고 있을 때에 그러한 의견을 발표함으로써 일정한 방향을 모색하는 데에는 가장 효과적인 교수-학습활동 방법의 하나이다.

하지만, 강의를 듣는 경우에는 듣고서 흘려버리기가 쉽다. 지식을 이해하거나 암기하는 데에는 많은 도움을 강의로부터 얻을 수 있으나, 태도나 가치관이 변화되기는 어렵다. 그러나 토론에 적극적으로 참여함으로써 서로 다른 의견이 접근될 수 있고, 새로운 태도나 가치관의 형성도 기대될 수 있다.

라. 문제해결 학습

문제해결 학습은 주체 학습에 입각한 형태로서 학습자 생활의 현실적 요구와 동기유발에 의해 추진되는 학습이다. 문제해결이란 의문에 직면하여 과거의 경험이나 지식을 유효하게 활용하여 창조적 활동이나 반성적 사고를 통해 의문을 제거하고 명료하게 하는 것을 말한다. 즉 반성적 사고에 의해 문제의 의혹이나 곤란을 제거하고 현실과 가능 사이의 대립을 없애며,

그 조화적 통일을 얻는 것이 문제해결인 것이다. 이와 같은 문제해결의 과정을 통해서 이루어지는 학습은 통합된 학습이 아니라 통합되어지는 학습이며, 학습자는 항상 수동적이 아니라 능동적, 생산적으로 문제와 대결하여 창조적, 합리적인 사고력을 길러 나갈 수 있다.

듀이(J. Dewey)는 이 점에 대하여 현대와 같이 급변하고 지식이 폭발적으로 증가하는 사회에 있어서는 스스로 주체적으로 대처하고 적응해 갈 수 있는 능력을 배양해야 하는데, 그러기 위해서는 모든 사회사상을 문제로 포착해서 그에 대한 사회적 지식, 기능, 태도를 습득하도록 훈련시키지 않으면 안 된다고 말하였다. 듀이의 반성적 사고 5단계를 소개하면 다음과 같다(J. Dewey, 1933).

제1단계 : 곤란의 막연한 자각, 즉 곤란하다는 막연한 불안이나 당황을 느끼는 단계이다. 문제 장면 발생 직후의 수습이라 말할 수 있다. 즉 문제가 어떤 것인가에 대해 또 정확히는 파악 안 되어 있으나 불안을 느낀다. 그것은 지금까지 알고 있는 것, 이미 가지고 있는 지식이라든지 경험 등과 당면해 있는 문제 사태와의 사이에 차가 일어나서 모순이 생긴 경우의 수습이라든지 곤란한 느낌이 발생한 것이다.

제2단계 : 그 곤란의 소재를 추궁하여 무엇이 문제인가를 명확히 한다. 말하자면 곤란을 명확히 하는 단계이다. 동물은 제1단계에서 불안을 느꼈다면 곧 충동적으로 행동을 일으키나 인간은 여기에서 문제점을 명확히 파악하기까지 결론을 보류한다. 즉 생각나는 대로 행동하기 전에 결론을 보류하고 신중히 문제 사태를 검토하는 단계인데 인간의 특징은 바로 여기에 있다.

제3단계 : 명확한 문제를 해결하기 위하여 가능하다고 생각되는 몇 가지의 시안적 방법(가설 · 예견 · 억측이라 말하는 것)을 착상하는 단계이다. 이것은 새로운 아이디어(idea)를 생각해 내는 것이나 물론 단순한 생각 정도의 것으로서 틀린 부분이 혼재해 있을 수도 있는 것이다.

제4단계 : 제3단계에서 생각한 해결방법이 적절한 것인가의 추론(reasoning)

에 의하여 검토, 확인하는 단계이다. 이 단계에서 부정되어 버리는 것도 있으므로 검토의 결과 선정한 것만이 남는다. 만약에 전부 부정되었다면 재차 제3단계로 돌아갈 수밖에 없을 것이다. 말하자면 검증의 단계인 것이다.

제5단계 : 선정된 가설을 더 나아가 관찰이나 실험·행동에 의해 타당성 여부를 검증해 보는 단계이다. 즉 3단계에서 생각한 바를 믿을 것인가를 결정한다. 그것이 긍정되었을 때 문제해결은 종료된다. 만약에 부정되었다면 재차 제3단계로 돌아가야 한다.

이상이 듀이의 반성적 사고에 대한 진행과정의 개념이다. 동시에 이것은 문제해결 학습의 진행과정이기도 하다. 그리하여 학습은 이와 같은 반성적 사고를 환기(喚起)하여 아동이 주체적으로 문제해결을 하도록 하는 것이어야 한다는 것이 문제해결법의 주장이다.

마. 구안법(Project method)

문제해결법과 같이 자주적인 학습을 하면서도 반성적 사고에 의하는 것이 아니고, 실천적 행동을 통한 문제해결을 목표로 한 것이 구안법이다. 그것이 프로젝트 유닛(project unit), 즉 작업단원을 발생케 한 것으로서 그 수업과정은 다음의 4단계로 진행된다.

제1단계 : 목적 설정(purposing), 여기에서는 무엇을 할 것인가의 목적을 선정하고, 그 목적 실현을 위하여 최선을 다해 노력하는 단계이다.

제2단계 : 계획(planning), 목적 달성을 위하여 어떤 수단 방법에 의할 것인가? 그 수단 방법을 충분히 검토하고 선정하여 결정하는 단계이다.

제3단계 : 실행(executing), 제2단계에서 세운 계획에 따라 실행해가는 단계이다.

제4단계 : 평가(evaluation), 실행해 본 과정과 만들어진 성과에 대한 자기반성 단계이다.

바. 발견학습

발견이란, 전에는 깨닫지 못했던 제 관계의 규칙성과 여러 가지 상호 간의 유사점을 찾아내는 것을 의미한다. 발견학습이란 학생으로 하여금 이러한 발견의 방법으로 학습하도록 하는 것을 가리킨다. 이와 같은 발견학습은 루소의 「Emile」에서 찾아볼 수 있는 바와 같이 교육사의 진전과정에서 발견할 수 있으나 고전적인 의미의 발견학습에서는 내용에는 무관심하게 단순히 방법과 원리만 생각했던 것이다.

현대적인 의미의 발견학습이 등장하게 된 것은 지식 면(지식결과)에는 강하나 사고 면(지식과정)에는 약한 계통학습과 사고 면은 강하나 지식 면이 약한 문제해결 학습의 두 입장을 상보하여 내용 면에서는 모든 지식에서 기본적, 본질적인 사항을 구조화하고, 방법 면에 있어서는 발견적 과정을 통하여 습득할 수 있도록 해야 되겠다는 필요에서이다.

여기서 말하는 발견학습이라는 것은 엄밀히 말하면 재발견의 학습인 것이다. 즉 하나의 지식이나 기술의 발견은 그때그때의 사람들이 여러 가지 고비를 겪으면서 수년간에 이르는 고투의 결정으로서 겨우 이루어 낸 것이다. 이와 같은 발견의 과정을 학생들에게 거치게 하는 것은 근본적으로 불가능한 것이다. 따라서 발견학습은 발견의 과정을 교육적으로 재편성하여 보통의 학생들도 거칠 수 있도록 쉽게 하여 이루어지는 학습방법이라 말할 수 있다.

브루너는 지식의 기본적인 원리나 개념의 명확한 이해와 그것의 응용 및 새로운 지식을 발견해 내는 데 필요한 학문의 탐구방법과 창의력 등의 신장이 무엇보다도 선행되어야 한다고 주장하고 있다. 또한 그는 「발견적 행위」라는 논문에서 "정확히 말하자면 설명적 교수와 가설적 교수의 두 가지가 있는데, 발견에 도움을 많이 주는 것은 후자이다."라고 말하고 있다. 따라서 이제까지의 교수방법과 견주어 볼 때 그 자체 속에 귀납적 추리과정을 내포하고 있지만 몇 가지 적은 사례를 바탕으로 하는 직관(intuition)에 의한 '가설'을 세우고 이를 정확하게 증명해 나가는 것이 곧 발견학습이라고 말하면서 다음과 같은 네 가지 과정을 암시하고 있다.

(1) 사실이나 문제의 파악

첫 번째 도입단계는 발견해야 할 과제를 학생들에게 명확히 알려주는 단계이다. 발견학습의 출발은 구체적인 사실을 감성적으로 인정하는 데서부터 비롯되는 것이며, 여기서 다루어지는 교재는 가능한 한 기본적이며 구체적 사실이어야 한다. 특히 주의해야 할 점은 이 같은 과제가 '문제해결'에서의 학습과 같이 생활 장면에 속해 있는 문제를 다루는 것이 아니라 교과와 학문의 구조여야 한다는 점이다. 이때 교사는 학생들이 내용에 관해 적극적인 관심을 갖도록 새롭고 흥미로운 문제의식을 갖도록 해야 하며, 하나하나의 교재내용을 부분적으로 파악하는 일이 어느 정도 계속되면 이것이 다시 전체 속에서의 부분을 연결하게 되는 기초 과정이 된다는 것이다. 이처럼 첫 단계는 창의적인 힘을 이끌어 내는 기반이 될 수 있다고 본다.

(2) 문제해결을 위한 가설의 설정

파악된 과제를 해결하기 위해 임시의 해결 방향을 설정하는 단계이다. 이 가설은 직관적 사고에 의존하는 것이므로 문득 떠오르는 호기심에 찬 통찰적인 활동인 것이다. 따라서 이 과정은 어떤 일정한 형식으로 통일되어 있다기보다 내부적인 비교·유추·착상이 역동적으로 움직이면서 이루어지는 것이라고 보아야 할 것이다.

이전 단계에서 시작된 여러 부분적인 사실 사이의 관계 파악은 이 단계에서 교사의 조언이나 학생들의 상호 의견교환 및 토론에 의하여 하나의 관련성(relativity)을 찾아냄으로써 다음 활동을 위한 학생들의 발견이나 유추해석이 움트기 시작하는 단계이다. 이러한 발상을 한 개 혹은 두 개의 세련된 모양으로 정리하는 것을 곧 가설의 설정이라 볼 수 있다.

(3) 가설의 검증·확인

앞 단계에서 착상한 가설은 아직 주관적인 상념의 상태를 벗어나지 못한 하나의 예상이다. 이 예상은 객관적인 논리 아래 하나의 이론으로 증명되지 않으면 안 된다. 무엇보다도 논리적 모순이나 갈등을 고쳐야 하며, 주어진 사실과 대조하고 음미함으로써 가설의 확실성을 타진해야 한다. 여기에는 분석적 사고와 주도면밀한 논리성이 작용하여야 하며, 하나의 객관적 법칙을 찾아낼 수 있는 것이어야 한다. 따라서 사실의 분석과 가설의 종합적 확인이 이루어지며, 체계적으로 중요한 사고가 진행되어야만 한다. 교사는 부족한 점을 보완해주고 사고의 진행을 돕지만 앞의 단계에서보다는 훨씬 적은 간섭을 해야 한다는 것이 이 단계의 특징이다.

(4) 실제에의 적용

앞 단계에서 성립된 이론은 일반적이고 추상적인 것이어서 이를 실제적으로 활용하고 자신의 것으로 정착시키기 위해서는 구체적·현실적인 장면에 적용하고 이를 활용할 수 있는 창의적 태도를 갖추도록 해야 한다. 이때 교사는 하나의 총합평가로서의 활용여부를 가리면서 학생들의 행동적인 결과를 주시하고 지도해야 할 필요가 있다.

이상에서 제시한 발견학습의 네 가지 단계도 하나의 암시에 불과하다. 실제로 학생들이 이같이 정확하게 각 단계를 거쳐 나가야 하는 일이 때로는 예외가 있을 것이며, 단계의 시간적 배분이나 학생의 지적 능력도 문제가 될 수 있다. 따라서 하나의 학습이 이루어지기 위한 하나의 방법으로 생각해두어야 한다.

본질적으로 문제해결 학습은 학생의 생활 장면에서 어떤 문제부터 설정하고 이를 해결하기 위하여 필요한 사고과정을 활용하는 것이지만, 발견학습은 이미 하나의 구조화된 내용을 놓고 이로부터 원리와 내용을 터득하도록 하는데 근본적인 차이가 있음을 알 수 있다.

사. 프로그램 학습(Programmed learning)

프로그램 학습은 개별학습, 자율학습을 위한 하나의 교재를 이용한 학습이다. 철저하게 계획적으로 준비된 학습자료에 의하여 학습자가 적절한 반응을 하게 함으로써 효과적인 학습효과를 극대화시키자는 것이다. 프로그램 학습은 행동주의(behaviorism) 이론과 밀접한 관련이 있는 학습이론으로 프레시(S. L. Pressey)의 논문과 스키너(B. F. Skinner)의 조작적 조건화 이론에 기초하여 발전되었는데 대체로 다음과 같은 특징을 가지고 있다.

첫째, 일정한 계열로 조직된 문제나 질문으로 학생들에게 제시되며,

둘째, 직접적인 반응을 통하여 정답에 대한 확인을 함으로써 이른바 즉각적 피드백(feedback)과 강화(reinforcement)가 이루어지며,

셋째, 세분화된 단계로 쪼개져 있는 학습내용을 단계적으로 확인하면서 학습하기 때문에 결과적으로 순환의 원리에도 합당한 것이며,

넷째, 개인차를 최대한으로 고려하는 능력별 학습이 가능하므로 학습심리에 합치할 수 있다는 점 등을 들 수 있다.

프로그램 학습은 다음과 같은 세 가지 유형으로 구분할 수 있다(강신웅, 1984).

(1) 직선형 프로그램(Linear program)

직선형 프로그램의 특징은 모든 학생들이 반응하게 될 질문이나 문제의 계열이 단 하나로 되어 있는 프로그램을 말한다. 즉 모든 학생들이 동일한 프로그램 조직을 따르게 된다. 이 프로그램에서는 조건화 모형(conditioning model)의 학습이론을 따른다. 다시 말하면 우리가 기대하는 행동의 변화나 학습은 그에 필요한 행동을 유발시켜 놓고 그에 대한 상으로써 강화시켜 주는 일이다. 따라서 프로그램에서는 필요로 하는 반응 혹은 대답을 학생들이 할 수 있도록 유도해주고, 학생들이 이에 대하여 정답반응을 할 때 상을 주도록 짜여 있다.

직선형 프로그램에서는 새로운 학습자료가 간단히 소개되고 학생들의 반응을 구하는 문제나 질문이 제시된다. 학생은 글로 쓰거나 단추를 눌러서 반응하고 다음 페이지, 혹은 다음 스텝(step)에 감추어져 있는 정답과 비교해 본다. 자신이 반응한 것이 정답임이 확인되면 이미 그것만으로도 강화가 되며, 그 행동은 학습되는 것이다.

엄밀한 의미에서 이 프로그램은 정답 혹은 올바른 반응을 어떻게 유도해 내느냐 보다도 올바른 반응을 상으로 강화해 줌으로써 그 반응이 학습되도록 하는데 중점을 둔다. 그러므로 이 프로그램에서는 학생들이 실패한 문제를 의도적으로 만들어 넣는 일을 하지 않는다. 왜냐하면 학습의 오답은 학습과정에 타당한 것이 못되기 때문이다. 즉 학생에게 틀린 반응을 하게 한 만큼 그 프로그램은 학생의 시간을 낭비시킨 것이나 다름없게 된다. '옳은 반응, 상, 그리고 학습'만이 이 프로그램의 중심이 되는 요소이다.

따라서 이 프로그램의 작성에 있어서는 오답 혹은 틀린 반응이 나올 가능성을 가장 적게 하도록 하기 위한 여러 가지 구상을 하게 된다. 그러므로 직선형 프로그램의 특징이 될 만한 점으로는 첫째로, 매우 작은 '스텝'을 가지며, 둘째로, 문제와 문제 사이에 중복되는 부분을 많게 하고, 셋째로, 질문 자체가 쉽게 느껴지도록 하기 위하여 프롬프팅(prompting : 정답에 대한 암시)을 많이 넣도록 한다.

위와 같은 특징을 가진 직선형 프로그램에 대하여 어느 정도의 다양성을 가미한 고안이 최근에 소개되고 있다. 종래의 직선형 프로그램이 비교적 짧은 프레임(frame)의 배열로 되어 있었으나 근래에는 긴 문장이나 질문으로 된 것을 많이 사용하는 경향이 있다.

한편 지금까지의 단선계열을 복선계열로 수정하는 시도가 이루어지고 있다. 이것은 단선계열을 복선화 시키는 경우로서 준거 프레임(criterion frame)의 설치를 제안하고자 하는 것이다. 준거 프레임의 역할은 프로그램 계열의 요소요소에서 학생들의 출발점 행동을 체크하여 그대로 이제까지 가던 계열을 따를 것인지 혹은 더 빨리 종착점 행동에 도착할 수 있는 지름길을 택할 것인지를 판단해주는 것이다.

(2) 분지형 프로그램(Branching program)

분지형 프로그램은 비교적 긴 프레임들로 되어 있으며, 세 개의 답지를 제시한 선다형의 질문이 주어진다. 세 개의 답지 가운데 오답이 되는 두 개의 답지에 반응하게 되면 각각의 답지가 지시하는 페이지를 찾아가서 교정 학습을 하고 다시 돌아와 반응을 하도록 안내된다.

정답에 반응해야만 주계열의 다음 프레임으로 진행할 수 있다. 한 프레임에서 오답에 반응했을 때 적절한 교정 학습자료로 안내해 준다는 뜻에서, 즉 옆가지로 나아가도록 한다는 뜻에서 분지(branching)라는 이름을 가지게 된 것이며, 이 프로그램을 내적 프로그램(intrinsic program)이라고 부르기도 한다.

이 프로그램은 이미 상식화되어 있은 학습이론 이외의 다른 특별한 이론적 뒷받침을 받는 것은 아니다. 다만 여기에서는 비교적 넓은 범위의 교육목표달성에 도움이 될 수 있는 학습자료를 마련하는 데 더 큰 관심을 두고 있다. 그리고 프로그램 작성에 있어서 선다형(multiple-choice type)의 질문을 배열하지만 그 선다형의 질문이나 프레임은 가르치는 의도보다도 학생들의 진도를 진단하고 필요한 교정 학습자료에 '곧' 인도해주는 데 있어 커다란 역할을 한다. 이 같은 프로그램 기술이 학생의 학습과정 속에서 계속 진단·교정해 줄 수 있기 때문에 이른바 형성적 평가(formative evaluation)의 개념을 반영시키고 있다는 점에서 그 가치를 인정할 수 있다.

(3) 대첨식 프로그램(Adjunct program)

직선형 프로그램이나 분지형 프로그램은 그 하나의 프로그램으로 그대로 한 세트(set)의 자기교수장치 혹은 프로그램이 되는 데 비하여, 이 대첨식 프로그램은 글자 그대로 프로그램된 교수-학습자료로 교과서나 실험교본에 삽입하여 사용하도록 되어 있다. 이 방식을 주장하는 프레시는 지금까지 해온 학습상황에서 갑자기 지나치게 벗어날 수는 없기 때문에 이 같은 교과서를 이용한 프로그램 방법을 채택하자는 것이다. 종래의 교수자료가 주된 교육의 책임을 담당하여야 하고 교수하기나 학습하기가 힘들고, 까다로운 부분에 한해서만 세밀하게 프로그램된 자료를 사용하는 것이 효과적이라는 주장이다. 교육내용의 성격에 따라서는 자유로운 설명적 자료를 충분히 제공하고 나서 프로그램된 자료를 복습하는 것이 더 효과적일 수가 있다. 교과나 '코스'의 전체 내용이 아니고 프로그램되어야 할 필요가 있는 부분, 그리고 프로그램화하여 가르침으로써 더 효과적일 수 있는 부분에만 프로그램 방법을 적용시킴으로써 전체 내용의 교육효과를 올려 보자는 입장에서 고찰된 방법인 것이다.

아. 협동교수제(Team teaching)

교사는 모든 면에서 유능할 수는 없고, 모든 교사가 똑같을 수는 없다. 협동교수제는 교사들에게 부담을 덜어 주고 교사들이 가지고 있는 특기나 특별한 분야에 대한 전문적 연구 성과를 학생들에게 제공해주며, 교사들에게 잊을 수 있는 개인차에서 오는 폐단을 줄이고, 학생들의 학습효과를 올리기 위해 고안된 교수형태이다.

협동교수제는 그 자체가 이론적 전개라기보다는 좀 더 모형적인 시도에 불과하기 때문에 현재로서는 이를 확정적으로 정의 내리기가 어렵다. 이것은 교수 인원의 재구성을 통해서 교수의 효과를 올려 보자는 시도이며, 2명 이상의 교사가 동일한 학습집단과 교수-학습활동의 주요 부분을 책임지기 위해서 협동적으로 계획하고 교수해 나가는 것이라 할 수 있다.

팀티칭의 특징을 소개하면 다음과 같다.

① 대체로 3~7명의 교사가 한 팀이 되어 75~225명의 학생집단에 대한 교수책임을 진다.

② 팀을 구성하는 교사들은 각각 다른 수준의 임무를 맡고 상급교사나 팀 책임자는 다른 교사들보다 높은 보수를 받고 있다.

③ 하급교사는 상급교사나 팀 책임자의 지도감독을 받으며 적절한 시간 조정을 함으로써 하급교사들이 상급교사의 교수활동을 참관할 수 있는 기회를 제공하고 있다.

④ team teaching에 있어서는 계획-실제지도-평가 과정에서 개별교사보다도 팀에 더 강조를 둔다.

⑤ 학습상황에 있어서는 개별교사의 자율적이고 창의적인 행동을 존중하고 보호해 준다.

⑥ 팀을 구성하는 교사들은 각자의 전문적인 배경을 최대한으로 살려서 team teaching의 효과를 높이는데 공헌한다.

⑦ team teaching은 학년 한계를 벗어난 교수집단 편성(무학년제 편성)을 촉구해주며, 무학년제 편성은 team teaching을 촉구해 준다.

⑧ 교수집단의 크기와 교수시간 단위는 교육목표, 내용, 교수기재, 학생 필요에 따라 달라진다.

⑨ 교육에 관한 전문적인 일이 아닌 여러 가지 직무는 보조원에게 맡기는 것을 원칙으로 한다.

⑩ team teaching에 있어서는 시청각 매체의 최대한의 활용을 원칙으로 한다.

이러한 team teaching을 실시하려면 우선 교사의 조직과 수업집단의 편성에서부터 변화가 있어야 한다. 교사조직은 팀에 팀 책임자가 있어 교수-학습 과정의 계획으로부터 평가 및 행정적 조정에 이르는 전 책임을 지며, 그를 보좌하면서 주요 교과업무를 담당할 상급교사가 포함된다. 나머지 인원은 보조 역할을 하는 교수 조교 혹은 실습교사, 기술교사, 사무 조수 혹은 사무직원 등으로 team이 형성된다. 보조 역할을 하는 인원들은 반드시 전임이 될 필요는 없다.

수업집단의 편성도 team teaching에서는 달라진다. team teaching을 위한 수업집단은 일반적으로 정규 학급 정원을 훨씬 초과하는 수의 학생을 한 수업집단으로 편성하는 것이 특징이다. 이러한 수업집단은 여러 형태가 있을 수 있다. 가장 전통적인 것에 가까운 형태는 동일 학년에서 학습영역별 수업집단을 편성하는 일이다. 좀 더 변화가 심한 것은 2~3개 학년을 꿰뚫는 교과별 수업집단의 편성이다. 이를테면 초등학교 과학 수업을 위해서 4, 5, 6학년이 하나의 수업집단을 형성하는 경우이다. 매우 과격한 조직방법으로서는 여러 교과를 대표하는 교사들로 팀을 구성하고, 한 학년의 여러 교과를 가르치는 방법이 있다. 이와 같은 경우에 학생집단의 편성에는 대집단을 편성하는 일 외에는 큰 변화가 없어도 될 수 있다.

자. 완전학습

블룸(B. S. Bloom)은 학교의 교육 실태를 볼 때, 학생들 중 약 3분의 1은 학교에서 교수하고자 하는 것을 잘 학습하나, 약 3분의 1은 충분히 이해하지 못하는 상태에서 학습하며, 나머지 3분의 1은 거의 학습되지 않은 상태에서 학년만 올라가고 있다고 지적하였다. 이것이 오늘날의 학교교육에 있어서 가장 낭비적이고 파괴적인 현상이지만 이러한 현상이 반드시 불가피한 것은 아니라는 것이다. 대부분의 학생들(약 95%)은 교수하고자 하는 것을 학습할 수 있다는 가정에서 이를 위한 교수방법을 찾아내는 것이 완전학습을 위한 전략이다. 이런 전략을 위해서 블룸은 캐롤의 학교학습 모형을 기본 모형으로 삼고 모리슨의 개별지도, 브루너의 지식구조, 스키너의 프로그램 학습, 굳래드와 앤더슨의 무학년제, 글레이저의 수업모형, 스크리븐의 형성평가 등에서 필요한 아이디어를 채택하여 활용하였다고 한다. 완전학습의 기초이론이 된 캐롤의 이론을 요약 정리하면 다음과 같다.

캐롤은 수학공식과 같은 하나의 방정식을 제시했다.

$$\text{즉 학습의 정도} = f\frac{\text{학습에 사용한 시간량}}{\text{학습에 필요한 시간량}}\ \text{에 의해 결정된다는 것이다.}$$

이 방정식에 입각하여 학습자의 학습 정도를 해석하면, 개인의 학습성취도는 그의 I.Q., 또는 학습적성에 의하여 결정되는 것이 아니라, 그가 일정한 학습과제의 학습에 필요로 하는 시간량과 실제로 학습에 사용한 시간량의 함수관계에 따라서 결정된다는 것이다. 예컨대, 어떤 학습자가 통분하는 방법을 학습하는데 다섯 시간이 필요하다고 하고, 실지로 그 학생이 다섯 시간 동안 통분하는 방법을 학습했다고 하면 그는 완전학습에 도달될 수 있는 것이다. 이러한 입장에서 보면 학습의 상한선이 지능에 따라 이미 결정되어 있다는 전통적인 적성 학습인과설은 상당한 정도로 약화될 것이며, 그것은 우리들의 학습시간 조정으로 극복될 수 있다는 해석이 가능하게 된다. 따라서 우리가 가르치는 학습자 모두가 각각 정해진 학습과제의 학습에 필요한 시간량 이상의 시간을 실지로 학습에 사용하게 되면 모든 학생이 완전학습에 도달하게 될 것이다. 문제는 개인의 학습에 필요한 시간량과 학습에 사용한 시간량이 어떤 변인에 따라서 결정되며, 어떻게 통제·조정될 수 있느냐에 있다. 이러한 문제와 관련하여 캐롤은 다섯 가지 하위변인들을 상정하고 있다.

(1) 학습에 필요한 시간량

학습자가 특정 학습과제의 성공적인 학습에 필요한 시간량은 적성, 수업이해력, 수업의 질 등 3가지 변인에 의하여 결정된다. 그 가운데 적성과 수업이해력은 개인차 변인이며, 수업의 질은 수업변인이다.

① 적성(aptitude) : 주어진 학습과제를 학습하는 데 요구되는 학습자의 적성을 말하며, 이것은 학습자의 선행학습 성취도나 학습적성검사의 결과에 의하여 예측할 수 있다.

② 수업이해력(ability to understand instruction) : 수업 및 수업자료(교과서, 교구 등)를 이해하는 일반적인 능력을 의미하는 일반지능, 언어능력, 선행학습 정도 등이 복합적으로 작용하는 것이다.

③ 수업의 질(quality of instruction) : 일정한 학습과제를 제시하는 방법과 절차의 적절성 정도를 말하는 것으로 수업언어의 적절성, 수업매체의 질·양, 교수의 절차와 방법, 학습밀도 등 다양한 요소들이 검토되어야 할 것이다.

(2) 학습에 사용한 시간량

학습자가 일정한 과제의 학습에 사용한 시간량은 학습기회와 지속성의 두 가지 변인으로 설명할 수 있다. 학습기회는 수업변인이며, 지속성은 개인차 변인이다.

① 학습기회(opportunity) : 일정한 과제의 학습에 허용된 시간량을 의미하며, 학습의 정규수업시간, 과외수업시간 등이 포함된다.

② 학습지속력(perseverance) : 학습자가 특정 학습과제의 학습을 위해서 사

용하려고 하는 총 시간량으로 표현되며 학습태도, 학습동기와 관련된다.

이러한 변인들이 보다 자세히 분석되고 그 성질이 규명되어 통제할 수 있게 되면 우리들은 개인 학습자의 학습에 필요한 시간량을 최소한으로 줄이고 학습에 사용한 시간량을 최대한 늘림으로써 보든 학습자가 완전학습에 도달할 수 있도록 지도할 수 있다는 것이다.

학교학습에 관해서는 두 가지의 다른 입장이 있다. 하나는 전통적인 것으로 할 수 있는 학습자(good learner)와 할 수 없는 학습자(poor learner)가 있는데, 할 수 없는 아동은 가장 단순하고 구체적인 개념만 학습할 수 있는 아동을 말한다는 것이다. 다른 하나의 입장은 캐롤이 말하고 있는 학교학습 모델의 전형이 되어 있는 것으로 학습속도가 빠른 학습자(faster learner)와 느린 학습자(slow learner)가 있어서 느린 학습자에게 필요한 여분의 시간과 원조를 해주면 빠른 학습자와 같은 달성 기준에 도달할 수 있다고 보는 견해이다.

블룸이 제창하고 있는 완전학습이론은 학습적성에 관한 고정적인 견해에 도전하는 것이다. 즉 "적절한 학습조건을 준비해주면 대부분의 아동은 학습능력, 학습속도, 학습 계속의 동기화에 있어서 극히 비슷하게 될 것이다."라고 하는 것이다. 이와 같은 기본적인 생각은 추상적인 공론이나 신념이 아니라, 과거 10년간 그의 실천에서 얻은 증거에 바탕을 두고 있다.

완전학습을 바탕으로 한 블룸의 학교학습이론은 집단수업에 추가하여 한 사람의 교사(tutor)와 학생의 상호작용에서 보여 지는 것과 같은 학습상의 실수(error) 확인과 교정의 조직적인 방법, 즉 그것에 의해 실수를 없애는 방법(error-free system)을 만들고 있다. 이 이론은 학생의 특성, 수업, 학습성과로 구성되며 다음과 같은 변인이 중심이 되어 학습결과를 결정한다고 본다.

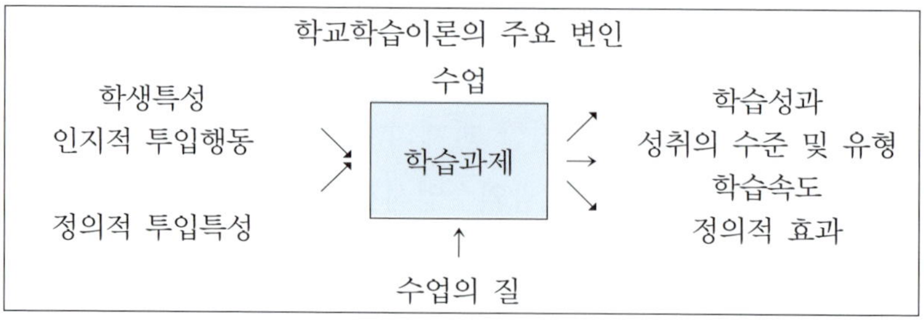

이 이론은 이들의 변인에 의해 학업성취 수준을 예측하고, 개개 학습의 학습변량을 증명하며, 한 개 또는 그 이상의 변인의 결합에 의해 학생학습의 변량을 끄집어내는 것을 의도한 시스템을 채용하고 있다.

그런데 이 이론은 학습자의 역사가 학교학습의 중핵이라고 하는 전제에 그 근거를 두고 있다. 개별 학습자는 다른 학습자를 배경으로 하여 새로운 학습과제를 희망한다. 본래 학습자의 역사를 완전히 알 수 있는 것은 불가능에 가깝지만 그것이 학습에 끼치는 영향력은 지대한 것이기 때문에 무시할 수 없다. 인지적 투입행동은 학생의 역사에 대한 한 측정이며, 정의적 투입 특성은 지금 학습하고자 하는 새로운 학습과제와 관련된 이미 습득된 학습 및 여러 과제의 경험에 대한 결과이다.

또한 블룸의 학교학습이론은 '학생특성'과 '수업의 질'의 한쪽, 또는 양쪽이 수정 가능하다는 것을 전제로 하고 있다. 학생특성은 장기간의 학습경험에 의해 일반화되어 버리면(지능이나 적성과도 같이) 수정에 크게 저항하지만, 단기간에서는 많이 수정될 수 있다. 수업에 관해서 말하자면 사전에 학습조건을 적절하게 정리하는 것에는 일정한 방법이 없으나, 학습과제의 선택과 수정, 학생특성에 대한 사후의 수정 처리야말로 중요하다고 하겠다.

사실 블룸은 어떤 수업방식이라든지 교육과정의 타입을 제시하고는 있지 않으나 오늘의 학교가 "거의 대부분의 학생들에게 최선의 교육을 제공할 수 있다"고 하는 그의 완전학습이론이 실제 수업을 통하여 증명되고 있으며, 수업의 효율화에 크게 이바지하고 있음을 부인할 수 없다. 이러한 의미에서 이 이론은 수업이론 개발에 크게 기여한다고 보겠다.

> 교수-학습활동의 형태는 기준에 따라 다양하게 분류된다. 소개된 강의법, 문답법, 토론법, 문제해결법, 구안법, 발견학습법, 프로그램 학습법, 협동교수제, 완전학습 이 외에도 다양한 교수-학습활동이 있다.

학습문제

01. 교수-학습활동 형태를 구분하는 기준들을 설명하시오.

02. 교수-학습활동 형태를 선정하기 위해 고려해야 할 사항들을 설명하시오.

03. Bruner의 발견학습과 Bloom의 완전학습의 특징을 설명하고 비교하시오.

02 교수-학습활동의 절차

일반적으로 수업을 진행하는 단계는 도입단계, 전개단계, 정리단계 등 3단계로 구분할 수 있다. 각 단계를 간단히 소개하면 다음과 같다.

첫째, 도입단계는 계획된 내용에 대해 학생이 흥미를 갖게 하고 학습의욕을 고무시킴으로써 학생이 주체적으로 학습에 참여하도록 하는 단계이다. 되도록 학생의 자주적인 활동에 의해 다음의 중심적 학습으로 이행되도록 학습의욕을 유발시킨다. 그러한 의욕을 일으키게 하는 것이 동기를 유발시키는 기술이다. 이렇게 함으로써 계획된 내용에 대해 자기학습의 주제를 선정하고 교사와 더불어 단원의 목적을 인식한다. 학습동기의 유발은 학습의 첫 출발임과 동시에 학습활동의 기초가 된다. 따라서 교사는 학습동기 유발에 대한 전문적인 지식과 방법을 갖고 있어야 한다.

둘째, 전개단계의 교수-학습활동에는 여러 가지 활동방법이 있으므로 교사는 사전계획에서 미리 활동의 성격에 따라 분류하는 것이 효과적인데, 디드리치(Diedrich)는 180여 종목의 활동을 다음 8개 분야로 분류하여 제시하고 있다.

① 시각활동: 읽기 · 그림 보기 · 실험 · 실연과 진열품 시찰이나 타인의 작업 · 유희 시찰 등 18종목

② 구술활동: 사실 또는 원리를 진술하기, 사건에 대한 이야기, 질문하기, 암시주기, 의견의 진술 또는 철회, 암송, 또는 토론 등 43종목

③ 청각활동: 교재의 형식적 제시를 듣는다. 회화나 집단토론을 듣는다, 라디오를 듣는다 등 7종목

④ 작문활동: 소설 · 논문 · 시 · 시나리오 쓰기와 보고서 쓰기, 정정하기, 교재 베끼기, 개요 · 목록 쓰기, 시험답안 · 질문지 쓰기 등 22종목

⑤ 회화활동: 그림 그리기, 색칠하기, 그래프와 도표 만들기, 지도 그리기 등 8종목

⑥ 동작활동: 실험한다, 교재를 선정한다, 진열품을 장식한다, 가구 · 완구를 만든다, 수선한다, 유희나 춤을 춘다, 동물을 기른다, 화원을 가꾼다 등 47종목

⑦ 정신적 활동: 상상한다, 기억한다, 요소를 분석한다, 결론에 도달한다 등 23종목

⑧ 정의적(정의적) 활동: 흥미 · 환희 · 용기 등 20종목

그러나 이들 8개 분야의 학습활동은 실제로 전개되는 경우 한 가지만 나타나는 것이 아니고 서로 중복되고 연합되어 전개된다.

셋째, 정리단계는 학습성과를 정리하고 개관하는 단계이다. 모든 학습결과를 종합하고, 결론이나 원리를 이끌어 내고, 검토하는 일종의 종합 및 완결의 단계인 것이다.

수업을 진행하는 절차에 대해 여러 가지 이론들이 있다. 헤르바르트 학파에서는 명료, 연합, 계통, 방법(응용)의 4단계를 제시하였는데, 그 후 질러(T.

Ziller)는 명료의 단계를 분석과 종합의 2단계로 나누어 분석, 종합, 연합, 계통, 방법(응용)의 5단계로, 라인(W. Rein)은 이것을 다시 알기 쉽게 예비, 제시, 비고, 총괄, 응용 등 5단계로 제시하였다. 그 후 수업의 형태가 다양해지면서 듀이는 문제해결 학습방법, 반성적 사고의 5단계를 제시했고, 글레이저, 가네 등의 여러 가지 수업절차 모형과 우리나라에서도 완전학습을 위한 연구와 한국교육개발원에서 수업모형을 제시한 바 있다. 중요한 몇 가지를 소개하면 다음과 같다.

> 일반적으로 교수-학습활동 절차는 도입, 전개, 정리단계로 구분할 수 있다.

가. 헤르바르트(J. F. Herbart) 학파의 4단계설

전통적인 교과중심 교육과정에 입각한 교육에서 교사가 중심이 되어 아동에게 전달한다는 교수-학습활동의 논거에 입각한 것이다. 그와 같은 경향의 수업과정이론이 처음으로 출현된 것은 교육사상 위대한 본질주의자(사회적 유산으로서의 과학체계에 의하는 전통적 교과과정을 존중하는 자)로 지목된 헤르바르트에 의해서였다.

헤르바르트 및 그 학파의 교수단계설에서는 기성의 학문적 교재를 교사가 아동에게 전달하기 위한 수업과정이론이었음은 명백하나, 단순한 주입이라든지 적립식은 아니고 인간이 과학적 지식을 습득하는 과정을 생각하고, 그 순서단계에 따라 교수하는 것이 합리적이라는 생각에 입각한 것이었다. 교사가 교재를 가르친다는 기본적 자세는 있어도 그 범위 내에서는 아동의 인식획득 과정에 대한 고려는 충분히 되어 있어 결코 주입식 방법만은 아니었다는 데 주목할 필요가 있다.

헤르바르트 자신의 교수단계설은 인간이 과학적 지식을 획득하는 순서단계로서 다음과 같은 4단계를 들고 교수의 진행은 그 4단계에 따라야 한다고 주장했다.

전심
- ① 정지적 전심 = 명료 : 한 대상을 명료하게 인지한다. 즉 대상을 뚜렷하게 인식하는 단계
- ② 전진적 전심 = 연합 : 다른 대상에 옮겨 비교하고 표상을 연합한다. 즉 신구개념을 결합해서 인식하는 단계

치사
- ③ 정지적 치사 = 계통 : 많은 사물의 관계를 보고 연합된 표상 간의 상호관계를 명백히 하고 계통화한다(개념, 법칙 등의 결론을 발견). 즉 연합된 관념(지식)을 질서 있게 하는 단계
- ④ 전진적 치사 = 방법 : 계통을 발전시키며, 그 철저한 응용을 환기한다(응용하여 결론을 확인한다). 즉, 체계화된 지식을 활용하는 단계

> 헤르바르트 학파는 명료-연합-계통-방법(응용)의 4단계설을 제시하였다.

나. 질러(T. Ziller)와 라인(W. Rein)의 5단계설

질러는 헤르바르트의 명료 단계를 분석과 종합의 2단계로 나누어 분석 · 종합 · 연합 · 계통 · 방법의 5단계로 하고, 형식적 교수단계설을 확립했다. 또한 '방법적 단원'에 대한 구상을 확립하였다. 형식적 교육단계는 방법적 단원(지적인 교재단원)의 학습에서 전형적으로 사용되었던 것이다.

다음은 5단계에 대한 간략한 설명이다.

① 예비 : 이 단계에서는 아동의 심정을 평정케 하며, 새로 교수할 재료의 목적을 제시하고(목적 제시), 새 교재를 학습하려는 의지를 환기하고(학습의욕 환기), 새 교재를 유화하기 위하여 필요한 구관념을 상기케 한다(구관념의 정리).

② 제시 : 여기서는 새 교재를 적당히 분절하여 한 절씩 제출하고 직관을 통하면서 교수한다.

③ 비교 : 새로 받은 교재를 이미 얻은 유사한 교재와 비교하여 그 사이에 있는 공통점을 명확히 하여 개념 또는 법칙에 도달할 준비를 한다.

④ 총괄 : 비교로 얻은 지식에 의하여 개념 · 법칙에 도달케 하고, 개개의 사물을 개념 · 법칙 하에 정리한다.

⑤ 응용 : 이와 같이 하여 얻은 지식을 기존의 지식과 관련시켜서 기존의 지식체계에 편입하고, 이것을 다시 유사교재에 또는 실제생활에 응용시킨다.

> 질러(Ziller)와 라인(Rein)은 예비-제시-비교-총괄-응용 등 5단계설을 제시하였다.

다. 글레이저(R. Glaser)의 수업모형

학습내용을 일종의 정보로 보고 수업과정을 막대한 양의 정보를 놀라울 정도로 신속하고 정확하게 처리하는 컴퓨터의 구조와 기능에 비교시킨 것이 글레이저의 수업모형이다. 글레이저는 수업과정을 하나의 체제(system)로 파악하고 그것을 4개의 구성요소로 구분하고 있다. 즉, ① 수업목표, ② 출발점 행동, ③ 수업절차, ④ 성취도 평가 등이다. 수업과정을 하나의 시스템으로 볼 때 교육목표는 시스템 목표(system objectives)가 될 것이고, 출발점 행동은 시스템 투입(system input)이 되고, 수업절차는 시스템 조정자(system operator), 성취도 평가는 산출 조사자(output monitor)가 되는 셈이다(R. Glaser, 1962).

수업체제(instructional system)는 교육목표의 세분화로 시작된다. 교육목표는 물론 달성되어야 할 행동변화이고, 이 목표달성을 위해서 시스템이 설계된다. 이 시스템에서 주된 투입은 학생의 출발점 행동(entry behavior)이다. 이 출발점 행동은 새로운 수업과정이 시작되는 시점에서 학생의 일반적 인성특징, 적성, 이미 학습된 것, 혹은 학습경험, 배경, 학습스타일, 학습습관 등이다. 이 시스템에서의 세 번째 단계는 실제로 학습자의 행동을 변화시키기 위해서 마련되는 수업절차이고 학습경험이다. 네 번째 단계가 성취도 평가인데, 제품생산과정에 비유하면 제품의 '품질관리(quality control)'에 해당된다. 세분화된 교육목표에 비추어 본 성취도 평가이며, 이상의 4가지 단계가 이 시스템의 주가 된다.

위의 4가지 단계에서 공통적으로 작용하는 것이 연구와 발전전략이다. 연구결과 및 발전전략은 이 4가지 단계에 모두 반영한다. 이 시스템을 도식화하면 다음과 같다.

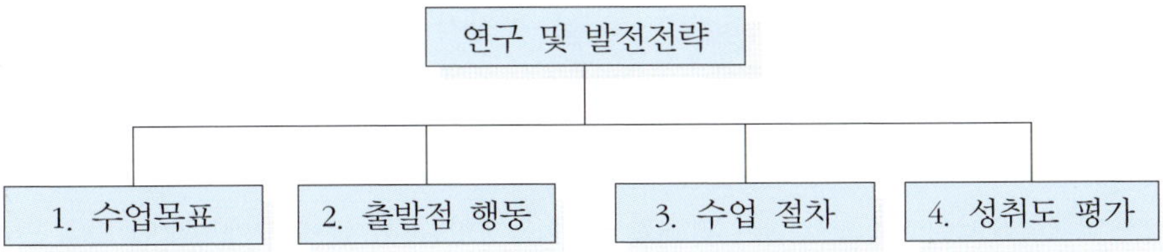

여기에서 한 가지 유의해야 할 점은 수업목표 → 출발점 행동 → 수업 절차 → 성취도 평가라고 하는 이 흐름(flow)이 각 단계대로의 피드백 회로(feed back loop)와 보조투입을 갖는다는 것이다. 말하자면 각 단계에서 얻어진 정보는 현 단계의 산출(output)을 모니터하고, 수정하는 자료로 사용된다는 점이다.

글레이저의 수업모형은 컴퓨터의 구조와 기능에서 아이디어를 얻었을 뿐만 아니라 피드백 회로를 강조한 것을 보더라도 두뇌공학의 원리를 많이 이용하고 있음을 알 수 있다. 그의 수업모형은 두뇌공학원리(theory of cybernetics), 정보처리이론(information processing theory), 그리고 의사결정론(decision making theory)에 입각하여 개발되었다. 그러므로 컴퓨터 프로그래밍 과정에서 흐름표(flow chart)를 작성하듯 수업과정의 흐름을 흐름표로 설계하는 수업이론과 모형들은 모두가 글레이저의 수업모형과 본질적으로 같다고 볼 수 있다.

> 글레이저(Glaser)는 수업절차 모형에서 수업목표→출발점 행동→수업절차→성취도 평가 등으로 구분하였다.

라. 가네(R. M. Gagné)의 학습모형

가네는 블룸(B. S. Bloom)이 제시한 지적 영역의 분류를 학습이론적 견지에서 8가지로 제시하고 있다. 그가 제시한 8가지 학습유형은 다음과 같다.

유형 1	신호학습(signal learning) : 이 유형의 학습은 파블로프의 고전적 조건화를 포함하는 학습이다. 신호로서 제시되는 어떤 자극에 반응하도록 학습된다. 예컨대, "자, 시험 시간이다"(신호)라는 자극은 두려움, 실패 등의 반응을 보이게 되는 것이 이런 종류의 학습이다.
유형 2	자극-반응학습(stimulus-response learning) : 조작적 조건화 학습유형이다. 학습자에게는 어떤 목적을 획득하기 위한 도구로서 반응하는 것이 요구된다. 예컨대, 어린아이가 '무-무'라는 반응을 보임으로써 어머니로부터 물을 얻게 될 때 이 반응을 학습한다.
유형 3	연쇄학습(chaining learning) : 연쇄란 어떤 특정한 순서 안에서 개별적인 자극-반응의 일련의 연결을 말하는데, 자극-반응의 결합이 연쇄적으로 이루어지는 학습을 말한다. 예컨대, 자동차 시동 걸 때 같은 경우이다. 그 순서가 연쇄적으로 되어 간다.
유형 4	언어연상학습(verbal association) : 연상학습의 한 종류이긴 하나 그 연결이 언어로 되어 있다는 점에서 다르다. 예컨대, 어린이가 어떤 물체와 그것의 이름을 부르는 활동을 들 수 있다.
유형 5	중다 변별학습(multiple discrimination) : 인간은 활동하기 쉬운 자극들을 변별하는 것을 배운다. 예컨대, 수많은 열쇠 가운데 집 열쇠인지 자동차 열쇠인지를 변별할 수 있게끔 학습해야 한다. 말하자면 이 유형의 학습은 복수의 자극에 대하여 각각 대응하는 반응을 학습하는 것이다.
유형 6	개념학습(concept learning) : 물건이나 사상을 분류하는 가운데 지배되고 있는 규칙을 포함하는 개념을 학습하는 유형이다. 어떤 자극류의 외견상의 특징은 다르게 되어 있더라도 공통적인 반응을 하는 학습이다. 학습상황에서 학습자는 모양, 색깔, 위치, 수와 같은 자극의 추상적 속성에 대하여 반응할 것이 요구된다.
유형 7	원리학습(rule learning) : 두 개 이상의 개념이 연쇄로서의 원리의 학습을 의미한다. 예컨대, "둥근 것은 구른다."라고 할 때 여기에서는 둥근 것과 구른다는 이 두 가지의 다른 개념이 연결되어 있다. 비탈진 면에 둥근 것과 그렇지 않은 것이 있을 때 구르는 것과 그렇지 않은 것을 구별할 수 있다면 원리학습은 이루어진 것이다.
유형 8	문제해결 학습(problem solving) : 이미 학습한 원리를 조합하여 새로운 사태에서의 문제를 해결하는 과정을 의미한다. 흔히들 이야기하는 '사고(thinking)'활동으로서 학습의 가장 높은 수준이다.

이상과 같은 가네의 계층론적 학습이론을 학습계층의 일반적 형식이란 제목으로 다음과 같이 도식화하여 설명하기도 한다(박아청, 1992).

학습계층의 일반적 형식

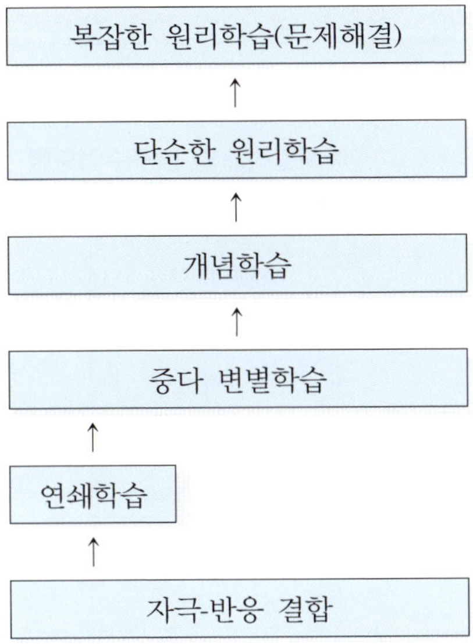

> 가네(Gagné)가 제시한 여덟 가지 학습유형은 ① 신호학습 ② 자극-반응학습 ③ 연쇄학습 ④ 언어연상학습 ⑤ 중다 변별학습 ⑥ 개념학습 ⑦ 원리학습 ⑧ 문제해결 학습 등이다.

마. 마시알라스(B. G. Massialas)의 탐구수업모형

탐구(inquiry)라는 말은 여러 가지 의미로 사용된다. 문제에 대한 접근, 해결방법, 어떤 문제해결의 전략, 반성적 사고, 비판적 사고, 귀납적 사고, 그리고 발견적 사고와 같은 뜻으로 사용되기도 한다. 듀이와 마시알라스의 견해를 종합해 보면, 탐구는 사실과 가치를 확인하고, 그것들의 가정에 비추어 평가하고, 그 기본에 입각하여 그것들을 입증하는 과정이라고 볼 수 있다.

탐구수업이란, 개방된 심리풍토에서 수업에 가설을 많이 사용하며 이들 가설과 관련된 신빙성 있는 자료를 활용하여 불확실한 상황을 검증·평가해 가는 과정이라고 볼 수 있다. 여기서 개방된 심리풍토를 조성하기 위해서는 많은 학생이 학습활동에 참여하도록 격려하고, 서로 다른 다양한 견해를 피력할 수 있도록 해야 한다.

마시알라스는 민주적인 풍토, 가설에 초점을 둔 탐구, 가설을 입증하는 사실의 효과적인 사용을 강조하면서 다음과 같은 모형을 제시하였다.

마시알라스의 탐구수업모형

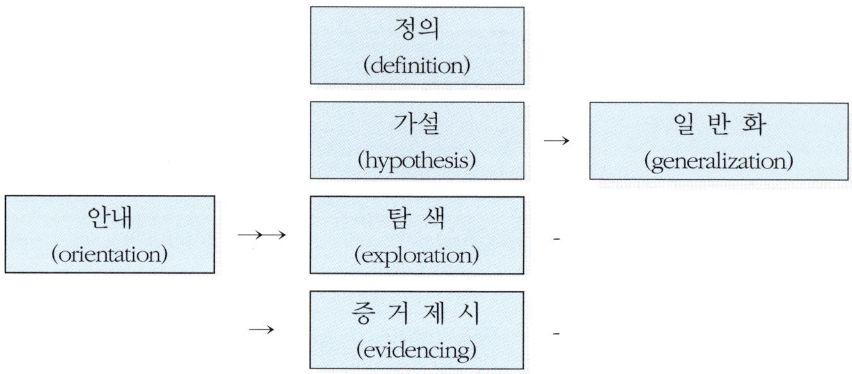

첫째, 안내(suggestion or orientation) 단계이다. 이 단계에서는 학생이 문제에 직면하게 되어 그것을 분석하고 자극을 받게 하는 것이다. 교과서의 문장, 그림, 지도, 슬라이드, 통계표, 가공적인 이야기나 가설적인 예화, 만화, 문서 등 각종 자료에 의하여 '너는 무엇을 알아내려고 하느냐?', '무엇을 생각하지?' 등의 질문으로 소개된다. 이러한 자료들은 아이디어의 분석과 실험을 위한 도약(발상자료)의 역할을 한다. 이 단계에서 배경이 되는 지식을 넣어 두기 위하여 개념학습방법을 쓸 수도 있고 설명식의 방법으로 관계되는 사실들을 가르쳐줄 수도 있다.

둘째, 가설(hypothesis) 단계인데 이 단계는 어떤 문제의 설명이나 해결에 대한 아이디어이다. 이것은 대개 사건이나 현상의 둘 이상 사태 사이의 관계에 대한 입증 형태로 표현되며, 이것은 예측적인 상태를 말한다. 따라서 검증・확인되면 일반화가 된다. 여기서 교사가 유의해야 할 점은 학생들의 가설 형성보다는 그 문제에 대한 자신의 견해를 나타내는 '입장'을 형성하기도 하는데, 그 입장은 가설과 같이 토의되고 명료화되어야 한다.

셋째, 정의(definition)의 단계는 인지적인 조작이라고 할 수 있다. 인지적인 조작은 탐구과정의 어떤 단계에서든지 일어날 수가 있다.

넷째, 탐색(exploration)의 단계이다. 안내와 가설이 귀납적이라면 탐색은 연역적이다. 가설은 이론적인 연역이나 암시를 통해 더 신중하게 설명된다. 교사는 '만약……한다면……일 것이다'의 이론적인 연역을 학생들이 하게 도와주어야 한다.

다섯째, 증거제시(evidencing)의 단계인데, 이 단계는 학생들이 관계되는 자료를 수집하는 과정이다. 교사는 학생들이 가설을 입증하거나 부정하는 증거를 찾아 도와준다. 교사에게 증거에 관해서 질문을 하면 이를 직접 답하지 말고 첨가적인 질문을 하여 학생들이 다른 방향으로 증거를 찾게 한다.

마지막으로, 일반화(generalization)의 단계이다. 사건이나 현상 사이의 관계에 대한 증거제시의 실증적이고 논리적인 검증을 거치면 그것은 일반화가 된다. 일반화는 입수할 수 있는 모든 증거에 입각하여 문제에 대한 가장 조리 있는 해결을 말하는 것이다. 교사는 학생들이 증거 이상의 일반화를 내리지 않게 도와주어야 한다.

성공적인 탐구수업을 위해서는 충분한 자료가 준비되어야 한다. 자료는 문제를 찾아내고, 가설을 설정하고 입증하기 위해서 필요하다. 자료는 실험기구, 기록물, 지도, 도표, 그림, 슬라이드, 통계표뿐만 아니라, 문제 장면을 나타낸 그림이나, 사진, 연설문, 시의 구절, 그밖에 자연의 현상이나 사물 등이 포함된다. 교사는 탐구수업 전에 이러한 자료들을 면밀히 조사한 후에 학습에서 어떤 것을 사용하는 것이 효과적인가를 결정해야 한다.

둘째, 교사는 탐구활동에 참여하는 동료 또는 소개자로서의 역할만을 해야 한다. 학생이 문제에 직면했을 때 해답을 주어서는 안 되며, 흥미를 갖게 하거나 해결 방향을 제시해야 한다.

셋째, 교사는 탐구과정에 적극적으로 참여하는 학생에게 적절한 보상을 주어야 한다. 적절한 보상은 재학습의 동기를 유발시킬 수 있으며, 탐구활동에 보다 적극적으로 참여할 수 있는 분위기를 조성할 수 있다.

마시알라스(Massialas)의 탐구수업모형 절차는 안내→가설→정의→탐색→증거제시→일반화이다.

바. 한국교육개발원의 수업모형

한국교육개발원(Korea Education Development Institute)에서는 1972년부터 약 10여 년간 현장검증을 거쳐 학생들의 개인차를 고려하고 효과적인 수업 진행을 위해 다음과 같은 기본 입장에 입각한 수업모형을 제시한 바 있다. 기본 입장과 수업단계는 다음과 같다.

(1) 기본 입장

첫째, 수업을 통하여 학생들이 달성하고자 기대하는 목표가 타당성 있고 구체적인 행동용어로 진술되어야 한다.

둘째, 학생들이 어떤 특성과 능력을 가지고 수업에 임하게 되는가가 밝혀져야 한다.

셋째, 수업목표를 달성하기 위하여 학습내용과 학습경험 등을 선정, 조직할 때는 다양한 방법과 자료가 고려되어야 한다.

넷째, 학생이 수업목표를 성취한 수준을 분명히 파악하기 위하여 적절한 평가도구가 개발되어야 하고, 학생들의 성취수준 파악은 수시로 점검되고 보충되어야 한다.

다섯째, 체제의 효율성이 계속 평가되고, 결과에 따라 체제가 계속적으로 수정되고 보완되어야 한다.

(2) 수업단계

위의 기본 입장을 바탕으로 구안된 수업단계모형은 다음과 같다.

한국교육개발원의 수업모형

Ⅰ		Ⅱ		Ⅲ		Ⅳ		Ⅴ
계획 단계	→	진단 단계	→	지도 단계	→	발전 단계	→	평가 단계

첫째, 계획단계는 어떤 학습과제의 해결을 위해 수업을 계획하는 단계이다. 여기서 학습과제란 학습단원을 의미하며, 보통 교과서의 한 단원과 일치한다. 이 단계는 학습과제의 분석과 수업계획 및 실천계획을 세우는 일로 되어 있다.

둘째, 진단단계는 학습과제를 해결하는 수업에 들어가기 전에 학생들이 그 학습과제를 학습할 수 있는 준비가 되어 있는가를 진단하고, 그에 따라 필요한 교정조치를 취하는 단계이다. 진단검사(한국교육개발원의 수업자료에서는 진단학습이라 함)의 결과에 의해서 무결손 집단, 부분적 결손집단, 전반전 결손집단으로 분류한다. 무결손 집단의 학생들은 예습, 결손 학생의 지도, 또는 특별활동 등을 통해 그들의 학습을 심화시킨다. 부분적 결손집단의 학생들은 프로그램 교재나 연습교재를 이용하여 가정학습을 하며, 전반전 결손집단의 학생들은 방과 후에 소집단으로 나누어 교사의 특별지도를 받는다. 이 특별지도는 한두 시간일 경우도 있고, 때로는 한 학기 전체를 통해 이루어질 수도 있다.

셋째, 지도단계는 학습과제에 관한 본 수업이 진행되는 단계로서, 한 학습과제에 배당된 시간의 약 1/3이 이 단계에서 소요된다. 이 단계는 도입, 전개, 정착의 세 부분으로 분할된다.

도입에서는 구체적인 수업목표를 학생들에게 제시하고, 학습동기를 유발하게 하며, 현재 다룬 학습과제와 전에 다룬 학습과제를 관련시켜 학생들의 이해를 돕도록 한다.

전개에서는 학습과제의 내용을 학생들에게 제시하고 학생들은 반응하며 이해하거나 기능을 익히게 된다. 교사주도수업, 학습자주도학습, 텔레비전이나 라디오 수업 등이 상호 기능적으로 연결됨으로써 수업 효과를 상승적으로 증대시키게 된다.

정착에서는 일단 학습된 내용을 정리하고 연습을 통해 확인하며, 학습한 내용을 학생의 지적 체계의 일부로 통합하고 내면화하여 새로운 사태에 적용하고 일반화할 수 있도록 지도한다.

넷째, 발전단계는 지도단계에서 학습한 내용에 대해 학생들의 학업성취도를 주기적으로 점검해 보고 그 결과에 따라 심화 또는 보충학습을 실시하는 단계이다. 보통 네 시간 내외의 수업이 실시된 후에 형성검사(한국교육개발원의 수업자료에서는 확인학습이라 함)를 실시하고, 형성검사의 결과에 따라 학생들은 학습 완성집단, 부분적 미완성집단, 전반적 미완성집단으로 분류한다. 학습 완성집단에게는 특별한 연구과제나 심화학습을 위한 프로그램 교재를 주어 학습하게 하거나 부분적 미완성집단의 학생을 도와주는 활동을 하게 한다. 부분적 미완성집단의 학생들은 프로그램 교재나 연습 교재로 학습하거나 학습 완성 학생에게서 도움을 받아 학습을 전개한다. 전반적 미완성집단에게는 교사의 도움을 받아 프로그램 교재나 연습 교재로 학습하게 하고, 때로는 교사로부터 집중적인 특별지도를 받게 한다. 이들 세 집단의 심화나 보충학습이 있은 후에 교사는 그 결과를 확인하고 부족한 부분은 보충지도를 한다.

다섯째, 평가단계는 마지막 단계로서 학습과제의 학습결과를 종합적으로 평가하는 단계이다. 보통은 매 학기 2~3회 정도 총괄평가를 실시한다. 이 평가를 통하여 주요한 지적 · 정의적 · 기능적인 수업목표가 얼마나 잘 달성되었으며, 비의도적인 교육 효과는 어떤 것이었는지를 알아보게 된다. 총괄평가의 결과는 학생들의 성적 판정, 교사의 교수과정 반성자료 등으로 사용된다.

위에서 개략적으로 살펴본 수업과정의 일반모형은 문자 그대로 일반모형이다. 이 일반모형이 모든 교과, 모든 학년의 실제 수업에 꼭 그대로 적용될 수는 없는 일이다. 이 수업과정의 일반모형을 근간으로 하고, 각 교과의 특성을 살리도록 구안된 것이 교과별 하위 수업모형이다.

> 한국교육개발원이 구안한 수업모형 절차는 계획→진단→지도→발전→평가단계이다.

사. 선행조직자 수업모형

선행조직자 모형은 학생의 인지구조를 강화시키기 위해 오수벨에 의해 고안되었다. 인지구조란 주어진 특정 학습과제에 관한 지식의 상태를 의미한다. 지식의 상태란 지식의 종류, 양 및 조직화 상태를 의미한다. 오수벨은 새로운 학습과제가 얼마나 의미 있게 획득, 유지될지의 여부에 가장 큰 영향을 미치는 것은 인지구조 변인이라고 주장한다. 새로운 학습자료를 효과적으로 제시하기 이전에 해야 할 일은 학생의 기존 지식의 안정성과 명료성을 증진시키도록 도와주는 것이다. 학생의 인지구조의 명료성과 안정성을 향상시키는 방법이 새로운 지식의 획득과 파지를 촉진하는 길이며, 이것이 곧 선행조직자 모형의 근본 목적이다.

(1) 학문구조와 인지구조

오수벨은 학문이 조직되는 방식과 인간의 인지구조 속에 지식이 조직되는 방식 간에 병렬적 관계가 있다고 하였다. 학문의 각 영역은 위계적으로 조직된 개념구조, 혹은 원리구조를 가지고 있다. 각 학문의 최상부에는 추상적인 개념들이 자리 잡고 있으며 그 하위에는 구체적인 개념들이 있다.

오수벨은 브루너와 마찬가지로, 각 학문의 구조적 개념(기본개념)을 확인할 수 있으며, 그것을 학생에게 가르칠 수 있을 것이라고 믿는다. 일단 이러한 구조적 개념들이 학습되면, 이것은 학생들을 위한 정보처리 체제가 된다. 즉, 학습된 구조적 개념들은 학생들이 특정 영역을 분석하거나 그 영역에 관련된 문제해결을 위해 사용할 수 있는 인지도(cognitive map)가 된다.

한편, 오수벨은 인간의 정신을 정보처리 체제 및 정보 축적 체제로 간주한다. 인지구조는 학문의 구조와 마찬가지로 일련의 아이디어의 위계적 조직체라는 것이다. 위계적으로 조직된 인지구조는 새로운 정보와 아이디어가 학습될 수 있는 개념적 근거를 제공해 주는 동시에 그들의 저장고로서의 기능을 발휘한다.

오수벨은 새로운 아이디어가 학습, 보유되는 정도가 그들의 개념적 근거가 될 개념이나 원리가 어느 정도 인지구조 내에 존재하느냐에 달려 있다고 믿는다. 만일 새로운 과제가 기존의 인지구조와 너무 상충되거나 무관하여 아무런 연관성이 없다면 새로운 지식은 결코 학습될 수도 보유될 수도 없다. 이러한 현상을 극복하기 위해서 교사는 지식을 계열적으로 조직해야 하며, 제시될 지식의 개념적 근거로서 역할을 할 수 있는 그 무엇을 학생들에게 우선 제공해야 한다. 한편, 학생들은 새로운 자료를 능동적으로 탐색해야 하며, 기존 지식과의 관련성을 발견하도록 노력해야 하며, 기존의 지식과 새로운 지식 간의 유사성과 차이점을 발견, 조정해야 한다.

(2) 선행조직자의 개념

의미 있는 학습이 되기 위해서는 학습하게 될 자료와 학습자의 인지구조 사이에 잠재적 적합성이 있어야 한다. 이러한 잠재적 적합성을 높이기 위해 오수벨은 선행조직자라는 개념을 도입하고 있다. 선행조직자는 지시될 새로운 정보를 포함할 만큼 넓은 관련성, 또는 상위 수준의 입문적 자료를 뜻한다.

선행조직자는 다음과 같은 세 가지 역할을 수행한다.

첫째, 선행조직자는 제시될 자료에서 무엇이 중요한 것인지에 대해 직접적으로 학습자의 주목을 끈다. 둘째, 선행조직자는 제시되는 자료와 밀접한 관련을 맺는다. 셋째, 이미 가지고 있는 지식으로부터 적절한 관련 정보를 회상시키는 역할을 한다.

선행조직자는 비교조직자와 설명조직자 두 가지로 나누어진다. 비교조직자는 학습할 과제와 기존 인지구조 내에 있는 지식 간에 상당한 유사성이 있는 경우 이들 간의 유사성과 차이점을 분명히 하여 상호 간의 변별력을 증대시킬 것을 목적으로 제시하는 자료이다. 비교조직자는 이미 존재하고 있는 인지구조를 활성화시킴으로써, 알고는 있지만 서로간의 적절한 관련성을 찾지 못했던 것들을 이해시키는 데 도움을 준다. 곱셈과 나눗셈의 유사점과 차이점을 밝힌다거나, 역사에서 혁명을 다룰 때 물리적 힘을 이용해 군사쿠데타에 의한 혁명과 산업혁명을 비롯한 사회적 변혁에 의한 혁명을 비교하여 가르칠 수 있다.

설명조직자는 학습과제가 학습자가 알고 있는 기존의 지식과는 전혀 관계없는 새로운 것이어서, 이를 학습자의 인지구조에 끌어들이기 위한 발판으로 사용되는 조직자를 뜻한다. 따라서 설명조직자는 포섭자, 또는 일반적 개념을 의미한다.

이와 같은 선행조직자가 효과적이려면 먼저 선행조직자가 학생들에 의해 처리되고 이해되어야 하며, 제시될 자료에서 사용하게 되는 기본개념이나 용어 간의 관련성 등 모든 자료들을 포함할 수 있는 조직자라야 한다. 달리 말하면 조직자는 역사적, 또는 배경적 정보를 단순히 제시하는 수준의 것이 아니다. 구체적인 모형, 도표, 유추 등을 사용하는 것이 특히 좋은 선행조직자를 만드는 데 유효한 것으로 보인다.

(3) 교수-학습 단계

선행조직자 모형은 세 활동단계로 되어 있다. 이 단계들을 간단히 요약하면 〈표 9-1〉과 같다.

1단계는 수업목표를 명백히 하기, 선행조직자를 제시하기, 적절한 지식을 의식해 내도록 자극하기 등 세 가지 활동으로 이루어진다.

수업목표를 명백히 하는 것은 학생의 주의를 집중시키고 학습의 방향을 제시해 줌으로써 유의미 학습을 촉진시키며, 교사가 수업을 준비할 때에도 유용하다.

선행조직자는 그 자체로도 훌륭한 지적 탐구의 대상이다. 선행조직자는 흔히 수업 도입 시에 사용하는 선수학습 관련짓기, 과거의 경험 회상하기, 목표제시 등과 같은 활동과는 구별된다. 선행조직자는 학문이나 연구 영역의 중요한 개념들인 '그리고', '혹은'이 포함된 명제들을 중심으로 이루어진다.

〈표 9-1〉 **선행조직자 모형의 교수-학습 단계**

〈1단계〉 선행조직자의 제시	〈2단계〉 학습과제나 자료의 제시
수업목표를 분명히 한다. 조직자를 제시한다. 정의적 특성을 확인한다. 예를 제시한다. 배경을 제공한다.	조직을 명백히 한다. 학습자료의 논리적 조직을 명백히 한다. 자료를 제시한다.

반복한다. 학습자가 갖고 있는 지식과 경험을 의식하도록 자극한다.	
〈3단계〉 인지조직을 강하게 하기	
통합적 조화의 원칙을 이용한다. 적극적 수용학습을 조장한다. 교과목에 대하여 비판적 접근을 하도록 한다. 명료화한다.	

선행조직자는 다음과 같은 점에 유의해서 제시되어야 한다.

첫째, 선행조직자는 학습과제에 속하는 자료와 구별이 되면 포괄적인 아이디어인 조직자를 학습자가 있는 그대로 지각하도록 구성되어야 한다. 이와 같이 조직자의 가장 중요한 특성은 학습자료보다 추상성 및 일반화의 정도가 높다는 것이다. 둘째, 설명조직자이든 비교조직자이든 개념이나 명제의 중요한 특성은 지적되고 주의 깊게 설명되어져야 한다. 그러므로 교사와 학생은 학습과제와 마찬가지로 조직자에 관해 탐구해야 한다. 이것은 중요한 특징을 설명하고, 예를 제공하는 것을 의미한다. 선행조직자는 길게 제시될 필요는 없으나 학생들이 조직자를 지각하고, 분명히 이해하고, 조직하는 자료와 관련을 짓도록 해야 한다. 이것은 학습자가 조직자에 포함된 용어인 경우에는 특히 조직자를 다양한 배경 속에서 설명하고 여러 번 반복하는 것이 유용하다. 마지막으로, 전체 통합적인 인지구조를 개발하기 위하여 당면한 학습과제와 조직자에 적절한 이전의 지식과 경험을 생각해 내도록 자극하는 것이 중요하다.

2단계는 학습과제(학습자료)를 제시하는 단계이다. 학습과제는 강의, 토의, 경험, 독서 등을 통해서 제시된다. 여기서 중요한 것은 첫째, 학생들이 계속 주의를 집중하도록 하는 것이며, 둘째, 학생들이 전반적인 방향감을 갖도록 하기 위하여 학생들에게 학습자료의 조직을 명백히 이해시키는 것이다. 또한 수업내용을 제시할 때 학생들이 아이디어가 서로 어떻게 관련되어 있는지 알 수 있도록 학습자료의 논리적 순서를 명백히 할 필요가 있다.

3단계는 새로운 학습과제를 기존의 인지구조에 정착시키는 단계이다. 이 단계에서는 통합적 조화의 원칙 이용, 적극적 수용학습, 교과목에 대한 비판적 태도, 명료화 등이 이루어진다.

새로운 학습자료의 인지구조로의 통합을 위해 ① 학생들에게 아이디어를 생각하도록 하며, ② 새로운 학습자료의 중요한 특성을 요약하도록 할 수 있으며, ③ 정확한 정의를 반복할 수 있으며, ④ 여러 각도에서 자료의 차이점을 물을 수 있으며, ⑤ 학습자료가 어떻게 포섭자로 쓰인 개념이나 명제를 뒷받침하는지 설명할 수 있다.

적극적인 학습은 ① 새로운 자료가 현존하는 지식의 단면과 어떻게 관련되는지 설명하도록 하고, ② 학습자료 속에 나오는 개념이나 명제에 대한 추가적인 예를 학생들에게 이야기해 보도록 하고, ③ 학생에게 자신의 용어와 참조 체제를 이용하여 자료의 중요한 것을 말해 보도록 하며, ④ 학생들에게 다른 관점에서 자료를 조사해 보도록 하고, ⑤ 자료와 반대되는 자료, 경험, 지식과 관련지어 봄으로써 촉진될 수 있다.

지식에 대한 비판적 태도는 학생들에게 학습자료에 내재하는 가정, 추론을 알아내고, 이러한 가정과 추론에 대해 판단을 내리고 도전하며, 그들 사이의 모순을 조화시키도록 함으로써 육성될 수 있다. 학생들이 학습자료나 지식을 제공하고, 이전에 제시된 지식을 바꾸어 말하고, 아이디어를 새로운 문제와 예에 적용시켜 봄으로써 명료화할 수 있다.

이 세 단계의 시작은 교사와 학생 양자의 공동 노력으로 이루어지는 것이 이상적이다. 그리고 한 수업시간에 이 모든 기술을 이용하는 것은 가능하지 않으며, 바람직하지도 않다. 시간, 소재, 특정한 학습상황에 대한 적절성과 같은 제한점에 따라 그 이용이 달라질 것이다. 그러나 이 단계의 네 가지 목적과 효과적인 설명적 교수를 위한 구체적인 기술을 기억해 두는 것이 중요하다.

선행조직자 수업모형의 절차는 선행조직자의 제시→학습과제나 자료의 제시→인지조직을 강하게 하기 위한 순서이다.

아. 창의적 사고 수업모형

이 수업모형은 학생들이 어떤 대상·사건·개념·감정들을 다룸에 있어 유창성, 융통성 그리고 독창성을 증진시키려는 데 관심을 두고 있다. 따라서 이 모형은 확산적 반응이 존중되는 수업상황에서 창의적으로 사고하는 기법을 신장시킬 수 있다는 가정에 기초를 두고 있다.

(1) 창의적 사고 개념

길포드(J. P. Guilford)와 호에프너(Hoepfner)는 "창의적 과정"에 관한 논의에서 사고를 수렴적 사고와 확산적 사고로 구분하고 있다. 수렴적 사고란 정답이나 단 하나의 결론을 찾아내는 사고방식으로, 기억력, 논리, 비판적 분석과 같은 기능을 요하는 문제를 해결하기 위해 기억정보를 이끌어 내는 과정을 말한다. 반면에 확산적 사고란 단 하나의 정답만을 찾아내는 데 주된 관심을 두는 것이 아니라 가능한 한 많은 답을 찾아내는데 주된 관심을 두고 있다. 즉 확산적 사고는 유창성(동시에 몇 가지 아이디어를 생산해 내는 능력), 독창성(독특한 아이디어를 생산해 내는 능력), 재정의(여러 관점에서 문제를 파악하는 능력) 등의 사고 및 아이디어를 포함한다. 여기서 창의적 사고는 확산적 사고와 거의 같은 개념이라고 할 수 있다.

(2) 교수-학습 단계

창의적 사고는 다음과 같은 세 단계를 적용하면 효과적으로 가르칠 수 있다.

제1단계 : 창의적 사고를 촉진시키는 분위기 조성

창의적 사고는 아이들이 틀리는 것을 두려워하지 않고 새롭고 특이한 아이디어가 제안되고 탐색되는 도전적이고 자극적인 분위기 속에서 가장 잘 길러진다. 그러므로 교사들은 학급 분위기를 이렇게 만들려고 노력해야 하며 그렇게 하기 위해서는 창의적 사고기술이 어린이들에게 중요하다는 신념을 심어 주어야 하고 창의적 사고의 결과와 절차가 가치롭다는 것을 깨우쳐 주어야만 한다. 또한 모든 아이디어가 유용성뿐만 아니라 기발성과 그리고 새로운 아이디어나 방향으로 유도하는 데 있어서의 가치 때문에 환영받고 있다는 것을 확인해야만 한다. 이러한 분위기 조성 방법을 몇 가지 제시하면 다음과 같다.

① 수업시간에 생각할 여유를 준다.
② 특이하고 색다른 아이디어는 학급에서 토의해 보는 것이 좋다.
③ 생활의 여러 분야에서 학생들이 창의적으로 활동하는 방법이 무엇인지 깨닫도록 도와주는 것이 좋다.
④ 일반적으로 수용되는 설명이나 신념의 결함이나 모순을 알려준다.
⑤ 창의적 활동에 대하여 시험 볼 때와 같이 단정적인 평가를 해서는 안 된다.
⑥ 다른 사람의 아이디어는 가치가 있다는 것을 알도록 도와준다.
⑦ 학생들에게 자신이 처한 환경에 보다 개방적이고 민감하도록 해주어야 한다.
⑧ 풍부한 사고력을 기르기 위한 활동에 참가하도록 격려해 주어야 한다.

이와 같은 활동에는 한 이야기에 몇 개의 제목 붙이기, 일반적으로 흔히 쓰이는 물건의 쓰임새를 열거하기, 하나의 도형을 여러 가지 방식으로 만들어 보기 등이 있다.

제2단계 : 창의적인 아이디어와 결과를 이끌어 내는 기법

창의적 사고를 촉진시킬 수 있는 기법에는 여러 가지가 있으나 현행의 연구결과를 토대로 효과적인 기법을 제시하면 다음과 같다.

① 눈에 띄지 않는 특성, 대상 및 관계에 초점을 맞춘다. 일단 상황 또는 문제를 학생들에게 제시하고 그에 대한 해결책을 갖도록 한다. 그리고 학생들이 관심을 갖게 되는 특성, 대상 또는 관계를 열거한다. 아직 분명하지 않은 특성, 사상 또는 관계를 발견해 내도록 상황 또는 문제를 점검해 보고, 소홀히 했던 부분을 찾아 이에 대한 새로운 해결책을 탐색한다.

② 문제에 대해 자신이 가지고 있는 가정을 다시 생각해 본다. 그리고 이 가정이 앞뒤를 바꾸어도 맞는 것인지 알아보거나, 한 예를 알아보기 위해 수식어를 덧붙여 보거나, 각 요소들을 달리 바꾸어 놓고 의미를 생각해 보게 한다. 학생들에게 이 가정을 어떻게 경험적으로 입증해야 하는지를 묻고 필요한 지침을 제공한다.

③ 아이디어의 계통도 만든다. 이를 위해서 학생들에게 문제 상황을 제시하고, 탐색을 위해 세 개 내지 네 개의 범주를 구성하도록 한다. 그리고 이러한 범주를 나무의 큰 줄기로 아이디어 계통도를 만들도록 한다. 아이디어 나무에 적합한 잔가지, 즉 구체적인 아이디어를 제시한 후, 새로운 문제 상황에 대해 학생 스스로 자신의 아이디어 계통도를 만들도록 한다.

④ 지배적인 관점을 변화시킨다. 문제해결을 위한 일반적인 제안과 다른 제안을 하도록 한다.

⑤ 어려운 일이나 사건을 탐색해 본다. 그 동안의 경험 중 애매했거나 모순되었던 일들을 열거해 보도록 한다. 그리고 이 사건에 대해 여러 가지 설명을 유도해 내고, 실수나 사건이 새로운 생각의 실마리가 된 역사적 실례를 들려준다.

⑥ 어느 부분을 빼거나 뒤바꾸어 봄으로써 새로운 탐색적인 사고를 하도록 한다.

⑦ 다른 사람의 입장에 자신을 대치시켜 보게 한다.

⑧ 어떤 견해, 문제점과 그 해결책 및 가상적 상황을 제시하고 각 단계를 역으로 생각해 보게 한다.

⑨ 실제적 상황이나 가상적 상황을 제시한 후, 예언하고 결과를 생각해 보게 한다. 그 상황에서 한 요소가 바뀐다면 그들이 한 예언이 어떻게 바뀔 것인지 생각해 보게 한다.

⑩ 이상한 것을 친밀한 것으로 유추한다.

⑪ 친밀한 것을 이상한 것으로 유추한다.

제3단계 : 제안된 아이디어의 검증과 평가

학생들의 창의적인 아이디어에 대해 피드백을 준다. 이러한 피드백은 세상 사람들이 학생들의 아이디어를 어떻게 보고 있느냐에 대한 호기심을 충족시켜 줄 뿐만 아니라 앞으로의 창의적인 노력의 지침적 구실을 하게 된다. 교사는 학생들에게 서로의 아이디어, 또는 산출은 물론 자신의 창의적인 사고들을 검증하고 평가할 수 있는 기회를 많이 주어야 한다.

이때 어떠한 평가 활동도 자발성을 해쳐서는 안 되고, 그 평가의 분위기가 위협적이라든가 비판적이어서는 안 된다. 또한 학생들이 자신의 생각이나 혹은 남의 생각을 이야기하거나 토의할 때 서로 돕고 배워 나갈 것을 강조해야 한다. 때로 아이디어의 최초 제안과 평가할 때까지의 시간이 다소 경과하는 것이 좋다. 왜냐하면 그 사이의 기간이 있어야 학생들이 자기의 아이디어를 객관적으로 검토해 볼 수 있기 때문이다.

> 창의적 사고 수업모형은 창의적 사고를 촉진시키는 분위기 조성→창의적인 아이디어와 결과를 이끌어 내는 기법 →제안된 아이디어의 검증은 평가 등의 절차를 따른다.

학습문제

01. Glaser의 수업모형의 장단점을 설명하시오.

02. 선행조직자 모형에서 선행조직자의 의미를 적용한 예를 들어 설명해 보시오.

03 교수-학습활동에서의 평가

교육과정 실행에 대한 어떠한 형태의 판단을 하기 위해서는 평가가 이루어져야 한다. 이를 평가대상, 평가영역, 평가기능, 평가기준 및 평가방법 등에 따라 구분하여 설명하면 다음과 같다.

가. 평가대상에 따른 구분

(1) 학생평가

학생평가란 학생이 지닌 능력이나 특성의 가치를 판단하는 것으로 주로 교사에 의해 이루어지는 평가를 말한다. 아마도 학교 현장에서 가장 많이 실시되는 평가라고 볼 수 있다. 또한 학교 현장에서 학생평가와 관련하여 가장 중요하면서도 핵심적인 부분은 학업성취도이다.

(2) 수업평가

수업평가란 수업이 진행되는 과정에서 학생들의 성취도를 중심으로 수업의 내용과 방법을 평가하여 그 결과를 수업 개선에 활용하거나 한 학기 동안의 수업이 끝나고 설문지를 이용하여 수업에 대한 학생들의 반응을 조사하여 다음 학기에 반영하는 강의평가로도 활용되는 평가를 의미한다.

(3) 교육과정 평가

교육과정 평가란 학교교육과정의 질적 효과를 판단하기 위하여 의도된 교육과정, 전개된 교육과정, 실현된 교육과정의 질적 수준과 그 성과를 조사하고 측정하여 의사결정자들이 교육과정의 지속과 개정에 대한 판단을 내릴 수 있도록 정보를 수집하는 일련의 과정을 말한다.

(4) 학교평가

학교평가란 개별 단위학교를 하나의 평가대상으로 삼아 학교의 제반 부문이 올바른 방향으로 기능하고 있는가를 평가하는 것을 의미한다. 학교평가에서는 행정가의 행정 및 관리능력, 교사의 교수기능과 수업방법, 교과의 구성 및 조직, 학생의 학업성취도 등 다양한 영역이 평가의 대상이 된다.

> 평가대상에 따른 평가에는 학생평가, 수업평가, 교육과정 평가, 학교평가 등이 있다.

나. 평가영역에 따른 구분

(1) 지적 영역평가(cognitive domain)

지적 영역의 평가란 교육목표에 진술되어 있는 학습내용을 기억, 이해, 추론 등과 같은 사고 작용을 통해 획득해야 하는 지적 학습목표의 달성 여부와 그 정도를 측정하여 평가하는 것을 의미한다.

(2) 정의적 영역평가(affective domain)

정의적 영역의 평가는 학습동기, 협동성, 책임감, 준법성, 사회성, 자아개념, 흥미, 태도, 가치 등과 같은 특성에 있어서의 학습목표가 달성된 정도를 확인하는 평가를 말한다.

(3) 심동적 영역평가(psychomotor domain)

심동적 영역의 평가는 손, 발, 다리, 어깨 등과 같은 신체의 일부 또는 전신을 움직여서 성취할 수 있는 학습목표의 달성 여부와 그 정도를 측정하여 평가하는 것을 의미한다. 예체능 과목에서 노래 부르기, 그림 그리기, 체육활동, 율동 등의 실기평가를 비롯하여 실업과목에서 도구나 기계를 조작하는 능력이나 과학과목에서 실험기기를 다루는 능력을 평가하는 것 등은 모두 심동적 영역의 평가에 속한다고 볼 수 있다.

평가영역에 따른 평가에는 지적 영역평가, 정의적 영역평가, 심동적 영역평가 등이 있다.

다. 평가기능에 따른 구분

(1) 진단평가(diagnostic evaluation)

진단평가란 단원의 학습을 위해 수업을 실시하기 전 학습자가 반드시 알고 있어야 할 기초 지식이나 기술을 가지고 있는지를 점검하는 출발점 행동평가 또는 투입행동 평가를 의미한다. 이러한 진단평가는 예진적 기능, 학습실패의 원인 파악 및 교수전략을 위한 진단을 위해 실시된다.

(2) 형성평가(formative evaluation)

형성평가란 교수-학습활동이 이루어지고 있는 도중에 교수-학습활동이 계획대로 진행되고 있는지의 여부를 확인하고 점검할 목적으로 행해지는 평가를 의미한다. 즉 수업활동이 진행되는 도중에 학생들에게 피드백(feedback)을 제공하고 교수-학습방법을 개선하여 학생들의 학습을 증진시키기 위해 실시하는 평가를 말한다. 이러한 형성평가는 학습자의 학습 진행 속도 조절과 학습의 강화, 학습곤란의 진단 및 교정, 학습지도방법의 개선 등의 목적을 위해 실시된다.

(3) 총괄평가(summative evaluation)

총괄평가는 교수-학습활동이 끝난 시점인 학기말 또는 학년말에 교수목표의 달성 여부를 종합적으로 판정하는 평가를 말하며 종합평가라고도 불린다. 총괄평가는 일련의 교수-학습활동이 마감되는 학기말 또는 학년말에 평가를 통하여 학생들이 성취한 정도를 파악하는 평가이다. 총괄평가의 기능은 학습자의 성적 결정, 학습자의 미래 학업성적의 예측, 집단 간의 성적 비교, 학습자의 자격 인정 등이다.

> 평가기능에 따른 구분 진단평가, 형성평가, 총괄평가 등이 있다.

(4) 진단평가, 형성평가, 총괄평가의 비교

다음은 평가기능에 따라 분류한 평가유형의 비교표이다.

〈표 9-2〉 **진단평가, 형성평가, 총괄평가의 비교**

구 분	진단평가	형성평가	총괄평가
평가목적	학습결손의 진단 학습순비도 확인	학습과제 성취 여부 결정 교수전략 개선	학업성적 판정 자격부여
평가시기	수업 전	수업과정 중	수업 후 학기말, 학년말
평가기준	절대평가 (상대평가 혼용)	절대평가	절대평가 및 상대평가
평가대상	학습의 준비도	학습과제 수행과정	학습과제 수행의 결과
활용	수업전개 시 정보 제공	즉각적인 수업의 개선	학생 및 학부모에 학업 성취 결과 통보 집단 간 성취도 비교

라. 평가기준에 따른 구분

(1) 규준지향평가(norm-referenced evaluation)

규준지향평가(상대비교평가)는 학습자의 평가결과를 그가 속한 집단에 비추어 상대적인 위치를 밝혀 보는 평가방법이다. 이 평가방법은 선발적 교육관에 바탕을 두고 있으며, 검사의 신뢰도를 강조한다. 또한 검사 점수에 있어서 정상 분포를 기대한다. 이러한 규준지향평가의 장점은, 개인차의 변별이 가능한 점, 객관적인 검사의 제작 기술을 통해 성적을 표시하고 있기 때문에 교사의 편견을 배제할 수 있다는 점, 학습자들의 경쟁을 통하여 동기를 유발하는데 유리하다는 점 등이다. 또한 단점으로는 참다운 의미의 학력평가가 불가능하고, 학습자 간에 학력의 상대적 위치나 순위를 결정하기 때문에 과다한 경쟁심리가 조장되며, 이로 인해 인성교육을 방해할 우려가 있다는 점이다.

(2) 준거지향평가(criterion-referenced evaluation)

준거지향평가는 학습자의 현재 성취 수준이나 행동목표의 달성 정도를 알아보기 위한 평가방법이다. 즉 다른 학습자와 상대적인 비교를 하는 것이 아니라 교육목표에 비추어 평가하는 것이다. 이러한 준거지향평가는 검사의 타당도를 강조하고, 검사 점수의 부적 편포를 기대한다. 또한 학습자 개개인에 적합한 교수-학습의 기회를 제공하면 주어진 학습목표를 도달할 수 있다는 발달적 교육관을 바탕으로 한다.

준거지향평가의 장점으로는 교육목표, 교육과정, 교수방법 등의 개선에 용이하다는 점과 상대평가에 치중하지 않으므로 이해, 비교, 분석, 종합 등의 고등정신능력을 배양할 수 있다는 점이다. 반면 준거지향평가의 단점으로는 개인차 변별이 쉽지 않다는 점, 준거 설정 기준이 문제가 될 수 있다는 점, 검사 점수의 통계적 활용이 불가능하다는 점 등이다.

> 평가기준에 따른 분류에는 규준지향평가와 준거지향평가가 있다.

마. 평가방법에 따른 구분

(1) 양적 평가(quantitative evaluation)

양적 평가란 검사도구를 제작하여 이를 시행하여 점수를 산출하는 경우를 말한다. 수량화된 자료나 증거를 가지고 평가대상을 기술하고 분석하는 평가방법이다. 학교에서 실시하고 있는 시험에 의한 평가방법은 대부분 양적 평가에 속한다.

양적 평가는 주로 수량화된 자료를 얻는데 주된 목적이 있으며 학생들의 학업성취도를 평가하는 인지적 영역의 평가에 사용된다.

(2) 질적 평가(qualitative evaluation)

질적 평가는 관찰이나 면담, 실기평가 등을 통하여 수량화되지 않은 다양한 형태의 자료를 수집하여 평가하는 것을 말한다. 양적 평가에서 배제하는 평가의 주관적 측면과 수량화하기 힘들거나 수량화할 수 없는 영역을 평가하는 방법이다.

이러한 질적 평가는 양적 평가의 단점을 보완하고자 등장한 평가이며 양적 평가로서 하기 어려운 정의적 영역이나 심동적 영역을 평가하는데 사용된다. 따라서 학생들의 학습활동의 질적인 측면에 대한 정보를 수집하고 이를 평가하는 데 적합하다. 현재 우리나라 학교에서 수행되고 있는 수행평가가 일종의 질적 평가에 해당한다고 볼 수 있다.

> 평가방법에 따른 분류에는 양적 평가와 질적 평가가 해당된다.

이상에서 살펴본 교육평가의 유형 분류를 표로 제시하면 다음 〈표 9-3〉과 같다.

〈표 9-3〉 **교육평가의 유형 분류**

준거	평가유형
평가대상	▪ 학생평가 : 학생의 능력, 특성, 성취수준 등을 평가 ▪ 수업평가 : 교사의 교수활동이나 학생지도활동 등을 평가 ▪ 교육과정 평가 : 교육과정의 질과 개정과정의 타당성 등을 평가 ▪ 학교평가 : 학교에서 제공하는 교육서비스의 질을 평가
평가영역	▪ 인지적 영역 평가 : 기억, 이해, 추론 등의 사고 작용을 평가 ▪ 정의적 영역 평가 : 성격, 태도, 행동발달 상황 등의 정의적 특성을 평가 ▪ 심동적 영역 평가 : 실기평가와 같은 동작을 평가
평가기능	▪ 진단평가 : 학생들의 출발점 위치를 파악하는 평가 ▪ 형성평가 : 수업 개선에 필요한 정보를 수집하는 평가 ▪ 총괄평가 : 학생의 성취 정도를 판단하는 평가
평가기준	▪ 규준지향평가 : 학생의 성취 정도를 다른 학생들과 상대적으로 비교하는 평가 ▪ 준거지향평가 : 학생의 성취 정도를 절대 준거에 비추어 확인하는 평가
평가방법	▪ 양적 평가 : 검사 등을 사용하여 수량화된 자료를 얻는 평가 ▪ 질적 평가 : 관찰, 면담, 실기평가 등을 통해 수량화되지 않은 다양한 형태의 자료를 얻는 평가

학습문제

01. 수업평가와 교육과정 평가의 차이점을 설명하시오.

02. 구성주의적 교육 관점에서 수행평가의 의미와 적용 방향을 설명하시오.

Chapter 10

교육과정의 구성주의적 실행

학습내용

1. 구성주의적 관점에서의 교육과정 실행의 의미
2. 학습자중심 수업

01 구성주의적 관점에서의 교육과정 실행의 의미

가. 교육과정 목표 설정 및 진술 측면

전통적인 입장에서 목표는 교육과정의 출발점이면서 모든 구성요소들의 준거로, 교육과정 개발 전(全) 과정에서 의사결정의 근거로 작용하기 때문에 구체적으로 진술된다. 그럼으로써 일련의 내용 선정 및 조직, 방법, 평가 과정이 일관되게 이루어진다. 반면에 구성주의적 관점에서 보면, 목표는 상당히 포괄적이고 일반적인 수준에서 진술되며, 교육과정 개발의 궁극적 지표라기보다는 교육과정의 포괄적인 틀을 제공하는 방향 제시의 기능을 한다. 이것은 구성주의적 관점의 중요한 특성이라고 할 수 있는 학습자의 상황・맥락적 특성을 고려하여 언제든지 목표를 변경시킬 수 있다는 것을 의미한다. 여기서 상황・맥락적 특성이라는 것은 인식 주체인 학습자가 어떤 대상이나 현상을 인식하여 해석하고자 할 때 해석의 바탕이 되는 환경 또는 상황을 말한다. 즉 학습자를 둘러싸고 있는 시・공간적, 문화적 환경이나 학습자가 살아오면서 직・간접적으로 경험하였거나 학습자 앞에 놓여 있는 개인적 상황을 의미한다.

따라서 구성주의적 관점에서 교육목표를 설정하고 진술하는 원리로서 주목해야 할 점은, 그 목표가 학습자의 인지・사회적 발달수준을 충분히 고려하고 학습자의 인식의 맥락에 비추어 볼 때 얼마나 적합한 것인지, 혹은 유용한 것인지를 판단해야 한다는 것이다.

목표를 설정하고 진술할 때 고려해야 할 두 번째 문제는, 목표의 포괄성과 통합성이다. 앞에서도 언급했듯이, 학습자의 인지·사회적 발달수준에 따라, 학습자의 선행 경험에 따라 목표의 변화 가능성은 항상 열려 있으며, 따라서 포괄적인 수준에서 목표를 설정함으로써 이하 교육내용 선정 및 조직, 교육방법, 평가 등의 과정들이 융통성 있게 전개될 수 있도록 보장해야 한다. 그리고 학습자의 삶의 맥락, 학습자의 학습 맥락성에 의존할 때 보다 효과적인 교육이 이루어진다고 보는 구성주의적 관점의 교육과정 개발은 목표의 통합 문제를 요구한다. 따라서 교육목표를 설정할 때 인지적, 정의적, 심동적 측면의 목표 모두가 각각 독립된 형태로 구성될 것이 아니라, 서로 유기적으로 통합된 형태로 진술되어야 한다.

구성주의적 관점에서는 교육과정 실행 시, 목표를 설정할 때 행동영역이 통합된 유기적인 형태로 진술된 것을 강조한다.

나. 교육내용 선정 및 조직 측면

구성주의적 관점에서 교육내용을 선정하는 가장 중요한 준거는 선정된 내용이 학습자의 상황적 맥락에 비추어 볼 때 적합한 것인가의 문제다. 즉 선정된 교육내용은 목표 범위 내에서 그 교육내용이 실세계를 반영하여 사회생활에서의 유용성이 높고, 학습자의 흥미와 요구, 학습 가능성을 충분히 고려해야 한다는 것이다. 무엇보다 학습자를 고려한 교육내용을 선정하는 문제다. 학습자들에게 실제적이고도 구체적인 과제를 제시하고, 과제해결 과정에서 학습자들의 생각을 검토하고 시험해 볼 수 있는 내용으로 구성되어야 한다.

개인적 구성주의 관점에서 보면, 교육내용은 학습자가 자신의 경험세계를 창조할 수 있는 지식이나 경험, 문제이며, 학습자가 관심을 갖거나 문제의식을 갖는 내용이라면 무엇이든지 가치로운 교육내용이 된다. 그러나 사회적 구성주의 관점에서 보면, 집단구성원의 간(間)주관적인 '합의'라는 개념을 통해서 객관성을 보완하고자 한다. 즉 사회적 구성주의는 학교교육에서 다루어야 할 교육내용, 즉 지식은 각 학문 분야 학자들의 모종의 '합의'에 의한 가치 있는 유용한 지식을 제안한다. 따라서 구성주의적 관점에서 교육내용은 외부에서 제공되는 교육내용과 그것에 대해 학습자 자신이 부여하는 의미의 통합체라고 할 수 있다(이화진, 1999).

이렇게 선정된 교육내용은 일정한 형태로 조직되어야 하는데, 내용조직의 방법은 크게 논리적 조직과 심리적 조직 두 가지로 구분된다. 논리적 조직은 선정된 교육내용들이 서로 논리적으로 관련을 맺도록 조직하는 것이고, 심리적 조직은 선정된 교육내용들을 학습자의 심리적 과정에 적합하게 조직하는 것이다. 즉 논리적 조직은 완성된 결과로서 교과 그 자체를 의미하며, 심리적 조직은 교과가 학습자의 마음속에서 학습되어 가는 심리적 과정을 의미한다. 그런데 구성주의적 관점에서 보면, 교육내용 조직의 방법으로서 논리적 조직과 심리적 조직이 각각 독립적으로 분리되어 있다기보다는 상호의존적, 통합적으로 조직되어 있다고 본다. 왜냐하면, 논리의 내재적 특징은 인식 주체인 학습자의 활동 속에 그 기원을 두고 있기 때문이다.

결국, 선정된 교육내용은 계속성, 계열성, 통합성이라는 논리적 조직과 학습자의 발달수준, 인지구조, 학습자의 흥미와 요구 등 심리적 조직과의 관계 속에서 조직되어야 한다.

> 구성주의적 관점에서는 교육과정 실행 시, 선정된 교육내용이 학습자의 상황적 맥락에 적합한 것인지가 중요한 문제가 된다.

다. 교육방법 측면

구성주의적 관점에서 제안된 대표적인 수업방법이나 교수-학습모형은 인지적 도제(cognitive apprenticeship) 모형, 정황수업(anchored instruction) 모형, 인지적 융통성(cognitive flexibility) 모형, 문제중심 학습(problem-based learning : PBL) 모형 등을 들 수 있다. 그러나 구성주의자들은 일반적으로 특정한 교수-학습 모형이나 교수기술을 제안하지 않는다. 왜냐하면, 학교교육현장에서 교수-학습환경, 즉 교사와 학습자, 내용, 자료, 선행지식이나 경험 등이 각자가 처한 사태마다 다르고, 이 때문에 수업방법의 형태도 달라져야 한다고 전제하기 때문이다. 따라서 이상적인 수업방법은 주어진 수업상황에서 교사가 학습자의 현재 구성수준과 학습환경을 토대로 가장 적절한 방법을 적용하는 것이다.

이러한 측면에서 도출된 구성주의의 주요 교육방법(수업)을 제시하면 다음과 같다(조영남, 1998).

첫째, 학습자의 학습에 대한 책무성과 주인의식 및 자율성을 강조한다. 학습은 지속적인 구성의 과정이다. 따라서 학습자 자신의 학습에 대한 주인의식과 학습과정과 결과에 대한 책임을 스스로 질 수 있도록 해야 한다.

둘째, 교사는 학습자들에게 의미 있는 과제를 제공하여 유의미한 맥락 속에서 학습이 이루어지도록 배려한다. 학습자들에게 학습이 의미 있는 것이 되도록 하기 위해서는 학습의 필요성과 이유를 명확하게 해주고, 학습한 내용을 실제 상황에 적용할 수 있는 기회를 주어야 한다. 이러한 상황들은 학습자로 하여금 선행지식을 최대한 활용하도록 권장하고, 실제 상황과 관련된 교수-학습 과정을 통해서 학습내용의 유의미성을 증진하며, 다양한 방법을 활용하여 내용을 학습할 수 있는 기회를 제공한다.

셋째, 교사는 교수-학습과정에서 학습자들이 지식 구성에 역동적으로 참여하도록 한다. 지식과 기능을 단순히 전달하기보다는 학습자들 스스로 자신에게 의미 있는 지식을 능동적, 역동적으로 구성할 수 있는 학습환경을 마련해준다.

넷째, 협동학습방법을 통해 사회적 상호작용을 촉진한다. 학습은 원래 대화적, 사회적 과정이다. 구성주의 교수-학습과정에서는 특히 협동적인 수업환경을 강조한다. 왜냐하면 대화를 통해서 상호작용과 반성적 사고, 생성적 학습을 촉진시킬 수 있기 때문이다. 따라서 구성주의적 관점에서의 협동학습은 집단구성원들 간의 상호작용을 통해 사회적 기능을 배우고 대안적인 견해를 공유하고 이를 개발하는 데 목적을 둔다.

다섯째, 교사는 학습자들이 학습내용과 학습의 과정 및 결과에 대해 스스로 반성하도록 요구한다. 자신의 학습에 대하여, 그리고 자신의 학습으로부터 무엇인가를 얻기 위해서는, 학습한 내용과 학습활동의 과정 및 결과에 대해 반성적으로 사고해야 한다. 반성은 자기평가를 통해 고차적인 사고 기능을 정련하고 강화하는 데 도움을 준다.

여섯째, 교사는 학습자들 간에 서로 다양한 관점들을 경험하고 평가할 수 있는 기회를 제공한다. 실세계의 문제들은 한 가지 접근방법만으로 해결되지 않는 경우가 많다. 따라서 학습자들은 자신의 이해를 검증하고 강화하기 위해 다양한 대안들을 평가할 수 있어야 한다. 학습자들의 행위는 적어도 자신에게는 합리적인 것이다. 이러한 점이 교사 자신의 관점에서는 잘못되고 혼란스러워 보이는 것일지라도 학습자들의 입장에서는 자신이 나름대로 이해한 바를 표현한 것임을 인식해야 한다. 따라서 교사는 학생들의 아이디어를 학생의 관점에서 조망하고 그 가치를 인정해 주어야 한다.

일곱째, 교사는 수업활동에서 다양한 교수매체를 활용한다. 교수-학습 과정에서 가장 보편적인 지식 전달방식은 구두와 서면을 통한 의사전달이다. 그러나 이러한 양식에만 집착하게 되면 학습자들이 세계를 이해하는 방식을 제한하게 된다. 학습자들에게 보다 풍부한 경험을 제공하기 위해서는 비디오, 컴퓨터, 사진, 음향 등의 다양한 교수매체를 활용해야 한다.

이상에서 살펴보았듯이, 구성주의 수업방법은 학습환경을 조성하고 역동적인 학습과정이 이루어지도록 배려하는 교사의 역할이 중시된다. 즉 구성주의 수업에서 교사는 전문가로서 학습자들에게 모델링(modeling)의 대상이 되어야 하고, 학습자들의 적극적 지식 구성을 촉진하기 위해 다양한 수업방법을 활용함으로써 인지적 조력을 제공하며, 학습자들의 문제해결 과정의 조력자(facilitator)로서 역할을 수행한다.

> 구성주의적 관점에서는 교육과정 실행 시, 주어진 수업상황을 토대로 하여 가장 적절한 방법을 적용해야 한다고 설명한다.

라. 평가 측면

교육과정 실행에서 무엇을 평가할 것인가는 중요한 문제이다. 평가의 대상이 되는 항목은 교육과정 운영의 전반으로 학교교육목표, 교육내용, 교육방법, 평가방법 등 다양하다. 구성주의적 관점에서 중요한 평가 요소는 평가의 단계나 시기와는 별도로 평가의 주체 문제, 평가대상으로서 '과정' 혹은 '결과'의 문제, '외현적 행동'과 '내면적 체험' 등의 문제를 들 수 있다(허경철, 2002).

교육과정을 평가할 때, 누가 그 평가를 할 것인가의 문제, 즉 평가의 주체 문제는 중요한 평가 요소라고 할 수 있다. 전통적인 관점에서 이루어지는 평가체제에서는 교육과정의 개발에 참여한 학교 외부의 기관이나 전문가 집단이 평가자가 된다. 즉 그들이 제안한 교육과정의 틀에 따라 학생들의 학업성취뿐만 아니라 교육과정 자체에 대한 평가까지 함으로써 학교중심 교육과정의 내부 평가자인 교사를 제외시켜 왔다. 그러나 구성주의적 관점에 따르면, 교육과정에 대한 진정한 평가가 이루어지기 위해서는 단위학교 내의 실질적 구성원인 교사에 의해 모든 평가가 이루어져야 한다. 학교중심 교육과정의 개발과 실행에 직접 참여하는 교사들이 평가과정에 관여함으로써 의미 있는 평가가 이루어지게 된다.

교육과정 평가와 관련된 문제 중의 하나는 평가대상으로서 '결과'와 '과정'의 문제이다. 기존의 '결과' 중심의 평가와 더불어 '과정' 중심의 평가가 강조된다. 객관주의 입장에서는 학생의 학습성과에 대한 평가에 강조를 두었지만, 더불어 중요한 것은 학생의 학습참여 과정과 적극적인 '의미구성 과정'이다. 즉 축적된 결과로서의 지식뿐만 아니라 지식의 의미와 기능 습득, 지식의 사용과 적용을 강조하는 평가로 전환해야 한다는 것이다. 교육의 본질적 측면에 비추어 볼 때, '학습결과'의 평가보다는 '학습과정'의 평가가 중시될 필요가 있다.

학습문제

01. 교육과정의 구성주의적 실행의 의미를 교육내용 선정 및 조직, 방법, 평가의 제 측면에서 설명하시오.

02 학습자중심 수업

가. 구성주의적 교육환경과 학습자중심 수업의 필요성

최근 들어 학습자중심 교육에 대한 관심이 고조되고 있다. 이러한 관심은 구성주의적 교육환경의 조성과 더불어 우리나라 교육과정이 제7차 이후부터 지금에 이르기까지 그 기본 방향을 수요자중심 교육으로 설정하고 있는 데서 찾을 수 있다. 이러한 수요자중심 또는 학습자중심의 수업이 강조되고 있는 이유를 찾아보면 다음의 몇 가지로 정리할 수 있다.

첫째, 우리는 급변하는 정보화 시대에 적응해 나갈 인간을 길러 내야 한다. 21세기는 과거 그 어느 시기보다 과학, 정치, 교육 등 전 생활영역에 걸쳐 생각하지도 못할 변화가 예상된다. 이렇게 급변하는 세계에 적응해 나가려면 과거의 지식 주입, 암기만을 강조해 오던 교사중심 교육에서 탈피하여 발견, 탐구, 사고력을 강조하는 학습자중심 교육으로의 전환이 요구된다.

둘째는 학습관이 변화되고 있다는 사실이다. 과거의 교사중심 교육은 행동주의 심리학의 학습이론에 기초하고 있었다. 즉 학습은 자극과 반응, 투입과 산출의 결합으로 교사는 지식을 전달하고 학생은 지식을 재생할 뿐 그 사이에서 일어나는 학습 심리과정을 도외시하였다. 자극 · 반응이론에 의하면, 행동은 조건화에 의해서 형성될 수 있는 단절된 행동으로 구성된다고 하였다. 가르친다는 것은 아동에게 어떠한 행동을 하도록 조건화하는 과정을 의미한다. 이 이론을 수업에 적용하여 생각해 보면, 교사는 보통 자신이 유도하고자 하는 반응(학습)인 행동목표를 먼저 결정한다. 그런 후에 이러한 반응을 일으키고 강화시키기 위해 어떤 단서와 자극을 이용할 것인가를 결정한다. 이렇듯 교수는 미리 정해진 행동목표에 의해 결정된다. 그러나 1960년대와 70년대에 들어와서는 인지학습이론 중에서도 구성주의 학습이론에 대한 관심이 집중되었다. 이 이론에 의하면 학습자는 학습할 내용을 단지 기억하거나 기록하는 수동적인 존재가 아니라 학습할 내용이나 과제를 학습자 개개인의 독특한 방식으로 재구성하고, 필요한 정보를 선택적으로 받아들이며 학습자가 가지고 있는 경험과 필요에 따라 정보를 해석하게 된다는 것이다. 따라서 학습은 제시된 정보를 그대로 재생하는 것이 아니라 주어진 정보를 초월하여 새로운 의미를 구성해 가는 과정인 것이다. 이러한 변화에 따라 학습자중심 교육이 요청된다.

우리나라에 언제부터 학습자중심 교육이 도입되었는지는 잘 모르겠지만 이에 대한 개념이 정립되어 있지 않은 채 일선 교사들은 많은 혼란을 겪어왔다. 학생자중심 교육과 유사한 용어로서 크게는 진보주의 교육, 학생주도 수업, 비지시적 수업, 비형식적 수업, 열린교육 등이 있으며 작게는 탐구수업, 창의성 수업, 토의수업 등이 소개되어 있다.

> 우리나라는 제7차 교육과정 시기 이후부터 기본 방향을 수요자중심 또는 학습자중심 수업으로 설정하고 있다.

나. 학습자중심 수업의 배경 및 정의

언제부터 학습자중심 수업이라는 용어가 사용되었는지는 잘 알 수 없지만 초기에는 학습자중심이라는 용어 대신 아동중심이라는 용어가 사용되었다. 아동중심 교육은 18세기 Rousseau를 시작으로 하여 20세기에 발전된 휴머니즘, 실험심리학, 실용주의 철학의 영향을 받아 더욱 발전하게 되었다. 이 운동은 1920년대에서 1930년대에 걸쳐 활발하게 전개되다가 1950년대,

1960년대에 가서 이에 대한 관심이 줄기 시작하였다. 아동중심 교육학자로서는 John Dewey, Francis Parker, Granvill Hall, Harold Rugg, Arthur Jersild 등이 있다. 이 가운데서도 Dewey에 의한 시카고 대학의 실험학교는 아동의 흥미, 활동에 중심을 둔 전형적인 아동중심 교육의 선구를 이루고 있다. 아동중심 교육이란 문자 그대로 교육의 핵심을 아동에 둔다는 것이다. 즉 아동의 필요, 흥미, 목적에 근거하여 실시되는 교육이다. 그러나 이 당시 교육운동으로서의 아동중심 교육은 많은 비판을 받기에 이른다. 즉 아동들에게 너무 많은 자유를 허용하였더니 이 자유를 제대로 활용하지 못하여 오히려 학습에 역효과가 생겼다는 것이다. 그 이후 아동중심 교육은 하나의 교육운동으로서가 아니라 수업방법으로서 연구되어 오고 있다. Kellough는 아동중심 또는 학습자중심이라는 용어 대신에 다음과 같은 용어로 서로 대비적 관점에서 통합 대 지배, 민주 대 전제, 학습자중심 대 교사중심, 진보 대 전통, 비형식 대 형식, 비지시 대 지시로 수업방법을 분류하고 있다. 물론 이러한 분류가 절대적인 것은 아니지만 여러 문헌에 자주 등장하는 용어임에는 틀림없다. 여기에서 통합, 민주, 학습자중심, 진보, 비형식, 비지시적 수업은 공통점도 있고 다른 점도 있을 것이다. 그러나 이들의 공통된 점은 학습자가 학습의 주체가 되어 학습을 주도해 나간다는 점일 것이다. 그렇다면 학습자중심 교육이란 학습자 자신이 학습을 주도해 나갈 수 있도록 환경을 조성해주는 교육이라고 할 수 있다.

이러한 학습자중심 교육은 학생들에게 지식, 가치, 기능의 전달이 아니라 아동으로 하여금 지식, 가치, 기능을 이끌어 내도록 도와준다. 비유하면 교사는 제품을 생산해내는 장인이 아니라, 정원의 나무를 가꾸는 정원사인 셈이다. 학습자중심 수업에서는 교육과정은 목표를 달성하기 위한 수단으로 궁극적인 목표는 전인 육성에 둔다.

학습자중심 수업이란, 학습자 자신이 학습을 주도해 나갈 수 있도록 환경을 조성해주는 수업을 의미한다.

다. 학습자중심 수업의 성격

학습자중심 수업의 개념 정의에서 성격을 약간 엿볼 수 있었다. 그렇다고 정의만으로 성격을 규정할 수는 없을 것이다. 따라서 지금까지 거론되어 온 학습자중심 교육의 이론과 연구결과를 토대로 하여 그 성격을 정리해보면 다음과 같다.

(1) 학습의 주도권을 학습자에게 두는 수업이다

교사중심 수업에서는 교사가 중심이 되어 학습활동을 선택, 조직, 운영한다. 그러나 학습자중심 교육에서는 학습자가 학습의 주체가 되어 학습활동을 선택해서 실시해 나간다. 교사는 단지 학습을 안내하고 촉진하는 역할을 담당한다. 여기에서 중요한 점은 학습자가 학습을 주도해 나가는 데 제한적으로 허용된 자유의 범위 안에서만 가능하다는 점이다. 일반적으로 진보주의 교육이나 열린교육에서는 학생들에게 학습자가 원하는 것은 무엇이나 허용되는 식으로의 자유를 의미하는 경우가 있었는데, 그 결과 진보주의 교육이 실효를 거두지 못한 이유가 되었다. 따라서 학습자중심 교육에서는 이 점을 감안하여 학습자의 능력과 책임의 범위 안에서 자유를 허용해야 할 것이다.

(2) 개별화 수업을 지향하는 수업이다

모든 아동이 똑같은 속도로 학습할 수 없다는 인식에 따라 많은 교육자들은 수업의 개별화를 주장해 왔다. 개별화 수업이란 개인차에 부응하는 수업이라고 볼 수 있다. 그동안 널리 알려진 PI, IPI, IGE 등은 개별화 수업의 좋은 본보기가 되며 열린교육에서도 개별화 수업을 지향하고 있다. 학습자중심 교육에서는 학습자가 학습의 주체가 되어 학습을 주도해 나가기 때문에 교사가 개인차를 고려한 수업보다 학습자 자신이 자신에게 맞는 학습방법을 선택한다는 의미에서 진정한 개별화의 본보기라 아니할 수 없다. 개인의 특성을 고려한 수업 모형으로는 ATI, TTI, TTTI 등이 있다. 이 모형은 모두 개인의 특성에 따라 이에 적합한 수업처치를 가하므로 수업의 효과를 극대화할 수 있다는 것이다.

(3) 아동을 신뢰하고 존중하는 수업이다

아동중심 교육에서 가장 기본적인 것은 아동을 신뢰하고 아동을 소중히 여기는 것이다. 학습자의 감정, 의견, 학습자의 인격을 존중하고 그의 불완전성, 잠재가능성을 수용하는 태도를 견지해야 한다. Tunnell은 학습자 존중 행동을 다음과 같이 제시하고 있다.

1) 학습자들에게 많은 자유를 허용하여야 하며, 그것은 대체로 자율적 행동들이다.
2) 학습자의 흥미와 아이디어는 중요하게 간주되며, 그들은 자신의 흥미에 기초하여 개별수업과 개별지도를 받아야 한다.
3) 교사와 학습자 간에는 상당한 상호작용이 있어야 하며, 어떤 면에서는 상호 동등하게 취급되어야 한다.
4) 학습자들은 타인에 의해 명령받지 않으며, 교사의 권위는 최소화되어야 한다.
5) 학습자의 감정을 중요하게 다루어야 한다.

(4) 교사와 학생의 적극적인 참여를 요구하는 수업이다

학습자중심 교육에서는 학습의 주체가 학습자이기 때문에 학습자만 적극적으로 학습에 참여하고 교사는 한가히 지내도 된다는 안일한 생각을 갖기 쉽다. 그러나 실제는 그렇지가 않다. 교사는 늘 학습자의 학습을 주시하고 학습에서 느끼는 곤란점이 무엇이고 무엇을 잘하고 있는지 늘 관찰하고, 학습자가 학습과제에 대하여 문의해 오면 언제든지 이에 응할 준비가 되어 있어야 한다. 그러므로 교사중심 수업보다 교사는 더 많은 노력과 더 철저한 준비를 갖추고 있어야 한다.

(5) 경험의 통합을 강조하는 수업이다

교육과정 통합은 1920년대에서 1950년대에 걸쳐 미국의 진보주의 교육운동이 활발히 전개되던 당시에 주된 논제가 되었었다. 그 이후 여러 학자들에 의하여 통합이 논의되었으나 통일된 개념을 찾아보기가 힘들다. 일반적으로 통합이란 전체에 독립적인 부분을 관련짓거나 서로가 조화로운 관계를 이루려는 과정이라고 볼 수 있다. 이러한 통합 현상은 인간의 본성으로 인간은 변화하는 사회에서 여러 형태의 경험을 쌓는 동시에 이를 전체적으로 종합하려고 한다. 학습의 경우에도 마찬가지이다. 학습자는 학교에서 배우는 여러 형태의 학습경험을 각기 분절된 상태로 방치해 두는 것이 아니라 이러한 경험들을 관련짓고 조화롭게 하여 전체적으로 통합해 나간다. 학습자중심 교육은 무엇보다도 학습경험의 통합을 강조한다.

(6) 방법의 통합을 강조하는 수업이다

지금까지 논의된 학습자중심 교육에서 쓰이는 주된 방법은 발견 또는 탐구방법이었다. 그러나 여기에서 주의해야 할 점은 발견 및 탐구를 실시하기 이전에 꼭 필요한 사항이 있다. 그것은 발견 및 탐구에 필요한 기본적인 지식 및 기초기능인 것이다. 이것이 배제된 상태에서의 발견학습은 아무런 의미를 갖지 못한다. 따라서 학습자중심 교육에서도 교사중심의 방법이 동원되어야 한다. 교사중심 수업은 학습자중심 수업의 반대가 아니라 그 시발점으로 인식되어야 한다. 즉 교사중심 수업이 발전되어 학습자중심 수업이 되는 것이다. 따라서 학습자가 학습을 주도해 나가도록 돕기 위해서 이에 필요한 기본지식 및 기초기능은 교사주도의 방법을 학습자중심 수업과 통합해서 사용할 필요가 있는 것이다.

(7) 인간의 자연적인 심리 발달과정과 일치하는 수업이다

인간은 이 세상에 태어나면서 동물 중에서도 가장 무력한 존재로 태어났다. 태어나면서 인간은 모든 것을 완전히 부모에게 의존해서 살아간다. 인간은 성장하면서 점점 부모로부터 독립해 가며 나중에는 교사나 다른 성인들로부터 완전히 독립해 자기의 생활을 영위해 간다. 인간으로 성숙해 가는 과정 중에서 가장 중요한 것이 있다면 자신의 일에 대하여 스스로 책임을 진다는 점이다. 이러한 성장과정에서 보았듯이 학습의 경우에서도 마찬가지이다. 처음에는 부모나 교사에 의존해서 학습을 수행해 나가지만 점차로 교사로부터 독립하여 자기가 중심이 되어 학습을 수행해 나갈 수밖에 없다.

(8) 학습자중심 수업에서는 학습하는 방법을 학습해 나간다

새로운 세계와 변화는 교육에 크나큰 영향을 미친다. 전통사회에서는 교육의 목적이 단순한 지식 전수에 있었으나 고도 산업, 정보화 사회에서는 지식 수용이 아닌 지식 창출이 강조된다. 이러한 시대에서 살아남으려면 스스로 지식을 탐구하는 능력, 다시 말해 학습해 가는 방법의 학습이 요구된다. 학습자중심 교육이야말로 학습하는 방법을 강조하는 교육이다.

(9) 학습자중심 수업은 평생교육의 핵심이다

고도의 산업화, 정보화 사회에서 학교교육은 기능에 있어서 한계가 있다. 학교에서 배운 지식만으로는 현대, 나아가 미래 사회에서 살아갈 수가 없다. 어제의 지식과 기술이 오늘에는 무용지물이 될 정도로 새로운 지식, 기술이 쏟아지고 있다. 이렇게 변화하는 시대에 살아남기 위해서 우리는 끊임없이 가정이나, 학교, 사회에서 자기 스스로 학습해 가지 않으면 안 된다. 교사에 대한 의존은 한계가 있다. 따라서 평생교육 차원에서 볼 때 학습자중심 교육은 필연적 방법인 것이다.

> 학습자중심 수업은 ① 학습의 주도권이 학습자에게 있음 ② 개별화 수업 지향 ③ 아동을 신뢰하고 존중 ④ 교사와 학생의 적극적인 참여 요구 ⑤ 경험의 통합을 강조 ⑥ 방법의 통합 강조 ⑦ 인간의 자연적인 심리 발달과정과 일치 ⑧ 학습하는 방법을 학습 ⑨ 평생교육의 핵심 등의 성격을 갖는다.

라. 학습자중심 수업에서 교사

교육의 질은 교사의 질에 달려 있다는 말이 있다. 이 말은 곧 교사의 질이 높으면 교육의 질이 높게 나타나고 교사의 질이 낮으면 교육의 질이 떨어진다는 말이 된다. 그렇다면 교육과정을 실행할 주체로서 학습자중심 수업을 이끌어 나갈 교사의 조건은 어떠해야 하는가?

교사의 질이 무엇이냐에 대해서는 많은 이론, 주장이 있다. 그러나 그들의 공통된 점은 교사의 질이란 교육의 효과를 가져다주는 교사의 제 특성에 관한 질이라고 볼 수 있다. 미국의 교육연구협회(American Educational Research Association, 1952)에서는 교사의 효과성의 준거로 교사의 지능, 교사의 교직과목 성적, 교사의 교생실습 성적, 교사의 교과에 대한 흥미, 교사의 교과에 대한 지식, 교사의 교육과정 구성방법에 대한 지식, 교사의 정서적・사회적 적응도, 교사의 교육심리, 정신위생에 대한 지식, 교사의 가치관 및 평가적 태도를 들고 있다. 또한 Ryan과 Cooper는 효과적인 교사의 전문적 특성을 교직이론 및 교과에 대한 지식, 수업기술, 교직에 대한 태도를 들고 있다. 여기서는 Ryan과 Cooper의 분류를 중심으로 논의해 보기로 한다.

(1) 교직이론에 대한 지식

교사라면 우선 교직에 대한 지식과 기술을 갖고 있어야 한다. 지식은 크게 교직에 관한 지식과 교과에 관한 지식, 교양에 관한 지식으로 나누어 볼 수 있다. 우선 교직이론은 수학이나 논리학 등의 이론과는 달리 인간경험과 관련되어 있으며 심리학, 인류학, 사회학, 학급경영 등과 같은 학문에서 발전된 개념이나 법칙을 중심으로 구성된다. 교사는 인간행동에 관한 상식 이상의 과학적 이해를 가져야 하며 여러 학문으로부터 나온 이론적 지식을 학급 내에서의 학생 행동에 관한 가설을 설정하고 검증하는데 적용할 수 있어야 한다.

(2) 교과에 관한 지식

교과에 대한 지식은 크게 세 가지로 나누어 볼 수 있다. 첫째는 자신이 가르치는 교과의 학문이다. 예를 들면 물리교사는 물리라는 학문에 대하여 알고 있어야 한다. 두 번째 교과에 대한 지식은 수업현장에서 교사가 가르치게 될 교과의 내용을 의미한다. 끝으로 교사가 갖추어야 할 지식은 지식에 관한 지식이다. 이 말은 교과의 요소, 논리적 구조, 탐구방법, 사회적 편견, 정보가 조작되고 결정되는 방법, 아동의 요구에 대하여 관계성이 있는 지식을 의미한다.

(3) 교수기술

누가 무엇인가를 알고 있다고 해서 아는 대로 행동할 수 있는 능력이 있다는 것은 아니다. 흔히 학교교육에서 많은 내용을 알고 있는 것 같은데 실제로 가르치는 데에는 미숙한 교사들을 보게 된다. 그들은 아마도 많이 알고 있지만 그 지식을 학생들의 능력수준에 맞추어 어떻게 전달해야 할지를 모르기 때문에 그러한 결과를 가져올 것이다. 많은 교육학자들은 다음과 같은 교수기술이 학생을 잘 가르치는 데 꼭 필요하다고 한다.

- 다양한 종류의 질문을 제시할 수 있는 능력
- 학생의 행동을 효과적으로 강화할 수 있는 능력
- 학생의 요구와 학습문제를 진단할 수 있는 능력
- 학생들을 학습에 참여시키기 위해 학습상황을 변화시킬 수 있는 능력
- 학생들이 주의를 기울이고 있음을 파악하여 학생의 행동이나 수업을 조정할 수 있는 능력
- 시청각 기재를 활용할 수 있는 능력
- 수업자료의 적절성을 판단할 수 있는 능력
- 수업목표를 진술할 수 있는 능력
- 학습을 학생의 경험과 관련지을 수 있는 능력
- 학생들에게 내용을 효과적으로 전달할 수 있는 능력

이상 열거한 교수기술이 완전한 것은 아니다. 그러나 학생을 효과적으로

가르치기 위해서는 많은 교수기술을 갖추고 있어야 한다.

(4) 교사의 태도

교사의 태도와 교수 효율성 간의 관계에 대해서는 거의 밝혀져 있지 않으나 교사의 태도가 교사의 행동에 영향을 준다는 것은 누구나 알고 있는 사실이다. 학습관계에 있어 가장 기본적인 태도의 하나는 진실성 또는 성실성이라고 한다. 두 번째로 교사가 가져야 할 태도는 학습자를 소중히 여기는 것이다. 학습자의 감정, 의견, 학습자 자신을 가치 있게 생각하고 그의 불완전성, 그의 잠재가능성을 수용하는 태도를 가져야 한다. 이러한 태도를 가진 교사는 학생의 무관심, 공포, 증오 등을 수용할 수가 있다. 교사가 가져야 할 태도로는 공감적 이해를 하는 것이다. 공감적 이해란 교사가 학생을 이해하는 것이지 그를 평가하는 것을 뜻하는 것은 아니다. 로저스는 교사들이 아동의 감정에 대하여 비평가적, 수용적이고 공감적인 반응을 보이는 것을 목표로 삼을 것을 주장하고 있다.

아무리 실력이 있더라도 동료, 상사, 부모에 대하여 좋지 못한 태도를 보여 교직생활이 실패로 끝날 수도 있는 것이다. 동료 및 부모에 대한 태도는 이미 앞에서 언급한 자신과 아동에 대한 태도에도 그대로 적용될 수 있다.

교과에 대한 태도로서 가장 중요한 것은 교과에 대하여 열성을 보이는 것이다. 학생들이 자신에 대한 교사의 태도에 민감성을 보이는 것과 마찬가지로 그들은 교사가 가르치는 교과에 대하여 보여주는 태도에 민감하다.

(5) 교사의 인지발달

교사의 효과성에 대한 초기의 연구들은 훌륭한 교사의 인성특성을 규명하고자 하였다. 교사의 효과성에 관한 연구들은 대체로 1930년대부터 시작되어 1950년대 말까지 계속되었는데 이 당시의 연구에서 효과적이라고 밝혀진 인성특성으로는 열성, 감정이입, 사려성, 온정, 이해심, 진실성, 건전한 도덕성 등이었다. 그러나 이러한 특성들은 조사 연구에 의하여 밝혀진 특성으로 학생들의 성적과는 거의 상관이 없는 것으로 밝혀졌다. 그 이후 교사의 효과성에 관한 연구는 교실 내에서의 수업행동을 중심으로 연구가 계속되었다. 한편 1980년대 들어와서 교사의 특성에 관한 연구는 주로 교사의 인지발달을 중심으로 연구가 수행되었다. 인지발달수준이 높은 교사일수록 교사의 행동은 융통적이고 적응적이며 공감적이었다. 다시 말하면 이들 교사들은 효과적인 수업을 실시하였다. 인지발달수준은 비단 교사에게만 적용되는 것은 아니고 전문직에 종사하는 판사, 의사를 대상으로 한 연구에서도 이들의 직무수행능력과 가장 관계가 깊은 특성은 지능도 아니고 대학 성적도 아닌 개인의 인지발달수준이었다. 따라서 교사의 인지발달은 곧 수업의 효과를 결정한다고 할 때 인지발달은 교사교육의 목표가 될 수 있다. 또한 최근에 논의되고 있는 교사의 감성지능이 학생들의 성적과 상관이 있다는 연구 결과가 제시되고 있다.

> 학습자중심 수업에서 교사는 교직이론에 대한 지식, 교과에 대한 지식, 교수기술, 태도, 인지발달 등이 요구된다.

학습문제

01. 교육과정의 구성주의적 실행의 측면에서 학습자중심 수업의 개념과 의의를 설명하시오.

02. 교육과정의 구성주의적 실행의 주체로서 교사가 갖추어야 할 조건을 설명하시오.

PART 04

교육과정의 평가

Chapter 11

교육과정 평가의 의미

학습내용

1. 교육과정 평가의 개념
2. 교육과정 평가의 목직
3. 교육과정 평가의 논리와 쟁점

01 교육과정 평가의 개념

교육과정이 문서로만 존재하는 것이 아니라 교육의 실제이며, 살아 있는 유기체와 같은 것이라는 시각에 현재의 대다수가 공감하고 있다. 따라서 그 개발과 운영 및 성과에 대한 전반적인 사항이 폭넓게 교육과정 평가의 대상이 될 수밖에 없다. 이러한 확산적인 사고는 궁극적으로 교육과정 개발과 운영의 질을 높이려는 노력들과도 그 맥락을 같이 한다. 지금까지 교육평가의 주요 대상이 학생들의 학업성취도 평가나 교원능력 평가에 치우쳐 있었다면, 향후 교육과정에 대한 팽창된 개념과 중요성에 발맞춰 교육과정 평가 역시도 심도 있게 다루어져야 할 것이다.

평가의 대상으로서 교육과정은 여러 가지로 설명될 수 있다. 교육과정 자체를 대상으로 할 수도 있고, 개발의 과정을 대상으로 삼을 수도 있으며, 개발의 결과물을 그 대상으로 삼을 수도 있다. 교육과정 평가는 교육과정과 평가의 맥락에서 그 개념과 성격을 바라보는 견해나 시각에 의해서 많은 영향을 받게 된다. 따라서 교육과정 평가는 그 과정상에서 다양한 쟁점들이 발생할 수 있으며, 때때로 여타의 평가들과는 상이한 성격을 나타내기도 한다. 이를 반증하듯 교육과정 평가를 설명하는 모형들 역시도 매우 다양한 관점에서 확산적으로 논의되고 있다.

교육과정 평가는 우리가 일반적으로 교육평가라고 부르는 것과는 다소 차이가 있다. 교육과정 평가는 교육에 대한 전체적인 평가체제의 일부이기는 하지만 기능적으로는 교육과정 체제의 일부이다. 교육과정 평가는 평가의 대상이 일차적으로 교육과정이라는 점에서 일찍이 Beauchamp(1968)은 교육과정 평가가 다음의 네 가지 차원에서 이루어져야 한다고 하였고, 구체적으로 살펴보면 다음과 같다.

첫 번째 차원은 교사의 교육과정 활용도에 대한 평가이다. 대부분의 교육과정 평가에서는 교사의 교육과정 활용이 교육과정의 실천에서 가장 중요한 문제임에도 간과되는 경향이 있다. 가장 간단히는, 교사가 교육과정을 자신의 수업에 어느 정도 활용했는지를 알아보기 위해서 수업계획이나 교수전략을 세우는 데 교육과정을 그 출발점으로 활용하였는지의 여부를 확인해 보는 것이다. 만일 교사들이 자신의 교수전략을 개발함에 있어 교육과정을 활용하지 않았다면, 교육과정 평가는 더 이상 진행될 수 없을 것이다. 다시 말해, 교사가 교육과정을 활용하지 않았을 때 이루어진 교육과정 평가는 그것을 교육과정에 대한 평가라고 할 수 없다. 교사가 교육과정을 활용하지 않은 경우는 교사가 교육과정에 상응하는 교수전략을 개발할 수 없었거나 아니면 교육과정에 상응하는 교수전략을 개발할 생각이 없었거나 또는 교사가 교과서로부터 수업을 시작해야 할 필요성을 느끼지 못했기 때문일 것이다. 또한 교육과정이 적절하지 않다고 느꼈을 수도 있다. 이 모든 경우에서 교육과정에 대한 평가는 부정적일 수밖에 없다. 따라서 교육과정 활용에 대한 교사의 경험은 차후 교육과정 개발에 중요한 피드백을 제공한다.

두 번째는 교육과정 설계안에 대한 평가다. 교사의 성공적인 수업이나 학생의 높은 학업성취는 일련의 교육과정 설계안이 적절했는지에 대한 평가의 준거가 될 수 있다. 교육과정 설계안을 평가하는 방법으로 상이한 두 개의 설계안을 비교하여 평가할 수 있는데, 이 경우에는 설계안의 각 영역들을 평가한다. 그 예로 교육목표와 그것을 달성하기 위한 수단으로 선정된 문화 내용의 관계를 개인적 유용성과 사회적 유용성 및 학습자의 심리적 적합성을 준거로 평가하는 것을 들 수 있다.

세 번째는 학생의 학습결과를 예측하기 위한 수단으로서 교육과정을 평가할 수 있다. 교육과정 계획과 학생의 학습결과 사이에는 다른 많은 변인들이 작용하기 때문에 사실상 학생의 학습결과를 확인하기 위해서 교육과정을 평가한다는 것은 지극히 난해한 일이다. 학생들은 학교뿐만 아니라 여러 장소에서 다양한 학습의 기회를 가질 수 있기 때문에 학습의 결과가 모두 교육과정의 계획에 따른 산물이라고 할 수는 없다. 그러나 교육과정이 의도적인 목적을 갖는 기본적인 계획이고, 이 목적들을 달성할 것으로 기대되는 내용들을 충실히 선정하였고, 수업계획이 이러한 내용들을 구체적인 목표로 발전시켰다면, 교육과정 평가는 학습의 결과를 확인하기 위해서도 사용될 수 있다.

마지막으로 네 번째는 교육과정 체제에 대한 평가다. 교육과정 체제의 각 측면들은 교육과정 평가에 의해 검토되어야 하고, 그 결과 획득된 피드백들은 체제의 각 부분을 개선하는 데 활용되어야 한다. 계획단계에서의 선택, 참여인사에 대한 결정, 작업을 위한 인사조직, 작업절차, 지도적 인사가 수행해야 하는 역할 등의 모두를 평가해야 한다. 이들에 대한 평가 결과로 얻게 되는 피드백들은 체제 개선에 구체적인 도움을 준다.

McNeil(1981)은 교육과정 평가를 교육과정 개발과 운영의 가치에 대해 결정을 내리는 일로서 설명하고 있다. 구체적으로 교육과정 평가가 계획되고 조직된 학습기회, 프로그램, 절차, 활동들이 실제로 바람직한 결과를 가져오는지를 교육과정의 장기적 가치에 기초하여 결정을 내리는 일이라는 것이다. 이러한 개념 정의는 앞서 밝힌 바와 같이 교육과정 평가가 단순히 학생들의 목표달성도의 확인을 통한 교수 효과 또는 학습결과 평가라는 차원을 넘어 보다 거시적이고 종합적인 수준에서 다양한 요소와 절차를 포함하게 된다는 견해와 맥락을 같이 한다.

국내의 학자들로서 먼저 김종서(1976)는 교육과정 평가를 보다 나은 교육과정을 계획하거나 또는 운영하기 위한 교육과정의 연구활동으로 바라보고, 교육과정 평가의 요소를 교육목표의 평가, 과정 계획의 평가, 교수-학습 과정의 평가, 평가자체의 평가라는 네 가지 항목으로 분류하였다. 또한, 교육과정 평가에 있어 전반적인 체계성에 중점을 두어 연구한 최호성(1993)은 교육과정 체제, 평가의 지향성, 평가의 방법론에 따라 교육과정 평가의 모형과 개념을 제시하고 있다. 교육과정 체제 차원에는 상황, 설계, 실행이 포함되고, 평가의 지향성 차원에는 판단, 의사결정, 이해가 포함되며, 평가의 방법론 차원에는 양적 탐구, 질적 탐구가 포함된다는 교육과정 평가의 3차원을 제시하고 있다.

이상을 고려하여 우리나라의 실정에 비추어 볼 때, 교육과정 평가란 '의도된 교육과정, 전개된 교육과정, 실현된 교육과정의 절차와 과정에 있어, 그 질과 수준을 검토하고 분석하여 교육과정이 목표하는 바를 어느 정도 달성하고 있는가를 확인하고, 교육과정의 문제점이나 개선 방안에 관한 판단을 내릴 수 있도록 다양한 정보를 제공하는 일련의 과정 및 평가 활동'이라고 정의내릴 수 있다.

> 교육과정 평가는 교육과정과 평가의 맥락에서 그 개념과 성격을 바라보는 견해나 시각에 의해서 많은 영향을 받게 된다.
> 국·내외 학자들의 견해와 교육과정 평가에 관한 다양한 논의들을 종합해 볼 때, 교육과정 평가란 '의도된 교육과정, 전개된 교육과정, 실현된 교육과정의 절차와 과정에 있어, 그 질과 수준을 검토하고 분석하여 교육과정이 목표하는 바를 어느 정도 달성하고 있는가를 확인하고, 교육과정의 문제점이나 개선 방안에 관한 판단을 내릴 수 있도록 다양한 정보를 제공하는 일련의 과정 및 평가 활동'이라고 정의내릴 수 있다.

학습문제

01. 교육과정 평가의 개념을 설명하시오.

02. Beauchamp이 제시한 교육과정 평가의 네 가지 차원을 설명하시오.

03. 교육과정 평가에 대한 학자들의 다양한 정의를 참고하여 자신이 생각하는 교육과정 평가란 어떤 것인지 나름대로 정의내리시오.

02 교육과정 평가의 목적

교육과정 평가의 주된 목적은 교육의 질을 제고하는 데 있다. 따라서 교육과정 개발 체제와 과정, 이에 따른 각종 문서의 구안, 그리고 이를 운영하고 실천하며, 그 결과를 진단하고 검토하여 성과를 확인하고, 대안을 제시하는 일체의 일과 폭넓고도 밀접하게 관련된다. 이러한 점을 염두에 두었을 때, 다음과 같이 크게 세 가지로 교육과정 평가의 목적을 생각해 볼 수 있다.

가. 교육과정의 효과성 및 효율성 파악

교육과정 평가는 교육과정이 본래 의도했던 결과를 성취하는 데 적절한 것이었나의 문제에 관한 판단에 도움을 준다. 평가 결과는 목표의 재정의나 혹은 새정의된 목표를 성취하기 위한 수난을 다시 계획하는 데 노움을 준다. 특히 우리나라와 같이 대부분 국가수준 교육과정을 시행하는 경우에는 기존 교육과정의 효과성과 효율성을 파악해 보는 데 도움이 될 만한 기초자료를 수집하기 위해서 지속적으로 교육과정 평가가 이루어져야 한다.

나. 의사결정에 필요한 정보의 수집과 제공

교육과정 평가는 교육과정의 계획, 개발, 운영과 관련하여 여러 가지 의사결정에 필요한 정보를 수집, 제공하는 과정으로서 궁극적인 목적은 교육과정의 질적 관리에 있다. 예컨대 교육과정 평가는 새로 개발된 교육과정이 학습자와 사회의 요구에 알맞은 것인지, 새 교육과정을 반영한 학습자료의 내용과 조직은 타당한지, 의도한 계획으로서의 교육과정과 수업 속에 반영된 교육과정, 그리고 수업을 통하여 학생들에게서 나타난 학습성과 사이에 어느 정도 일관성 및 효과가 있는지, 만일 효과적이지 못하다면 그 까닭은 무엇인지 등에 관하여 정보를 체계적으로 수집하고 판단하는 과정이라고 할 수 있다. 따라서 교육과정 평가는 전체적인 측면에서는 시행하고 있는 교육과정이 학교교육에 미치는 효과를 알아보기 위한 목적으로 실시할 수 있으며, 세부적으로는 교육과정이 학생 개개인의 성장과 발달 측면에서 어떠한 성과를 가져다주었는지를 검토하기 위한 목적으로 실시할 수도 있다. 그리고 교육과정 평가의 결과는 교육과정 자체의 질적 수준을 유지하거나 또는 수업 과정의 개선을 돕는 여러 가지 의사결정 자료로 중요하게 활용된다.

다. 교육의 전반적인 상태 확인 및 점검

교육과정의 실천에 대한 평가를 통해 학교수준뿐 아니라 전국 수준에서 교육과정의 실천 정도가 파악된다. 다시 말해, 전국적인 시행에 들어간 교육과정과 교과용 도서가 학교 현장에서 계획된 대로 잘 수행되고 있으며, 학교교육의 질적 수준이 만족스럽게 유지되고 있는지를 점검하는 것이다. 평가의 결과에 따라서는 국가적 수준에서의 획일적 통제보다도 학교수준에서 보다 많은 재량권을 가지고 교육과정을 운영하도록 한다든지, 교과용 도서 이외의 다양한 교수-학습 프로그램과 자료를 개발하여 보급한다든지, 또는 새로운 평가 체제를 개발하여 보급하는 등의 결과들로 자연스럽게 이어진다.

> 교육과정 평가의 주된 목적은 교육의 질을 제고하는 전반적인 활동들과 밀접하게 관련이 있으며, 구체적으로 교육과정의 효과성과 효율성 파악, 의사결정에 필요한 정보의 수집과 제공, 교육의 전반적인 상태를 확인하고 점검하는 세 가지로 생각해 볼 수 있다.

03 교육과정 평가의 논리와 쟁점

가. 교육과정 평가의 논리

교육과정은 폭넓게 프로그램으로서 정의되기도 한다(배호순, 2004). 따라서 프로그램의 논리를 교육과정 논리에 적용하였을 때, 교육과정의 논리는 일련의 가정으로서 교육과정의 이론, 성격 등을 반영한 교육과정의 구조, 절차를 개념화하는 논리와 계획이라고 할 수 있다. 따라서 프로그램의 성격, 논리, 이론 등을 고려하여 평가의 대상과 방법이 도출되어야 한다(Rossi & Freeman, 1985)는 프로그램 평가의 논리는 교육과정 평가에서도 적용해 볼 수 있다. 교육과정 평가에 프로그램 논리를 적용하여 종합적인 평가로서 개념화한 Rossi(1985)는 종합적인 평가는 프로그램의 개념화, 설계, 실천 및 결과 활용도 등을 종합적으로 고려하여 프로그램에 적합한 평가방법을 맞춤식으로 선정해야 한다고 주장하였다.

Worthen과 Sanders(1973)는 프로그램 평가의 개념과 목적에 따라 프로그램 평가모형을 판단적 전략모형(judgemental strategies), 결정-관리 전략모형(decision-management strategies), 결정-목표 전략모형(decision-objective strategies)으로 분류하였다. 〈표 11-1〉은 Worthen과 Sanders(1973)의 프로그램 평가모형의 분류이고, 각 유형에서의 평가의 개념에 따라 교육과정 평가모형을 제시한 것이다.

〈표 11-1〉 **평가모형 분류**

유형	평가개념	교육과정 평가모형
판단적 전략모형 (judgemental strategies)	경험이나 과정의 가치를 판단하는 활동	Stake(1970)의 반응적 평가모형, Scriven(1974)의 탈목표 모형 등
결정-관리 전략모형 (decision-management strategies)	의사결정에 도움이 될 수 있는 정보를 제공하는 활동	Alkin(1969)의 CSE 모형, Stufflebeam(1971)의 CIPP 모형 등
결정-목표 전략모형 (decision-objective strategies)	의도한 목표나 요구한 바를 달성했는가를 확인하는 활동	Tyler(1942, 1949)의 목표달성 모형, Provus(1971)의 불일치 격차모형, Hammond(1973)의 평가모형 등

출처 : Worthen & Sanders, 1973. *Educational Evalouation : Theory and Practice*. Wadworth Publishing Company. p.145.

또한, Worthen, Sanders & Fitzpartrick(2004)은 프로그램 평가모형을 다섯 가지의 평가접근으로 분류하였는데, 그 내용을 평가의 목적에 따라 간략하게 살펴보면 다음과 같다. 첫째 목표중심(objective-oriented) 평가접근은 평가를 목표로 미리 설정한 후 그 목표가 어느 정도 달성되었는지를 판단하는 것이다. 둘째, 관리중심(management-oriented) 평가접근은 평가를 의사결정자에게 필요한 정보를 제공함으로써 의사결정을 도와주기 위한 것으로 파악하는 것이다. 셋째, 수혜자중심(consumer-oriented) 평가접근은 교육을 위하여 사용되는 모든 것들을 교육상품으로 보고 나아가 교육의 행위도 서비스로 간주하여 교육 프로그램의 대상인 수혜자가 무엇을 원하고 필요로 하는가에 관심을 두는 것이다. 넷째, 전문가중심(expertise-oriented) 평가접근은 가장 오래되고 널리 쓰이는 평가접근으로 전문가의 판단에 의하여 교육제도, 프로그램, 교육상품, 교육활동 등을 평가한다. 다섯째, 참여자중심(participant-responsive) 평가접근은 자연주의적 탐구방식과 평가하는 과정에의 참여를 강조한다는 특징이 있다. 〈표 11-2〉는 Worthen, Sanders & Fitzpartrick(1997)이 제시한 프로그램 평가모형의 분류이고, 구체적으로 다섯 가지의 평가접근과 그 목적에 따른 교육과정 평가모형들을 나타내고 있다.

〈표 11-2〉 **프로그램 평가모형의 분류**

평가접근	평가의 목적	프로그램 평가모형
목표중심(objective-oriented) 평가접근	각 목표들의 성취 정도를 판단	-Tyler의 목표달성 모형 -Provus의 불일치 격차모형
관리중심(management-oriented) 평가접근	의사결정에 필요한 정보제공	-Alkin의 CSE 모형 -Stufflebeam의 CIPP 모형
수혜자중심 (consumer-oriented) 평가접근	수혜자의 효과적 선택을 위한 의사결정상의 정보제공	-Scriven의 주요 평가 KEC
전문가중심 (expertise-oriented) 평가접근	전문가의 판단과 조언 제공	-공식적 전문 심의체제 -비공식적 전문 심의체제 -Eisner의 교육적 감식, 비평
참여자중심 (participant-responsive) 평가접근	실제적인 프로그램상의 이해와 세부적인 기술을 통한 평가자들의 요구에 질의·응답	-Stake의 교육평가 안모반응 -Hamilton의 조명적 평가 -MacDonald의 민주적 평가 -Guba & lincoln의 자연주의 평가

출처 : Worthen, Sanders, & Fitzpartrick(1997). *Program Evaluation: Alternative approach and practical guidelines*. New York: Longman. p.157.

Worthen과 Sanders(1973)의 분류와 Worthen, Sanders & Fitzpartrick(1997)의 분류를 종합하여 볼 때, 평가모형 분류는 그 분류 기준을 무엇으로 하느냐에 따라 달라질 수 있으며, 이들은 서로 완전히 배타적이지도 않다. 평가대상의 특성이나 목적에 맞게 두세 개의 평가모형을 재구성하여 새로운 평가모형을 구성할 수도 있다.

프로그램의 성격, 논리, 이론 등을 고려하여 프로그램 평가가 도출되어야 한다는 프로그램 평가논리는 교육과정 평가에서도 적용될 수 있다.

나. 교육과정 평가의 쟁점

교육과정 평가는 앞서 개념에서도 언급한 바와 같이 교육과정 혹은 평가를 바라보는 여러 시각과 견해들로 인해 다양한 논의의 담론들을 내포하고 있다. 여기에서는 주로 평가의 목적과 대상을 중심으로 발생하는 쟁점들을 살펴보겠다.

먼저, 평가의 목적은 본질적으로 학습자 간 교육경험의 성장을 지원하고 촉진해주는 데 있지만 각 평가들은 그 목적에서 저마다 다소간의 차이를 보인다는 것이다. 구체적으로 학생평가는 학생의 지적·정의적·심동적 능력의 평가를 혹은 학습자의 선수학습능력이나 선행학습의 진단, 학습자의 진로 및 적성 파악, 학습자의 자격 인증 선발이나 집단 내의 상대적 서열 결정 등 학습자 개인에 관한 정보 수집이나 판단을 그 목적으로 한다. 교사평가는 여러 다양한 차원에서 교사를 평가하며 주로 교사의 수업 질의 개선에 주된 목적이 있다. 학교평가는 학교교육을 구성하는 다양한 영역에서 학교교육의 질을 개선하는 목적으로 평가한다. 구체적으로는 학교의 수준 진단, 학교교육의 개선 방안 모색, 학교 인증, 책무성의 규명과 상벌의 적용에 활용된다.

또한, 평가의 대상이 상이함을 알 수 있다. 학생평가는 학생의 행동발달 상황이나 학생을 매개로 하는 것을 평가대상으로 하며, 교사평가는 수업이나 교사의 행동을, 학교평가는 학교와 운영에 관한 제반사항들을, 교육지원 기관들은 학교교육을 지원하는 시·도 또는 시·군·구의 교육청 및 교육지원청들을 평가의 대상으로 볼 수 있다. 이에 반해 교육과정 평가는 교육과정 자체가 그 평가의 대상이 된다고 볼 수 있다.

이와는 다른 시각으로 교육과정 평가를 바라볼 때, 그 목적과 대상에 있어서는 상호 구분되는 활동이지만 평가 실제에 있어서는 다소 중복되기도 한다. 학생평가는 교육과정 평가, 학교평가, 교육지원 기관평가와 각각 겹치는 부분이 분명히 존재한다. 예를 들면, 학생평가의 중핵적인 영역인 학업성취도 평가는 교육과정 평가, 학교평가, 그리고 교육지원 기관평가와 각각 겹치는 부분이 존재한다. 즉, 학생평가의 중핵적인 영역인 학업성취도 평가는 교육과정 평가, 학교평가, 그리고 교육지원 기관평가의 성과를 평가하는 데 모두 사용될 수 있다. 학생평가에 있어서 개인의 능력인증이나 진로지도 및 때때로 실시되는 선발을 위한 상대평가 등은 교육과정 평가나 학생평가에서 바라보는 성과평가와는 다소 관련이 없다고 간주할 수 있다.

이상을 종합할 때, 교육과정 평가는 교육과정과 평가에 의해서 그 의미와 방법이 규정되기 때문에 이와 관련한 이해 당사자들마다의 입장과 견해의 차이가 엄연히 존재함을 상기할 수 있다. 다음은 대부분이 공감하는 내용을 중심으로 교육과정 평가의 쟁점들을 정리한 것이다.

(1) 교육과정 평가를 바라보는 시각

구체적으로 목표를 지향할 것인지, 가치판단에 치중할 것인지, 선택이나 의사결정을 위한 것인지에 따라 교육과정 평가의 개념이 상이해진다. 같은 맥락으로 교육과정 평가의 목적에 따른 우선순위의 배분에 따른 문제도 발생할 수 있다. 개선 대 판단, 의사결정 대 책무성, 판단-의사결정-이해 중 각각 어디에 우선순위를 두느냐가 관건으로 대두된다.

(2) 평가자의 관점

평가자가 전통적인 관점을 견지하는지, 경험형의 관점을 갖고 있는지, 혹은 행동주의적인지, 학문중심형인지에 따라 평가의 흐름과 진행양상은 상이하게 된다.

(3) 평가의 방법과 수준

양적 평가와 질적 평가가 상충하며, 평가의 수준에도 국가수준, 지역수준, 학교수준에 따라 상충적인 견해가 발생할 수 있다. 이는 내용의 범위와 계열을 공식화한 문서로서의 교육과정, 학생들의 학습경험의 총체로서의 교육과정, 성과를 나타내는 학습목표로서의 교육과정 중 어디에 교육과정의 초점을 두는 문제와도 상호 관련성이 있다.

(4) 다양한 견해

교육과정 평가는 계획, 과정, 결과라는 제 측면들과 평가 영역 및 체제들에 있어서도 다양한 해석들이 존재할 수 있으며, 상충적인 견해들이 다분히 발생할 수 있다.

> 교육과정 평가는 교육과정과 평가에 의해서 그 의미와 방법이 규정되기 때문에 이와 관련한 이해 당사자들마다의 입장과 견해의 차이가 엄연히 존재함을 상기할 수 있다.

학습문제

01. 교육과정 평가의 목적을 크게 세 가지로 나누어 제시하시오.

02. 교육과정 평가와 프로그램 평가의 관계에 대해 설명하시오.

03. 책에서 제시된 내용 이외에 교육과정 평가에서 발생할 수 있는 쟁점들을 생각하고 발표해 보시오.

Chapter 12

교육과정 평가의 모형

학습내용

1. 목표중심 평가모형
2. 관리중심 평가모형
3. 수혜자-전문가중심 평가모형
4. 참여자중심 평가모형

교육과정은 넓은 의미에서 프로그램의 일종으로 이를 평가하기 위해서는 프로그램 평가모형에 대한 이해를 고려할 필요가 있으며, 이러한 관점에서 Steele(1973)은 교육과정에 대한 평가를 내용의 자체 평가, 운영 및 과정 평가, 성과 및 산물에 대한 평가 등 세 가지로 나누어 제시한 바 있다. 또한, 교육과정 평가모형은 교육과정의 어떠한 측면(phase)을 평가대상으로 하느냐에 따라 평가모형이 달라진다(강현석 · 주동범, 2004).

이 책에서는 앞서 살펴본, 교육과정 평가의 개념과 논리(Worthen, Sanders & Fitzpartrick, 1997)에 비추어 교육과정 평가모형의 접근 유형을 크게 Tyler(1949)와 Provus(1971)를 위주로 하는 목표중심 평가모형, Alkin(1969)과 Stufflebeam(1971)을 위주로 하는 관리중심 평가모형, Scriven(1974)과 Eisner(1975)를 위주로 하는 수혜자-전문가중심 평가모형, Stake(1967)와 Parlett & Hamilton(1976)을 위주로 하는 참여자중심 평가모형의 네 가지로 나누어 각각의 모형들이 지향하는 바와 세부적인 내용들을 살펴보았다.

01 목표중심 평가모형

목표중심(objective-oriented) 평가모형은 평가를 목표로 미리 설정한 후 그 목표가 어느 정도 달성되었는지를 판단하는 것이다.

가. Tyler의 평가모형

Tyler는 「8년 연구」의 평가 책임자로 참여하면서 평가 프로그램을 설정하기 위한 지침을 제공하였다. 이 지침에서 그는 효율적인 교육과정 평가를 위한 7단계의 평가 단계를 제시하였다. 그는 이 경험을 바탕으로 「교육과정과 수업의 기본 원리」에서 교육과정 개발에서 평가가 중요한 요소임을 강조하였다.

Tyler의 평가모형은 교육목표달성 목표를 전제로 하며, 목표의 성취 여부를 확인하는 것을 목적으로 하고 있다. 이와 같은 이유로 타일러 평가모형을 '목표 지향적(혹은 중심) 평가'로 부르고 있는데, 지금도 우리 교육현장에서 주된 평가방법 중의 하나로 활용되고 있다. 그가 제안하고 있는 평가의 과정을 다음과 같이 요약할 수 있다(권낙원 외, 2008).

① 학습자에 관한 연구 조사 결과, 현대사회에 관한 조사, 내용 전문가로부터의 제안을 받아들여 목표를 추출한다.
② 이들 목표를 세 가지 관점, 즉 철학적, 심리학적, 경험적 관점에서 검토한다.
③ 조사과정을 거쳐 최종 설정된 목표를 이원분류표로 작성한다. 가로 줄에는 내용 영역을, 세로 줄에는 행동 영역을 정한다. 내용 영역과 행동 영역이 만나는 각 칸에 목표를 나타낸다.
④ 학습자가 목표에 제시된 행동을 표현할 수 있는 상황을 밝힌다.
⑤ 각각의 목표를 검증할 수 있는 도구를 조사하거나 개발한다. 이들 도구는 꼭 지필검사일 필요는 없다. 그러나 그 도구들은 객관도, 신뢰도, 타당도를 갖추어야 한다.
⑥ 사전 사후 검사를 실시한다. 그래야만 행동변화가 측정될 수 있다.
⑦ 교육과정의 강점과 약점을 결정하기 위하여 결과를 조사한다.
⑧ 발견된 강점과 약점을 설명하는 가설을 설정하여 검증한다.

⑨ 교육과정을 적절히 수정한다.

타일러의 '목표지향적 평가'에서 볼 수 있는 몇 가지 특징을 보면 다음과 같다.

첫째, 교육목표를 학습자, 사회, 교과 전문가의 세 자원(goal-source)으로부터 이끌어 오며, 교육철학과 심리학이라는 두 개의 체(screen)로 걸러 설정한다.

둘째, 설정된 교육목표를 측정 가능한 행동적 용어로 진술한다.

셋째, 일련의 교수-학습 과정을 마친 후에 사전에 설정된 목표달성 여부를 판단하기 위하여 성취도를 측정한다. 이 과정에서 달성되지 못한 목표는 수업 프로그램이 부적절하였음을 의미하고, 달성된 목표는 수업 프로그램이 성공적이었음을 의미한다.

이러한 타일러 모형은 교육과정 평가이론에 큰 영향을 끼쳤다. 평가를 교육과정 구성요소의 하나로서 인식하는 지평을 확대시킨 것과 교육목표를 행동적으로 진술할 것을 제안한 것 등은 교육과정 평가에 공헌한 대표적인 내용이라고 할 수 있다. 그러나 그가 제시한 교육목표 진술의 구체화 방안에 관해서는 평가자들 간에 논란이 되고 있다. Tyler 모형의 또 다른 문제점은 목표중심의 결과를 평가한다는 점이다. 이것은 사전에 의도된 결과가 아닌 부수적인 결과를 평가대상에서 간과할 수 있으며, 구체적으로 진술하기 어려운 목표는 목표 설정에서 제외될 우려가 있다. 또한 설정된 목표 자체가 추구할 가치가 없다면 목표 성취도를 평가하는 것은 무의미한 활동이 될 가능성이 높다는 문제를 안고 있다.

> Tyler의 평가모형은 교육목표달성 목표를 전제로 하며, 목표의 성취 여부를 확인하는 것을 목적으로 하고 있다. 이와 같은 이유로 타일러 평가모형을 '목표 지향적(혹은 중심) 평가'로 부르고 있다.

나. Provus의 불일치(격차) 평가모형

Tyler 목표중심 평가방법을 토대로 보다 발전시킨 평가모형 중의 하나가 M. Provus의 '불일치(격차) 평가모형(Discrepancy Evaluation Model : DEM)'이다.

그는 평가를 과정으로 본다. 즉, 평가는 프로그램의 기준을 합의 설정하는 과정이고, 그 프로그램의 어떤 측면과 그것을 다스리는 기준들 간의 격차가 존재하는가를 결정하는 과정이며, 프로그램의 단점을 확인해내는 데 격차 정보를 활용하는 과정이라고 한다. 그의 평가모형은 교육과정을 통해 달성해야 할 기준(또는 준거)과 실제 수행 성과와의 차이, 괴리, 불일치에 관한 정보를 분석하여 기준과 수행성과 사이의 차이를 드러내고, 그 불일치에 관한 정보를 활용하여 프로그램의 약점을 파악해 나가는 방식을 취하고 있다. 이러한 약점의 파악을 통하여 프로그램을 개선할 것인지, 유지할 것인지, 아니면 종결시킬 것인지를 최종적으로 결정한다.

Provus의 불일치 평가 접근법에서는 평가를 다음과 같이 다섯 단계로 구분하여 제시하고 있다.

① 설계 단계

프로그램에 투입되는 각 변인들(투입, 과정, 산출 변인)을 각각 명시적으로 기술하며, 제대로 설계되었는지를 평가한다.

② 투입 단계

평가의 기준(준거)을 열거하고 그 적합성을 확인한다. 그리고 이 기준을 토대로 프로그램에 투입될 요인들이 충실하게 투입되었는지를 확인한다.

③ 과정 단계

프로그램의 중간 단계 목적들이 달성되고 있는지 확인하는 것이다. 이를 위하여 프로그램에서 계획한 변화가 일어났는지를 확인하기 위한 자료를 수집한다.

④ 결과 단계

프로그램 실행 과정에서 프로그램의 최종 목적이 성취되었는가를 확인하는 것이다. 그리고 기준(준거)과의 일치/불일치 여부와 그 정도를 판단한다.

⑤ 비용 단계

프로그램의 운영 결과를 타 프로그램과 비교하거나, 혹은 목표달성을 위해 투입된 예산이나 인력, 시간 및 노력 등을 비교한다.

Provus의 이러한 평가모형은 당시 큰 호응을 받았다. 비교적 분명하고 손쉽게 어떠한 자료를 놓고 평가해야 하는지를 각 평가 단계에서 제시해주고 있기 때문이다. 또한 교육과정을 실제로 운영하는 사람들과 평가 전문가들 간의 의사소통을 촉진하고, 프로그램의 결과 평가에만 그치는 것이 아니라 프로그램 실시 이전 및 과정 중에도 이루어질 수 있는 진단평가와 형성평가의 중요성을 인식시켜 주었다.

그러나 목표를 지나치게 강조하여 프로그램 운영자들에게 부정적으로 작용할 가능성이 있고, 수준 설정에 대한 방법론이 충분하지 못했다는 점에서 비판이 제기되고 있다. 또한 Provus의 불일치 평가 접근법은 기준(준거)설정에 대한 방법론이 불충분하다는 점에서 비판을 받고 있다.

> Provus의 평가모형은 교육과정을 통해 달성해야 할 기준(또는 준거)과 실제 수행 성과와의 차이, 괴리, 불일치에 관한 정보를 분석하여 기준과 수행성과 사이의 차이를 드러내고, 그 불일치에 관한 정보를 활용하여 프로그램의 약점을 파악해 나가는 방식을 취하고 있다.

학습문제

01. Tyler의 평가모형에 대해 그 특징과 과정을 설명하시오.

02. Provus의 평가모형에 대해 그 특징과 과정을 설명하시오.

03. Provus의 평가모형과 Tyler의 평가모형을 각각의 장점과 단점을 중심으로 비교하시오.

02 관리중심 평가모형

관리중심(management-oriented) 평가모형은 평가를 의사결정자에게 필요한 정보를 제공함으로써 의사결정을 도와주기 위한 것으로 간주한다.

가. Alkin의 CSE 모형

Alkin은 UCLA의 '평가 연구 관리 센터(Center for the Study of Evaluation)'에서 평가의 의사결정-관리 접근을 연구하였는데, 이 평가 연구 센터의 영문 첫 글자를 따서 CSE 모형이라 불렀다. 이 모형은 Stufflebeam의 모형과 비슷하나 평가의 영역을 다섯 가지로 나누고 있는 점에서 다소 다르다. 이 다섯 가지 평가 영역들은 다음과 같다.

① 체제(사정)평가로 특정한 상황에 적절한 교육목표의 구체적인 범위를 결정하는 수단이다. 예컨대 학생, 지역사회, 그리고 사회 등 체제의 필

요(needs)를 사정해내는 것이다.

② 프로그램 계획평가이다. 이 평가는 프로그램의 실행 전에 이루어지는 것으로 특정 교육적 요구(프로그램 목표)를 충족시킬 수 있는 가장 효과적인 방안을 선택하도록 정보를 제공한다.

③ 프로그램 실행평가는 프로그램이 실제 계획한 대로 얼마만큼 실행되었으며, 얼마나 적합하게 실행되었는지 등에 관한 정보를 수집하여 의사결정에 도움을 제공한다.

④ 프로그램 개선평가는 프로그램 실행 과정 중에서 발견된 여러 가지 문제점들을 추출하고 이를 수정·보완하며, 의도하지 않았는데 가치 있는 결과가 생겼을 때 이를 면밀히 분석하여 프로그램 수정에 반영시키고자 정보를 수집하는 평가영역이다.

⑤ 프로그램 승인평가는 프로그램 전체의 가치를 총괄적으로 판단하며, 이 프로그램이 다른 상황에서도 어느 정도 적용될 수 있는지 등의 일반화 가능성을 판단한다. 또한 프로그램의 질적 수준에 대한 종합적인 결과를 제공하여 프로그램을 삭제, 수정, 보류하거나 아니면 더 발전시켜 나가야 하는가를 결정할 수 있도록 정보를 제공해 주는 평가영역이다.

CSE 모형은 의사결정을 필요로 하는 행정가들, 특히 교육과정 개발에 책임을 지고 있는 행정가들에게 어떠한 영역의 의사결정을 해야 하는가에 대한 분명한 지침을 제공해주고 있다. 하지만 CSE 모형 역시 Stufflebeam의 모형처럼 평가에 있어서 가치의 문제를 밝히지 못했고, 의사결정 과정에 대한 기술이 분명하지도 않다는 비판을 받고 있다.

CSE 모형은 의사결정을 필요로 하는 행정가들에게 어떠한 영역의 의사결정을 해야 하는가에 대한 분명한 지침을 제공해 준다는 점에서 유용하다.

나. Stufflebeam의 의사결정적 평가모형

Stufflebeam의 평가모형을 간략히 CIPP(Context, Input, Process, Product) 모형이라고도 한다. 이 모형은 1971년에 열린 「교육연구에 관한 11차 Phi Delta Kappa의 심포지엄」에서 「평가에 관한 Phi Delta Kappa 연구위원회」가 '교육평가 및 의사결정'이라는 제목으로 만든 보고서에 소개된 것으로, 그 당시 Stufflebeam이 이 위원회의 위원장으로 있었기 때문에 그의 이름을 붙여 'Stufflebeam 모형'이라고 불렀다. 이 보고서에서 그는 평가란 의사결정의 대안들을 판단하는데 유용한 정보를 기술하고, 획득하며, 제공하는 과정으로 정의하면서 의사결정의 과정, 상황, 유형, 절차, 원리 등을 면밀히 연구함으로써 평가에 대한 새로운 관점을 제시하였다. 특히 그는 의사결정의 유형을 분류하면서 의사결정 유형에 상응하는 네 가지 평가의 유형(상황, 투입, 과정, 산출)을 분류한 것이 이 모형의 가장 큰 특징이다.

CIPP 모형을 구성하는 네 가지 유형의 평가를 <표 12-1>과 같이 요약할 수 있다(이성호, 2004; 권낙원 외, 2008).

<표 12-1>에서 제시한 CIPP 모형은 나름대로의 장점과 단점이 있다. 먼저 긍정적인 측면에서 평가의 대상을 목표 이외의 대상에까지 확대했다는 점을 들 수 있다. 더욱이 이 모형은 평가자에게 새로운 많은 요구를 부여하고 있으며 대규모의 프로그램이나 프로젝트에 적용하는 데 유용한 평가모형이다. 또한 요즘 널리 사용되고 있는 체제이론에 잘 어울리고 그 자체가 체계적이고 합리적이라고 할 수 있다. 그러나 이 모형은 의사결정의 합리성과 개방성, 의사결정자의 규명 문제에 관해서는 불분명하다는 단점을 지니고 있으며, 또한 CIPP 모형의 핵심이라 할 수 있는 의사결정이 단순하지 않고 실제 운영상에서 많은 어려움이 따른다는 단점도 내포하고 있다. 또한 가치문제에 대해서는 비교적 소홀하였으며, 의사결정 과정이 명확하게 제시되어 있지 못하다는 점에서 한계를 지닌다.

〈표 12-1〉 CIPP 교육과정 평가 유형

구 분	상황평가	투입평가	과정평가	산출평가
목 표	• 상황을 조작적으로 정의하기 • 요구와 기회를 상황 안에서 평가하기 • 문제를 진단하기	• 시스템의 유용성을 평가하고 규정하기 • 가능한 투입전략을 규명하기 • 전략을 실행하기 위한 설계를 평가하기	• 절차의 설계 또는 그 실행에서 결점을 규정하거나 예견하기 • 실행 절차를 기록하고 유지하기	• 결과를 목표와 비교하기 • 결과를 맥락, 투입, 과정과 비교하기
방 법	• 상황을 기술하기 • 실제 투입과 의도된 투입을 비교하기 • 실제와 의도 사이의 불일치의 원인을 분석하기	• 교육과정 실행의 관련성과 가능성, 경제성을 알기 위해 이용 가능한 인적·물적 자원 분석하기 • 해결전략과 절차적 설계를 분석하고 기술하기	• 실행 과정을 계속 점검하기 • 절차상의 결함을 추적하기 • 의사결정과 활동과정을 기술하기 위한 구체적 정보를 획득하여 예기치 않았던 일 경계하기	• 목표와 관련된 기준을 측정하고 조작적으로 정의하기 • 사전에 설정된 기준에 측정 결과를 비교하고 해석하기
의사 결정과의 관계	어느 상황에서 어떤 목표를 추구해야 하는가에 대한 의사결정하기	지원된 자원, 해결전략, 절차설계 등을 선택하여 구조화하기	효과적인 과정 통제를 위해 프로그램을 고안하고 절차를 정의하고 실행하기	• 변화의 유지나 종결, 혹은 수정 여부를 결정하기 • 변화의 재순환 여부를 결정하기

출처 : 권낙원 외, 2008에서 재구성.
권낙원, 민용성, 최미정(2008). 학교교육과정 개발론. 학지사. p.71.

CIPP(Context, Input, Process, Product) 모형은 의사결정의 유형을 분류하면서 의사결정 유형에 상응하는 네 가지 평가의 유형(상황, 투입, 과정, 산출)을 분류하였다.

학습문제

01. Alkin의 CSE 모형에 대해 그 특징과 과정을 설명하시오.

02. Stufflebeam의 의사결정적 평가모형에 대해 그 특징과 과정을 설명하시오.

03. Alkin의 CSE 모형에서 간과하고 있는 점은 무엇인지 생각해보시오.

04. Stufflebeam의 의사결정적 평가모형에 있어 네 가지 평가유형에 따른 각각의 평가방법에 대해 설명하시오.

03 수혜자-전문가중심 평가모형

수혜자중심(consumer-oriented) 평가모형은 교육을 위하여 사용되는 모든 것들을 교육상품으로 보고 나아가 교육의 행위도 서비스로 간주하여 교육 프로그램의 대상인 수혜자가 무엇을 원하고 필요로 하는가에 관심을 둔다. 그리고 전문가중심(expertise-oriented) 평가모형은 가장 오래되고 널리 쓰이는 평가접근으로 전문가의 판단에 의하여 교육제도, 프로그램, 교육상품, 교육활동 등을 평가한다.

가. Scriven의 탈목표 평가모형

Scriven(1973)은 교육과정 평가의 선행 조건으로 목표에 대한 관심을 강조하였다. 그에 따르면, 우리는 교육 프로그램, 교수 프로그램, 기타 교육 현상을 평가할 때 흔히 목표에 비추어서 그 목표가 성취되었는가의 여부를 따져 평가를 실시한다고 한다. 이러한 과정 속에서 의식적, 혹은 무의식적으로 목표는 당연히 올바르다고 생각하게 되며 목표의 성취가 제대로 되었다고 보는 허위적 합리성에 빠진다는 것이다. Scriven은 이와 같은 평가를 목표 기반 평가(goal based evaluation)라고 하였다. 그러나 목표가 잘 성취되었다고 하더라도 만약 그 목표가 원래 가치가 없는 것이라면 성취 역시 아무런 가치가 없다. 즉, 목표에 대한 사전 평가 없이 그냥 목표에 의거해서 평가를 실시해서는 안 된다는 것이다. Scriven의 탈목표 평가(goal-free evaluation)는 이러한 아이디어에서 출발한다. 그는 평가를 사전에 주어진 목표에 의거해서 성취수준을 확인하고 해석하는 활동으로 보기보다는 특정 활동이나 행위가 가져오는 다양한 결과 또는 효과를 총체적으로 파악하는 과정으로 보았다.

Scriven이 탈목표 평가모형을 강조함에 따라 평가에 있어서 전문가의 역할이 더욱 중요하게 되었다. 평가란 주어진 목표에 근거해 성취 정도를 확인하는 '관리적인' 활동이기보다는 전문가가 전문가적인 안목에 의해 가치판단을 수행하는 '전문적이고 복잡한' 활동이라는 것이다.

이와 같은 Scriven의 탈목표 평가모형의 특징은 목표에 구애받지 않고 자유롭게 외적인 준거를 활용하여 평가 전문가들이 실시하는 가치판단 활동이라는 점이다. 이 모형이 교육평가 영역에서 공헌한 내용은 평가 과정에 있어서 내부인들의 형성평가와 외부인들에 의한 총합 평가를 구분한 점, 평가에 있어서 가치에 초점을 두었다는 점, 수단에 대한 본질적인 평가(intrinsic evaluation)와 목표에 대한 결과 평가(pay-off evaluation)의 개념을 확산시켰다는 점 등이다. 그러나 이 모형은 전문가의 판단에 있어서의 타당성을 어떻게 확보해야 할 것이냐에 대한 문제를 자세히 다루지 않았다는 점에서 비판을 면치 못하고 있다.

Scriven의 탈목표 평가모형은 목표에 구애받지 않고 자유롭게 외적인 준거를 활용하여 평가 전문가들이 실시하는 가치판단 활동이라는 점을 강조한다.

나. 감정·비평가모형(감식안 모형)

Eisner(1985)가 주장한 것으로, 교육평가에 대한 과학적·기술적 접근이 남긴 역작용을 제거할 목적으로 그는 예술 활동에서 많이 사용하는 감정과 비평에서 교육비평이라는 개념을 도출하여 예술작품을 감정 또는 평가할 때 그 분야의 전문가들이 사용하는 절차와 기술을 교육평가에 적용한 것을 감정·비평모형이라 했다. 일명 감식안 모형이라고도 한다. 세부적인 절차는 다음과 같다.

① 실제 사상에 대한 감상 : 직관을 토대로 평가하고자 하는 교육적 사상 또는 실제의 모습을 보고, 느끼고, 생각한 대로 담담하게 음미하고 감식한다.

② 기술적인 측면의 비평 : 교육적 사상을 관찰·감상해서 얻은 특징과 질을 상세하게 기술한다.

③ 해석적인 측면의 비평 : 기술한 특징과 질에 대한 교육적 의미와 가치를 자세하게 논리적으로 풀어서 설명한다.

④ 평가적인 측면의 비평 : 기술·해석한 교육적 의미와 가치를 질적으로 판단한다.

⑤ 결론의 도출과 제언 : 교육실제를 정확하게 이해하고 개선하는 데 필요한 결론을 도출한다.

Eisner는 예술 활동에서 많이 사용하는 감정과 비평에서 교육비평이라는 개념을 도출하여 예술작품을 감정 또는 평가할 때 그 분야의 전문가들이 사용하는 절차와 기술을 교육평가에 적용하였다.

학습문제

01. Scriven의 탈목표 평가모형의 특징에 대해 설명하시오.

02. 감정 · 비평가모형에서 Eisner가 제시한 교육비평이 무엇인지에 대해 설명하시오.

04 참여자중심 평가모형

참여자중심(participant-responsive) 평가모형은 자연주의적 탐구방식과 평가하는 과정에의 참여를 강조한다.

가. Stake의 종합적 실상 평가모형

평가는 교육과정 전반을 비추어 보는 거울과 같아서 편협한 평가 접근방법에 의한 평가는 교육과정의 어느 한 측면만을 조명하게 될 가능성이 높다. Stake는 이러한 점을 우려하여 교육 프로그램의 본질과 가치를 포괄적이며 종합적으로 이해하고 검토하기 위해서 평가에 대한 충분한 고찰이 필요함을 강조하였다. 따라서 그는 비형식적 평가(informal evaluation)보다는 체크리스트, 표준화 검사, 구조화된 관찰, 통제된 비교 등을 이용하는 형식적 평가(formal evaluation)를 더 중시하였다.

Stake의 모형(안면평가 접근법)은 교육의 결과보다는 교육 프로그램 자체를 평가하는 것에 관심이 있으며, 평가대상의 전체적인 실상을 정확하게 파악하는 것을 중요시 여긴다. 실상을 종합적으로 파악하고 평가하기 위해서는 두 얼굴, 즉 기술적 측면과 판단적 측면을 구분하여 파악하고 평가할 필요가 있다는 것이다. 먼저 평가대상을 종합적으로 완벽하게 관찰하고 분석하여 세밀하게 기술한 다음, 이에 대한 정확하고 올바른 판단을 내리는 방법을 통하여 평가를 하는 것이다.

따라서 평가의 과정에서는 기술과 관련된 정보와 판단과 관련된 정보가 동시에 수집되어야 한다. 기술과 관련한 자료수집(교육 프로그램)은 선행 조건(antecedents; 수업 전 조건), 실행 과정(transaction; 수업 과정), 결과(outcome; 수업 성과)에 대한 '의도' 및 '관찰'에 초점을 두며, 판단과 관련된 자료수집은 사전 계획, 실행 과정, 결과의 각각에 대한 '기준'과 '판단'에 초점을 둔다. 여기에서 선행 조건은 학습자의 특성이나 학교의 재정적 지원 등 교수-학습활동 이전의 조건을 포함하며, 실행 과정은 교육에 참여하는 교사, 학생, 부모, 상담자 등의 만남에 의한 상호작용과 교육의 과정에서 일어나는 모든 활동을 포함한다. 교육의 결과는 학습자의 성취도에 대한 단기간 혹은 장기적인 효과, 수업이 교사나 행정가에게 미친 영향, 시설의 소모나 경비에 관한 자료 등이 포함된다(Stake, 1967). 이처럼 그의 평가모형에서 특이한 사항은 평가에서 기술(description)과 판단(judgement)을 강조한다는 점이다.

> Stake는 교육 프로그램의 본질과 가치를 포괄적이며 종합적으로 이해하고 검토하기 위해서 평가에 대한 충분한 고찰이 필요함을 강조하였으며 비형식적 평가보다는 형식적 평가를 보다 중시하였다.

나. 조명적 평가모형

Parlett와 Hamilton(1976)이 제안한 조명적 평가(illuminative evaluation)는 프로그램 제작의 이론적 근거와 목적, 개발과정, 운영 절차, 실시 결과, 문제점 등을 심층적으로 탐구하려는 접근방식의 평가로서 측정과 예언보다는 기술과 해석을, 변인의 통제와 조작보다는 교육적 맥락을 있는 그대로 초상화를 그리듯이 현상적으로 기술하는 평가방법이다. 그러므로 이 모형에서는 프로그램의 일부 특성이나 개개 변인 간의 상관관계만을 분석하지 않고 전체성을 중시하여 프로그램에 작용하는 모든 변인 간의 역동적이고 총체적인 상호관계를 규명하려고 한다. 넓은 의미에서 자연주의 평가모형에 해당되며 세부적인 절차는 다음과 같다.

① 관찰 : 평가하려는 상황의 일상적인 현실을 파악하고 전체적인 모습 또는 특징을 관찰할 목적으로 평가하려는 상황과 친숙하기 위해 참여적 활동을 하면서 직접 관찰하는 단계이다.

② 탐구 : 선정된 쟁점과 원인을 심층적으로 분석하고 해결방안을 탐색하여 합의점을 찾는 단계이다.

③ 설명 : 전체적이고 포괄적인 설명과 함께 쟁점이 된 문제가 생긴 배경과 과정을 사회인류학적인 탐구방식으로 인과관계를 규명하여 문서로 작성하고 보고하는 단계이다.

> Parlett와 Hamilton은 기술과 해석을 바탕으로 변인의 통제와 조작보다는 교육적 맥락을 있는 그대로 초상화를 그리듯이 현상적으로 기술하는 평가방법을 강조하며 프로그램에 작용하는 모든 변인 간의 역동적이고 총체적인 상호관계를 규명하려고 하였다.

학습문제

01. Stake의 종합적 실상 평가모형의 특징과 평가방법을 설명하시오.

02. 조명적 평가모형의 특징과 평가방법을 설명하시오.

03. 자연주의적 평가방식의 구체적인 예를 들어 보시오.

Chapter 13

교육과정 평가의 실제

학습내용

1. 학교교육과정 평가
2. 대학의 교양교육과정 평가
3. 교육과정 개선을 위한 수업평가

01 학교교육과정 평가

우리나라에서 학교교육과정 평가가 부각되기 시작한 것은 1992년 이후 제6차 교육과정의 시행과 함께 단위학교 수준의 교육과정 개발 체제가 확립되면서부터라고 할 수 있다. 한국 사회가 점차 민주화·합리화되어 가면서 공교육의 자율성과 책무성이 강조되기 시작하였고, 이러한 움직임은 7차 교육과정 및 2007년 개정 교육과정, 2009 개정 교육과정에서 더욱 확연하게 드러난다. 7차 교육과정에서는 '학교교육과정에 대한 평가'라는 개념을 처음으로 도입하였으며, 2007년 및 2009 개정 교육과정 체제는 이러한 취지에 입각하여 학교교육과정에 대한 합리적 평가를 바탕으로, 교육의 질 관리를 강화해야겠다는 의지를 보다 분명하게 표방하고 있다. 교육과학기술부(교과부 고시 2007-79, 2009-41)에 따르면, 시·도 및 지역교육청은 교육과정 편성·운영에 관한 평가와 질 관리에 관한 사항을 지침에 포함시켜야 하며, 또한 교과·재량활동·특별활동(창의적 체험활동)의 실천과정을 확인·평가하여 교육의 질 관리에 활용해야 한다고 하였다. 한편 단위학교는 학교교육과정 편성과 운영의 적합성, 타당성, 효과성을 자체 평가하여 문제점을 추출하고, 다음 학년도의 교육과정 편성·운영에 그 결과를 반영하도록 되어 있다. 이와 같은 2007년 개정교육과정과 2009 개정교육과정의 질 관리 강조의 노력은 시·도교육청 평가의 편람은 물론이고, 시·도교육청 수준의 교육과정 지침서에도 잘 반영되어 있다.

학교교육과정 평가의 의미는 그 범위와 영역에 따라 여러 가지로 정의내릴 수 있다. 그러나 여기에서는 학교교육과정 평가의 의미에 관해 이해를 돕고자 '학교교육과정, 즉 국가수준의 교육과정 기준과 시・도의 교육과정 편성・운영지침을 근거로 하여 지역의 특수성과 학교의 실정 및 실태에 알맞게 각 학교별로 마련한 의도적인 실천계획(school program)을 평가하는 것으로 규정한다. 이는 학교교육과정의 계획, 실행, 평가와도 관련되는 것이라고 하겠다(권낙원 외, 2008).

가. 학교교육과정 평가의 내용

현행 학교교육과정 평가는 크게 두 가지로 나누어 볼 수 있다. 하나는 시・도교육청이 주관하는 학교교육과정 평가와 질 관리 활동으로서, 단위학교를 기준으로 볼 때 시・도교육청이나 지역교육청이 학교교육과정에 대해 실시하는 외부자 평가이다. 다른 하나는 단위학교가 자체적으로 학교교육과정의 편성 및 운영을 점검하는 내부자 평가로서 학교 자체의 교육과정 평가를 들 수 있다.

시・도교육청의 자체 평가보고서에 나타난 평가의 기본 관점 및 목적을 살펴보면 다음과 같다(김종건 외, 2002). 학교교육과정 평가의 목적으로는 교육과정의 질 관리 및 개선, 교육과정 편성・운영의 다양성・창의성・효율성에 기여, 학교교육 효율성 극대화, 학생의 학업성취도 결과 분석, 차기 교육과정 편성에 반영, 교육과정 평가지원 체제 구축, 교사들의 교육과정 전문성 및 책무성 제고 등에서 찾아볼 수 있었다. 학교교육과정 평가 결과는 교육과정 개선 정보로 활용되기도 하고 우수사례를 발굴・홍보하거나 우수사례에 인센티브를 제공하기도 한다. 시・도교육청의 학교교육과정 평가방법은 서면평가, 방문평가, 워크숍 및 토론, 평가점검표에 의한 평가, 면담 등의 방법을 이용하고 있으며, 이들 방법 중 방문평가와 서면평가에 주로 의존하고 있다. 시・도교육청의 자체 평가보고서에 실시하고 있는 평가의 항목은 각기 다양하나 대개 아래의 항목들을 중심으로 평가하고 있는 것으로 볼 수 있다.

〈시·도교육청 자체 평가보고서에 나타난 평가항목〉

- 교육과정 운영의 자율화 · 다양화 · 특성화
- 교육과정의 탄력적 운영과 학습 부담 경감
- 학생중심의 교육과정 운영
- 주요 업무 계획의 중점 시책 반영
- 학교교육과정 연구 및 개발과정
- 수업지도(수업의 질 향상을 위한 노력)
- 평가의 투명성 확보
- 교육과정의 편성 · 운영계획 및 실제 운영 상황
- 수준별 수업, 창의적 체험활동 편성 · 운영 상황
- 특기 · 적성 교육활동, 독서교육 운영 현황
- 학습 결손 예방을 위한 결 · 보강대책 수립 추진 현황

단위학교가 자체적으로 학교교육과정의 편성 및 운영을 점검하는 내부자 평가내용 역시 다양한데, 일반적인 평가내용은 아래와 같다.

〈단위학교의 학교교육과정 평가항목〉

- 교과과정의 적절성 및 수업시수 확보
- 관련지침, 학교교육 여건 및 교육요구도 조사 · 분석
- 교과지도 목표, 내용, 진도계획의 적절성
- 수업방법, 지도자료, 평가방법의 다양성 · 효과성 · 객관성
- 적절한 기본 학력 증진 방안 수립, 실천
- 특기 · 적성 교육, 수준별 수업, 창의적 체험활동 운영계획 수립 실천
- 생활지도의 실시
- 학교교육과정 위원회의 구성 및 활동
- 교육과정 작성 시 교원, 학부모, 지역사회의 의견 반영
- 교원 인사 관리 및 교원복지 개선
- 교원연수 및 수업연구의 활성화
- 학교장 중심 자율 경영
- 학생성취도 평가
- 교육과정 편성 · 운영 및 지원 상황
- 평가결과 환류 및 반영 점검
- 지역교육청 및 학교 역할 이행 상황 확인
- 이수 단원 및 과목별 단위 배당, 선택과목 기준 준수 여부

그런데 이상과 같은 학교교육과정 평가에 관하여 교사들의 반응은 그다지 긍정적이지 않은 것으로 조사되었다(당시 교육부, 1998). 이는 학교교육과정 평가를 외부 기관에 의한 평가, 교사들에게 부담을 주는 평가, 형식적이고 일회적이어서 피드백되지 못하는 평가로 인식하고 있기 때문인 것으로 판단된다. 예컨대 교육과학기술부(당시 교육부, 1998)의 '학교교육과정 평가 현장 적용 연구'에 의하면 학교교육과정 평가의 문제점과 부작용으로 아래의 내용을 제시하고 있다.

〈학교교육과정 평가의 문제점 및 부작용〉

- 교육과정 평가에 관한 인식 부족
- 평가관련 전문성 부족 및 전문가 부족 현상
- 평가관련 연구개발의 빈약한 현상
- 평가를 위한 평가 현상
- 피상적 · 외형적인 면만을 강조하는 평가
- 비교 경쟁중심의 평가 현상(평가 정책 및 평가 철학 빈곤)
- 평가활동만 중시하고 본래의 교육활동을 경시하는 현상
- 평가결과 활용도 저하 및 평가결과 오용 현상
- 평가로 인한 심리적 부담 및 과잉반응
- 평가 자체에 대한 거부 반응 및 냉소적인 태도

현행 학교교육과정 평가는 시 · 도교육청이 주관하는 학교교육과정 평가와 질 관리 활동으로서, 단위학교를 기준으로 볼 때 시 · 도교육청이나 지역교육청이 학교교육과정에 대해 실시하는 외부자 평가의 두 가지로 크게 나누어 볼 수 있다.

나. 학교교육과정 평가의 사례

현재 학교 급별이나 시 · 도교육청에서 주관하는 학교교육과정 평가의 내용은 위에 설명한 바와 같이 학교 급이나 주관 기관에 따라 다소 차이가 있으나, 학교교육과정 평가에 대한 일반적인 이해를 돕고자 시 · 도교육청에서 주관하는 평가의 예를 제시하고자 한다.

1) 시·도교육청에서 주관하는 학교교육과정 평가의 사례

시·도교육청에서 주관하는 평가는 외부자 평가로서 시·도교육청이나 지역교육청이 학교교육과정을 평가하는 것이다. 아래 제시된 것들은 ○○도 ○○시의 학교교육과정 평가사례이다.

1) 목적

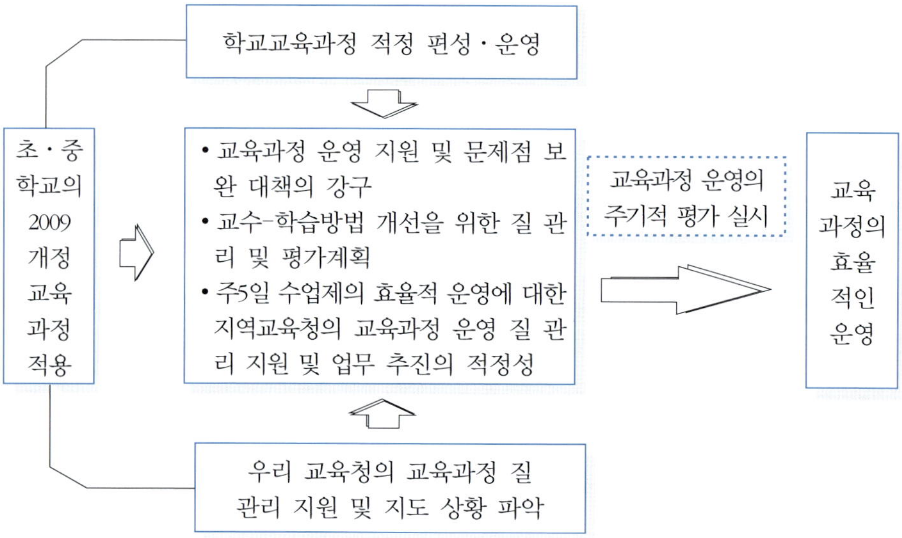

2) 방침

① 교육과정 편성·운영지도를 통한 교육의 질 관리 도모
② 지역교육청의 교육과정 중심의 기본 운영체제 조직·정비 상태 확인·지도
③ 지역교육청의 교육과정 중심 장학지도 계획 및 장학활동 구현의 적정성 확인·지도
④ 교육과정의 발전적 정착을 위한 실질적인 교수-학습방법 개선 방안 강구
⑤ 질 관리 결과를 분석·자료화하여 환류할 수 있도록 일반화

3) 세부 추진계획

① 일정 계획

추진내용	일 정	비 고
계획 수립	2010. 9. 1.~ 9. 14.	
교육과정 질 관리 계획 알림	2010. 9. 15.~	
교육과정 질 관리 자체 평가실시(단위학교)	2010. 9. 16.~ 9. 27.	
교육과정 질 관리 결과제출(단위학교 및 ○○교육청)	2010. 9. 30.	
○○도 교육과정운영평가지원단 사전협의회	2010. 10. 7. 15:00	
단위학교 및 ○○시교육청 교육과정 질 관리 실시	2010. 10. 4.~10. 31.	
질 관리 결과 분석·보고서 작성	2010. 11. 21.~12. 2.	
질 관리 결과 알림	2010. 12. 9.	

② 중점 평가내용

㉠ 교육과정운영위원회 및 교육과정 지원 장학 협의단 구성·운영 현황

㉡ 교육과정 중심의 학교 운영 현황 지도 및 장학지도 상황

㉢ 교육과정 질 관리 실태 및 교육과정 운영 지원 현황

㉣ 당해 연도 희망 ○○교육 기본계획 내용 반영 상황

㉤ 지역교육청별 '교육과정 특색 사업' 추진 현황

㉥ 교육과정 관련 지도자료 개발·보급 현황(실천중심 장학자료 포함)

㉦ 학교교육과정 편성·운영 지도 현황

㉧ 수준별 수업 및 특별보충과정 지도 현황

㉨ 주5일 수업제 관련 교육과정 편성·운영 지도 현황

㉩ 지역교육청지정 교육과정 연구학교 및 중심학교 운영 지도 현황

㉪ 교수-학습도움센터 운영 지도 현황

③ 점검 결과의 활용

㉠ 교육과정 편성·운영 및 지도 우수사례 일반화

㉡ 교육과정 운영의 미비점 보완 및 지원 방안 마련

㉢ 교육과정 중심의 학교 운영체제 활성화 및 지원
㉣ '주5일 수업제' 관련 교육과정 편성 · 운영 우수사례 일반화
㉤ 재량활동 및 특별활동(창의적 체험활동) 운영 우수사례 일반화
㉥ 교수-학습도움센터를 통한 교육과정 운영 지원 사례 홍보

④ 학교교육과정 편성 · 운영 질 관리 평가표

〈표 13-1〉은 단위학교에서 자체적으로 학교교육과정의 편성과 운영의 질을 평가할 때 이용하는 일반적인 항목들을 나열한 사례이다.

〈표 13-1〉 **학교교육과정 편성 · 운영 질 관리 평가표**

점검항목		점검결과
학교교육과정의 연구 및 개발	1. 교육과정 연구 · 개발을 위한 조직이 구성되어 있으며, 그 활동이 활발한가?	
	2. 학교교육과정을 개발하고 이를 개선하는 데 필요한 연구를 충실히 수행하고 있는가?	
	3. 교사의 전문성 신장을 위한 연수 및 자율장학 활동은 충실하게 이루어지고 있는가?	
학교교육과정의 기본계획	1. 학교 교육목표는 충실하게 설정되어 있는가?	
	2. 교육과정 기본 편제는 학생의 전인적 발달을 도모할 수 있도록 균형 있게 구성되어 있는가?	
	3. 교육과정 기본 편제에서 학생의 선택권이 부여되고 있는가?	
	4. 교육과정 기본 편제에 학교의 특성화 노력이 반영되어 있는가?	
교과교육과정 편성 · 운영	1. 교과별 교육과정은 학교의 제반 특성을 반영하여 충실하게 계획되어 있는가?	
	2. 계획된 교과별 교육과정은 적절한 수업을 통하여 충실하게 실천되고 있는가?	
	3. 성취도 확인을 위한 평가는 적절하게 이루어지고 있으며, 평가 결과는 올바르게 활용되고 있는가?	
	4. 교과교육목표가 만족스럽게 성취되고 있으며, 지속적인 향상도를 보여주고 있는가?	
교과교육과정 편성 · 운영	1. 수준별 교육과정이 반 또는 분단별로 편성되어 충실히 이루어지고 있는가?	

	2. 창의적 체험활동이 계획, 내용, 방법, 평가 등에 걸쳐 학교, 교사 및 학생의 요구와 필요에 따라 이루어지고 있는가?	
비교과교육 과정편성·운영	1. 창의적 체험활동은 계획대로 충실하게 운영되고 있는가?	
	2. 특기·적성 교육활동은 충실하게 계획되어 운영되고 있는가?	
	3. 주5일제 수업대비 교육활동은 계획대로 운영되는가?	
학교교육과정 지원체제	1. 교육과정의 운영에 필요한 학교의 지원은 충실한가?	
	2. 교육과정 운영에 필요한 학교 지원에 대한 평가와 개선의 노력은 적절한가?	

출처 : 추광재, 최화숙(2010). 교육과정의 이해. 강현출판사.

다. 학교교육과정 평가의 개선방향

학교교육과정 평가의 목적은 단순히 평가를 위한 평가가 아닌 학교교육과정에 대한 질적 개선과 학교교육과정의 발전적 변화를 촉진하는 데 있다고 할 것이다. 그러나 현재 실시되고 있는 학교교육과정 평가는 아직 여러 면에서 만족할 만한 것이 되지 못하고 있다. 특히 체계적이고 정교한 평가체제에 따라 단위학교 교육활동 개선을 위한 평가 결과의 활용이라는 차원보다는 형식적인 평가 수준에 머물러 있어서 우리나라 초·중등학교 교육과정에 대한 전반적인 질 관리 측면에서 본래의 목적에 부합하지 못하고 있는 것이 사실이다(김종건, 2002). 따라서 학교교육과정 평가와 관련하여 제기되고 있는 핵심적 문제점들이 무엇이며, 그것이 어떻게 해결되고 개선될 수 있는지에 대해 간략히 살펴보도록 한다.

먼저 학교교육과정 평가의 내용과 방법에 대한 보다 정교한 모형이 개발되지 못하고 있음을 지적할 수 있다. 지금까지 교육과정 평가의 개념과 모형 개발을 위해 다양한 시도들이 있어 왔으며, 동시에 초·중등학교에 적용할 평가 편람들이 개발되어 왔을지라도 그 어느 모형 간에도 평가 영역이나 요소의 수준에서 일치성을 나타내고 있지 못하다. 따라서 단위학교를 중심으로 한 실질적인 교육과정 평가에서는 공통적인 평가 영역과 기준을 활용하기보다 상이한 평가방법론에 의한 평가가 진행될 수밖에 없는 실정이다. 따라서 각급 학교교육과정 평가기준과 영역, 내용 요소에 대한 준거를 설정하고 평가할 수 있는 전국 공통 수준의 평가체제가 구축될 필요가 있다.

둘째, 학교교육과정 평가에 대한 이해를 제고하고 평가대상의 범위를 확장해야 한다. 전통적으로 교육과정 평가는 최종 성과 위주의 관점에 입각하여 학생의 학력평가로 편협되게 받아들여져 왔다. 비록 학교교육과정의 편성 및 운영을 통하여 학습자들의 학력에 긍정적인 변화를 초래하기도 하였지만 프로그램 종결로 학생의 학력 변화만이 평가의 대상이나 목적이 되어서는 안 될 것이다. 따라서 학교교육과정 평가에 대한 이해 제고 및 평가대상의 범위에 대한 재인식이 필요하며, 특히 학교교육과정 평가는 학생에 대한 평가뿐만 아니라 단위학교 교육과정 자체에 대한 평가방식과 질 관리 개선에 초점을 두고 이루어져야 할 것이다.

셋째, 학교교육과정 평가는 교육과정 목표에 의거한 사후 검증식 평가가 되어야 한다. 개선 지향적·형성적 성격의 교육과정 평가는 최종 결과 중심의 평가가 아닌 성과 혹은 업적 중심의 제도 속에서 그 근본정신을 실현할 수가 있다. 지역교육청은 물론이고 학교별로도 상이한 인구통계학적 특성이나 전통 및 교육 여건을 지니고 있다. 이를 동등한 기준과 지표에 따라 획일적으로 상대적 비교를 실시하는 방식은 적절하지 못하다. 교육평가가 성장을 도모할 수 있도록 조력하는 작용이라고 한다면, 당연히 일정기간 동안의 목표 공약에 따라 그 성취 여부와 정도, 즉 성과에 따라 향상 정도를 가늠하는 방식이어야 할 것이다.

넷째, 학교 공동체 구성원 중심의 자체 평가 문화가 정착되고, 구성원들의 교육과정 평가 전문성이 신장되어야 한다. 학교교육과정 질 관리의 진정한 주체는 공동체의 구성원이라 할 수 있는 교사들이다. 공동체 구성원으로서 교사들이 학교교육과정 평가의 목적과 기능, 평가의 내용 및 방법, 평가 결과의 활용 등에 대한 일정 수준 이상의 전문적 식견을 지니고 있어야 한다. 이를 위해서는 학교교육과정에 대한 교원의 전문성 신장 기회를 확충해 가야 할 것이며, 동시에 교원 스스로도 평가자로서의 교사상(teachers as curriculum evaluators)을 정립해 가야 할 것이다.

결국 학교교육과정 평가를 통해 국가 교육의 질 관리가 어느 정도 성공할 수 있느냐의 여부는 일차적으로 학교 공동체에 대한 외부의 신뢰와 지원 정도에 달려 있으며, 그와 동시에 교사를 포함한 학교 공동체 구성원들이 교육과정에 대한 자체 평가를 통해서 얼마만큼의 성숙한 학습 조직을 구축해 낼 것인가에 의해 좌우될 것이다.

> 학교교육과정 평가는 단순히 평가를 위한 평가가 아닌 학교교육과정에 대한 질적 개선과 학교교육과정의 발전적 변화를 촉진하는 데 있다. 따라서 체계적이고 정교한 평가 체제에 따라 단위학교 교육활동 개선을 위한 평가 결과의 활용이라는 차원이 강조되어야 하며 교사를 포함한 학교 공동체 구성원들이 교육과정에 대한 자체 평가를 통해서 얼마만큼의 성숙한 학습 조직을 구축해 낼 것인가를 지속적으로 고민해야 한다.

학습문제

01. 학교교육과정 평가의 의의에 대해 설명하시오.

02. 학교교육과정 평가의 문제점으로 지적되고 있는 부분들이 무엇인지 현장의 목소리를 조사해 보시오.

03. 학교교육과정 평가는 주로 어떠한 내용으로 구성되어야 하는지 자신의 의견을 발표해 보시오.

02 대학 교양교육과정의 평가

대학교육협의회는 '대학종합평가인정제'를 도입하여 1994년부터 1주기 대학종합평가를 실시하였으며, 2001년부터 2006년까지 1주기의 성과를 바탕으로 시대 변화와 사회적 요구를 반영하며 대학교육의 질 향상 및 내실화를 통해 국제적 수준으로의 도약을 목적으로 2주기 평가를 실시하였다. 대학종합평가의 학부 평가영역은 대학경영 및 재정 영역, 발전 전략 및 비전 영역, 교육 및 사회봉사 영역, 연구 및 산학협동 영역, 학생 및 교수·직원 영역, 교육 여건 및 지원 체제 영역의 여섯 개 영역으로 구성되어 있다(한국대학교육협의회, 2005).

대학종합평가는 대학 전체를 하나의 단위로 하여 총체적으로 평가하기 때문에 교육과정을 평가영역의 일부로 다루고 있으며, 7.0%의 가중치를 부여하고 있다(권기욱, 2001). 물론, 교육과정의 편성·운영에 직간접적으로 관련 있는 평가 부문과 평가항목은 다른 영역에서도 찾아볼 수 있지만, '교육과정'이라는 명칭으로 다루고 있는 것은 '교육과정 및 방법' 부문에서 확인할 수 있다. 〈표 13-2〉에서 보듯이 교육과정 관련 평가항목은 주로 교육과정 편제와 교육과정위원회의 활동에 초점이 맞추어져 있다.

〈표 13-2〉 교육과정 부문의 평가항목과 평가지표

평가항목	평가지표
교육과정 편제와 전공교육 내실화 노력의 적절성	1. 교육과정 편제의 적절성
	2. 교양교육과정의 편성과 운영의 적절성
	3. 전공교육과정의 편성과 운영의 적절성
	4. 전공교육의 내실화를 위한 노력의 적절성
	5. 실험실습 교육의 내용과 운영의 적절성
교육과정 개선 노력의 적절성	1. 교육과정 개정 주기의 적절성
	2. 교육과정 개정과정의 합리성
	3. 학생중심 교육과정의 운영 노력의 적절성

출처 : 권기욱(2001). 대학 교육과정 평가체계의 문제점과 개선방안. 사회과학연구, 9(2). p.459.

다음 절에서 교육과정의 질 개선을 위한 수업평가에 대해서 논의하겠지만 우리가 주목할 만한 것은 교육과정 운영을 평가하는 부문에서 정작 수업에 관련된 부분이 제외되고 있다는 것이다. 물론 전체적인 교육과정 운영이 개별 교과 수업과는 다르고 교육과정 운영이 곧 수업이라는 등식은 성립하지 않는다. 하지만 교육과정 운영을 평가한다는 것은 수업을 중심으로 수업에 이르기까지의 모든 일의 계획과 내용 및 실천을 포함하는 종합적인 평가가 이루어져야 한다.

가. 대학 교양교육과정 평가의 내용

대학교육협의회는 학과 또는 학문 분야를 하나의 단위로 하여 평가하는 '학문 분야평가인정제'를 도입하였으며, 2001년도에는 교양교육 분야의 교육과 연구 여건을 개선하고 교양교육의 질을 향상시키려는 목적으로 교양교육 분야를 평가하였다. 교양교육 분야의 평가영역은 교육목표, 교육과정, 교수, 수업 및 평가, 교육 기본 시설, 개선 노력 및 발전 계획의 6개 평가영역과 12개 부분, 38개의 평가항목으로 구성되어 있으며, 이는 〈표 13-3〉에 제시되어 있다.

〈표 13-3〉 교양교육 분야의 평가영역과 평가 부문 및 평가항목

평가영역	평가 부문	평가항목
1. 교육목표	1.1 교육목표	· 교양교육목표의 명확성
		· 교양교육목표의 시대적 요청 부응 정도
		· 교양교육목표의 대학 특성 반영 정도
2. 교육과정	2.1 교육과정의 편성	· 인성 함양을 위한 교양교육목표에 대한 교육과정의 충실성
		· 학문의 발전과 변화하는 사회의 요구에 대한 교육과정의 수용 정도
		· 전공 기초소양 향상에 대한 교육과정의 기여 정도
		· 대학의 특성 및 특징에 대한 교육과정의 반영 정도
	2.2 교육과정의 운영	· 교양교과 개설 학점 및 영역별 배분의 적절성
		· 소단위 지향적, 참여 학습식 교양교육의 운영 정도

		· 수준별 교양교육의 운영 정도
		· 정규 교과목 이외의 교양 프로그램의 운영 정도
		· 학제적 성격의 교양교과목 개설의 적절성
3. 교수	3.1 교수의 확보, 구성 및 교수개발	· 전체 교양교육 강좌 중 전임 교수의 담당 비율의 적절성
		· 교양담당 교수의 최종 학위 분포의 우수성
		· 교수 능력 향상을 위한 교수개발 제도 활용의 적절성
	3.2 교수의 수업 부담	· 전임 교수의 수업 부담 중 교양교육에 대한 수업 부담 비율의 적절성
		· 교수의 수업 및 실험을 보인 인력의 수와 역할의 적절성
4. 수업 및 평가	4.1 수업	· 수업 계획서 활용의 적절성
		· 교양과목의 성격에 수업내용과 수준의 부합 정도
		· 수업내용과 방식의 적절한 조화 정도
	4.2 수업개발 및 개선 노력	· 교양교과목의 수업방식 개선 노력과 과목 개발 노력의 적절성
		· 교양교과목의 수업평가 충실성
		· 교양교과목의 강좌 당 학생 수의 적절성
	4.3 성적 평가	· 교양과목의 성적 평가의 타당성
		· 교양과목의 대형 강좌 수업 진행과 성적 평가의 충실성
5. 교육 기본 시설 및 지원여건	5.1 교육 기본시설	· 교양교육 수업의 시설 확보 및 시설 상태의 우수성
		· 문화공간 및 생활체육 시설의 확보 정도
		· 교양교육 기존 시설의 유지 관리 정도
	5.2 교육 지원시설	· 교양교육과 관련된 정보화 인프라 구축 지원의 적절성
		· 교양교육 운영을 위한 지원 체제와 운영의 합리성
		· 교양교육과정의 재정 운용의 적절성
6. 개선 노력 및 발전계획	6.1 자체 점검 실시	· 교양교육과정에 대한 자체 점검 실시 여부
		· 교양교육과정 운영상의 강·약점에 대한 인식의 적정성
		· 자체 점검의 합리성과 전문성
		· 자체 점검 결과 활용의 적절성
	6.2 중장기 발전계획	· 교양교육과정의 중장기 발전계획 수립 절차의 합리성
		· 교양교육과정의 중장기 발전계획의 자체 평가결과 반영 정도와 포괄성
		· 교양교육과정의 중장기 발전계획의 실행 실효성

출처 : 김용숙 외(2002). 학문분야 평가인정제 교양교육분야 종합보고서 재구성.

나. 대학 교양교육과정의 평가영역과 준거

(1) 평가영역

우리나라의 경우 한국대학교육협의회가 주축이 되어 대학의 질적 수준을 향상하기 위해 인정평가제도를 시행하고 있다. 인정평가는 그 대상에 따라 크게 두 가지로 구분해 볼 수 있는데, 하나는 기관에 대한 인정을 중시하는 접근(institutional accreditation)이고, 다른 하나는 특정 분야 및 프로그램의 인정을 중시하는 접근(specialized or program accreditation)이다(배호순, 1999).

또한 인정평가 체제는 전담기구에 의해 공표된 기준에 따라 평가하며, 기관의 자체 연구, 전문가로 구성된 외부 평가 팀의 구성, 현장 방문 평가, 대상기관에 대한 현장평가 팀의 결과 보고, 전담기구에 의한 보고서 심의 등의 활동을 한다(Scriven, 1992).

인정평가 체제는 기관 및 프로그램의 자체적 개선을 격려하는 자체 연구방법을 적용함으로써 기관의 자율성을 중시한다는 이점이 있는 반면, 평가팀의 주관적 판단에 의존하기 때문에 평가활동의 타당성과 객관성을 보장하기 어렵다는 제한점을 가진다(배호순, 1999). 따라서 전문가의 주관적 판단을 보다 객관적이고 신뢰롭게 하기 위해서는 전문가의 구성과 평가준거의 타당성이 확보되어야 한다.

대학의 교양교육과정 평가는 전문가중심(expertise-oriented) 평가접근 중 공식적 전문 심의체제(formal professional review systems)를 따를 수 있고, 대학 교양교육과정의 평가영역과 평가준거는 3개의 평가영역, 11개의 평가요소, 34개의 평가준거로 구성되어 있다고 할 수 있다(박혜림, 2008).

(2) 평가준거

1) 편성영역의 평가준거

편성영역의 평가준거는 5개의 요소에 따라 〈표 13-4〉와 같이 세부적인 준거들로 구성되어 있다.

〈표 13-4〉 교양교육과정 편성영역의 평가준거

편성영역의 평가준거	
1. 교육과정 결정요소들의 요구	가. 사회의 요구를 분석하고 이를 교양교육과정에 충실히 반영하고 있는가?
	나. 학문의 요구를 분석하고 이를 교양교육과정에 충실히 반영하고 있는가?
	다. 학생의 요구를 분석하고 이를 교양교육과정에 충실히 반영하고 있는가?
2. 교양교육목표	가. 교양교육목표가 대학교육 목적과 일관성 있게 설정되어 있는가?
	나. 교양교육목표가 교양교육 본질을 충실히 반영하고 있는가?
	다. 교양교육목표가 명확하게 진술되어 있는가?
	라. 교양교육목표가 달성할 가능성이 높은가?
3. 교양교육 과정위원회 구성과 활동	가. 교양교육과정위원회의 인적 구성이 적절한가? - 교양교육과정위원회가 교양교육과정에 관한 전문성을 갖춘 구성원으로 이루어져 있는가?
	나. 교양교육과정위원회가 구성원의 전공에 따라 균형적으로 이루어져 있는가?
	다. 교양교육과정의 개정 및 개선을 위한 계획이 체계적인가? - 교양교육과정의 의견수용 체제가 개방적이고 포용적인가? - 교양교육과정의 중장기 발전계획이 충실하고 실효성이 있는가? - 교양교육과정 개정과정이 체계적이고 합리적인가? - 교양교육과정 개선 노력, 개선 방안 연구가 충실히 이루어지고 있는가?
4. 교과목 구성	가. 교양교육과정의 교과목 구성지침이 명확한가?
	나. 교과목 구성이 타당한가? - 교과목 구성이 체계적인가? - 교과목 구성이 균형적인가? - 교과목 구성이 다양한가?
	다. 교과목 구성 비율이 적절한가? - 세 영역 간(학문계열, 학습방법, 대학 고유영역) 또는 영역 내 교과목 비중이 적절한가? - 일반 기초교양과목과 전공 관련 교양과목 비율이 적절한가?
	라. 교과목 분량 및 학점 수가 적절한가? - 학생 수 대비 교과목 개설 분량이 충분한가? - 교과목별 학점 수 및 시간이 적절한가?
	마. 교과목 내용 구성이 적절한가? - 교과목이 최신의 학문연구를 충실히 반영하고 있는가?

	- 학제적 성격의 교과목이 구성되어 있는가? - 단계별 · 수준별 교과목은 그 구성이 적절한가?
5. 이수 규정	가. 교양교육과정의 운영지침이 명확한가?
	나. 졸업이수학점 중 교양이수학점 비율이 적절한가?
	다. 학생의 교과목 선택권이 존중되고 있는가?
	라. 진로(전공) 변경에 따른 이수 규정(이수학점, 교과목 선택)에 융통성이 있는가?

출처 : 박혜림(2008). 대학 교양교육과정의 평가 영역 및 준거 개발 연구. 재구성.

2) 운영영역의 평가준거

운영영역의 평가준거는 3개의 요소에 따라 〈표 13-5〉와 같이 세부적인 준거들로 구성되어 있다.

〈표 13-5〉 교양교육과정 운영영역의 평가준거

운영영역의 평가준거	
1. 교수	가. 교양담당 교수의 전공과 실제 강좌 내용이 일치하는가?
	나. 교양담당 교수의 주당 수업시수가 적절한가?
	다. 교수의 능력개발 프로그램(교과목에 적합한 교수-학습방법 지원 등)이 적절하게 지원되고 있는가?
2. 학생	가. 강좌의 성격에 따른 수강 인원이 적절한가?
	나. 강좌의 성격에 따른 수강 집단 구성방법이 적절한가?
3. 지원 체제	가. 교양교육 '전담' 부서(기구)가 설치되어 있는가?
	나. 교양교육 '전담' 부서(기구)의 지원이 적절한가? - 교육시설 및 설비 지원이 적절한가? - 대학의 행정 지원이 적절한가? - 대학의 재정 지원이 적절한가?

출처 : 박혜림(2008). 대학 교양교육과정의 평가 영역 및 준거 개발 연구. 재구성.

3) 성과영역의 평가준거

성과영역의 평가준거는 3개의 요소에 따라 〈표 13-6〉과 같이 세부적인 준거들로 구성되어 있다.

〈표 13-6〉 성과영역의 평가준거

<table>
<tr><th colspan="2">성과영역의 평가준거</th></tr>
<tr><td rowspan="2">1.
학생평가</td><td>가. 학생평가 결과가 우수하고 향상되었는가?
- 교양교육목표가 달성되었는가?
- 학생의 성취 수준(인지적 · 정의적 · 심동적 · 사회적 영역)이 우수하고 향상되었는가?</td></tr>
<tr><td>나. 학생평가가 타당한가?
- 학생평가의 목적이 적합한가?
- 학생평가의 내용과 방법이 적절한가?
- 학생평가의 도구가 적절한가?
- 학생평가의 시행과정이 공정하였는가?
- 학생평가의 결과를 적절하게 활용하였는가?</td></tr>
<tr><td rowspan="2">2.
강의평가</td><td>가. 강의평가 결과가 우수하고 향상되었는가?</td></tr>
<tr><td>나. 강의평가가 타당한가?
- 강의평가의 목적이 적합한가?
- 강의평가의 내용과 방법이 적절한가?
- 강의평가의 도구가 적절한가?
- 강의평가의 시행과정이 공정하였는가?
- 강의평가의 결과를 적절하게 활용하였는가?</td></tr>
<tr><td rowspan="3">3.
교양교육과정
만족도</td><td>가. 학생이 교양교육과정에 만족하는가?</td></tr>
<tr><td>나. 교수가 교양교육과정에 만족하는가?</td></tr>
<tr><td>다. 사회(졸업생, 기업체)가 교양교육과정에 만족하는가?</td></tr>
</table>

출처 : 박혜림(2008). 대학 교양교육과정의 평가 영역 및 준거 개발 연구. 재구성.

다. 대학 교양교육과정 평가의 개선방향

먼저 세부적이고 명확하게 평가영역과 요소 및 준거들을 제시할 필요가 있다. 교양교육 분야의 평가영역은 교양교육과 관련된 다양한 요소들을 지나치게 포괄적으로 제시하고 있다. 특히 교수(professor) 관련 영역은 물론, 교육의 3요소이고 교육과정 결정의 핵심요소인 학생 관련 영역은 거의 다루어지지 않거나 모호하게 밝히고 있다. 또한 수업을 교육과정 운영의 일부가 아닌 별도의 평가영역으로 제시하고 있는데, 앞서 밝힌 바와 같이 수업이 교육과정 전반과 관련되며 종합적인 평가를 필요로 한다는 점을 감안한다면 지속적인 논의가 필요한 부분이다.

다음으로 학문의 경향이 지속적으로 다변화됨에 따라 대학의 교양교육과정도 이에 발맞춰 다양하게 구성되고 있다. 하지만 어떠한 교육과정이든 평가기준은 가능한 한 명확해야 하고, 그러기 위해서는 우선적으로 교양교과목의 범위나 수준별 교육, 학제적 성격의 교과목 개념이 분명히 제시되어야 할 필요가 있다. 대학교육협의회의 평가에서는 이러한 평가의 기준과 개념 등을 분명하게 제시하지 않음으로써 부분적인 혼란을 야기하는 결과를 초래하기도 하였다. 예를 들면 '계열 기초' '학부 기초' 등이 교양교육과정에 편성되어 있음에도 불구하고 교양과목으로 인정하지 않고 평가대상에서 제외되기도 하였으며, 수준별 교육에 관한 엄정한 지침을 제시하지 않아 본래의 취지를 살리지 못하고 단계별 교과과정이 수준별 교육으로 간주되기도 하였다(이영호 외, 2003).

> 우리나라의 경우 한국대학교육협의회가 주축이 되어 대학의 질적 수준을 향상하기 위해 인정평가제도를 시행하고 있다. 인정평가는 그 대상에 따라 크게 두 가지로 구분해 볼 수 있는데, 하나는 기관에 대한 인정을 중시하는 접근과 특정 분야 및 프로그램의 인정을 중시하는 접근이다. 또한 인정평가 체제는 전담기구에 의해 공표된 기준에 따라 평가하며, 기관의 자체 연구, 전문가로 구성된 외부 평가 팀의 구성, 현장 방문 평가, 대상기관에 대한 현장평가 팀의 결과 보고, 전담기구에 의한 보고서 심의 등의 활동을 한다.

학습문제

01. 대학의 교양교육과정 평가에 있어 인정평가제도의 의의에 대해 설명하시오.

02. 대학 교양교육과정 평가는 어떠한 내용들로 구성되어야 하는지에 대해 설명하시오.

03. 대학 교양교육과정 평가와 대학교육의 질 향상과는 어떠한 관계가 있는지에 대해 자신의 의견을 발표하시오.

03 교육과정 개선을 위한 수업평가

교육의 질은 교사의 질을 넘을 수 없다는 말처럼 교육의 질은 교육과정의 질을 넘지 못한다는 말도 일반적으로 쓰이고 있다. 이 말의 의미는 교육의 핵심적인 질문의 하나인 무엇을, 왜, 어떻게 가르쳐야 하는가에 대한 답이 궁극적으로 교육과정으로 수렴되기 때문이다. 따라서 교육의 질을 관리하기 위해서는 교육과정의 질을 관리할 필요가 있으며, 교육과정의 질 관리를 위한 방안의 하나가 바로 교육과정 평가라고 볼 수 있다. 특히 수업평가와 관련하여 1980년대에 들어서면서 평가의 관심이 학생들의 학업성취도 평가에서 교육과정 평가로 돌아서고 있는 것도 이와 맥락을 함께 하고 있다.

교육과정 평가의 맥락에서 교육의 질 관리는 국가나 지역수준보다는 일차적으로 학교수준의 교육과정의 질을 관리하는 것을 의미한다. 왜냐하면 국가수준과 지역수준의 교육과정 평가는 궁극적으로 학교수준의 교육과정이 효과적으로 편성·운영될 수 있는 보다 좋은 여건을 만들어주기 위한 목적에서 실시되기 때문이다(한국교육과정학회, 2002). 또한, 학교교육과정의 질을 학생들의 교과목별 학업성취 수준과 학업성취 외에 교육내용의 질, 교수방법의 탁월성 등의 질로 구분할 때, 수업평가는 학교교육과정의 질 관리를 위한 중요한 기제로 간주할 수 있다.

기존의 수업평가는 교사의 외적인 수업행동에 치우친 감이 없지 않았다. 물론 이것도 수업평가의 한 부분이지만, 수업평가의 목적이 수업의 질 개선에 두고 있는 점을 감안하면, 앞으로의 수업평가는 교사의 교과내용에 관한 전문성을 비롯하여 교육과정을 개발하고 운영하는 전문성에도 초점을 맞추어야 할 것이다. 이러한 주장은 수업연구 패러다임의 변화와도 맞물려 있다. 수업연구에 관한 기존의 과정-산출 패러다임에서는 주로 수업의 외형적인(실증적) 부분에 초점을 맞추었다. 그러나 최근에는 교사들의 신념이나 가치 및 전문성 등이 수업 중에 어떻게 표출되며, 그것이 학생들의 학습에 미치는 영향이 어떠한지 등의 교사 내적인 부분에 더 초점을 맞추고 있다. 이러한 경향에 비추어 보면, 교육과정 영역에서의 수업은 더 이상 단순히 외적으로 드러나는 수업활동만이 연구의 대상이 될 수 없다. 오히려 앞으로의 수업평가는 교육의 본질적 목적에 비추어 교사가 어떻게 내용을 구성하고, 그 내용을 학생들에게 어떻게 가르칠 것인가에 대한 계획과 실천에 따른 전문성을 평가하는 것이어야 할 것이다.

가. 수업평가의 영역과 준거

수업평가 영역은 매우 다양하다. 여기서는 먼저 수업평가에 포함되어야 할 요인들이 무엇이어야 하는지를 조망할 수 있는 개념 모형을 Doyle(1983)의 견해에 따라 살펴보고자 한다. 그는 수업평가의 영역 설정에 영향을 주는 요인을 전부 다섯 가지로 나누어 설명하였다.

첫째, 평가 정보의 원천이다. 평가자가 누구인가의 문제이다. 누가 평가자료를 활용할 것인가의 문제이다. 예컨대 교사 자신, 학생, 동료 교사, 장학사, 평가 전문가 등이 평가자가 될 수 있다. 이들이 평가한 정보는 과연 어느 정도나 신뢰로운 것인가가 주된 문제로 대두된다.

둘째, 평가의 주요 대상이다. 무엇을 평가할 것인가의 문제이다. 교사의 지식을 평가할 것인가, 교과내용의 제시방법을 평가할 것인가, 아니면 동기유발 방법과 같은 교사의 수업기술을 평가할 것인가와 같은 문제이다.

셋째, 평가방법이다. 어떠한 방법으로 평가 정보를 얻을 수 있느냐이다. 여기에는 크게 두 가지 방법이 있다. 하나는 비교적 융통성 있는 것으로 대화, 면담, 자유 반응 질문지법, 구두시험, 논술형 시험 등이다. 다른 하나는 이보다 훨씬 체계적이며 계획적인 것으로, 체크리스트법, 척도법, 사지 선다형과 같은 객관식 시험이다. 평가방법의 가장 큰 문제는 신뢰도와 타당도이다.

넷째, 평가 정보의 질이다. 평가 정보의 신뢰도, 타당도, 활용도 그리고 일반화의 가능성이 문제가 된다.

다섯째, 이미 앞에서 보았던 것처럼 평가 목적이 무엇인가도 평가 영역의 설정에 영향을 준다. 사실 평가 목적은 평가 영역을 설정하는 데 주된 영향을 행사한다.

이 중에서 평가대상, 평가 정보의 원천, 평가방법 요인을 중심으로 수업평가의 모형을 구안하면 다음 [그림 14-1]과 같다.

[그림 14-1]에서 수업평가의 대상은 수업의 계획과 과정 그리고, 학생의 학업성취로 집약된다. 이와 같은 평가를 위하여 다양한 평가방법이 활용될 수 있으며, 다양한 방법으로 정보를 획득할 수 있다. 위 모형에서 가로, 세로 높이의 제 차원에 따른 요인들을 교차시킬 때 수업평가의 양상은 매우 구체적이며 다양하고 복잡하게 전개된다. 이들 모두를 구체적으로 설명하기란 쉽지 않다. 가장 특징적이며 중요한 사항을 보면 다음과 같다.

첫째, 수업평가에서는 수업시간에 다루어진 내용의 타당성을 평가하여야 한다. 학생에게 제시된 내용이 수업목표에 적합한 것이었으며, 학생의 발달수준에 적합한 것이었는가의 여부를 가려 본다. 적합한 준거는 교육과정이나 학습지도 지침에 나타난 수업목표이다.

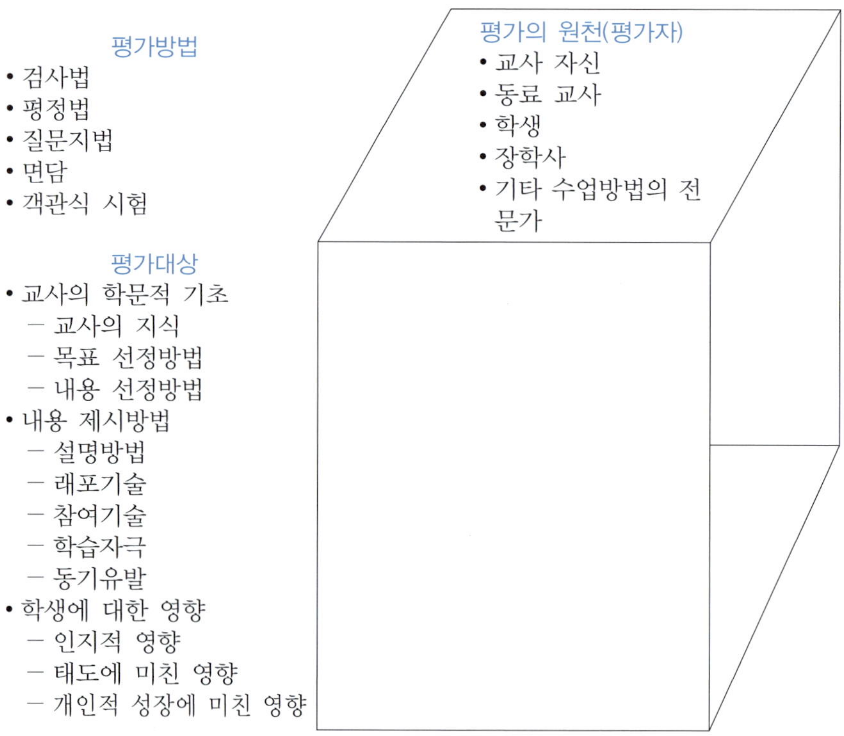

[그림 13-1] **수업평가모형**

출처 : 권낙원 외(2011). 교사를 위한 교육과정론. 공동체. p.437.

둘째, 교사의 수업 활동을 분석한다. 특히 교사의 언어나 수업 활동 양식과 방법을 집중적으로 분석한다. 예컨대 플랜더스(Flanders, 1970)의 언어 상호작용 분석법은 바로 교사의 언어적 수업 활동에 관한 분석방법이다. 이 방법을 적용한 실제 연구가 활발하게 이루어질 때 교사의 수업방법 효과에 관한 논의도 한층 사실적일 수 있다.

셋째, 수업의 과정, 특히 수업 절차의 체계성을 평가하여야 한다. 수업의 절차는 교과의 성질에 따라 달라질 수 있다. 그렇지만 일반적으로 적용되어야만 하는 단계 예컨대, 도입, 전개, 정착의 3단계나 Gagné & Briggs(1974)가 제시하는 9단계 중 어느 한 단계의 특정 절차를 중심으로 수업이 잘 이루어졌는지를 진단한다.

Doyle(1983)이 제시하는 주요 평가영역과 준거점은 다음과 같다.

(1) 교사의 능력

① 교과내용을 분명하게 전달하고 있는가?
② 학생들의 주의를 집중시키는 방법을 알고 있는가?
③ 학습과 관련된 자료를 보관・유지하고 있는가?
④ 학생들의 신뢰를 받고 있는가?
⑤ 적절한 예나 보기를 잘 드는가?
⑥ 학습 분위기를 잘 유지하는가?

(2) 교사의 태도

① 학생들에게 진솔한 관심을 나타내는가?
② 자신의 견해와 다른 견해를 받아들일 만큼 지적으로 개방적인가?
③ 학생과 쉽게 친근해질 수 있는가?
④ 교사로서 천성적 자질이 있는가?

(3) 지적 활동의 격려

① 도전적인 질문을 던져 지적 활동을 자극하는가?

② 토론을 주도하는 기술이 뛰어난가?
③ 한 코스의 학습자료를 다른 분야에 적용할 수 있는 지적 능력이 있는가?

(4) 학생에의 영향력

① 계속적인 학습을 하도록 만들고 있는가?
② 학생들에 대한 동기유발 방법을 알고 있는가?

또한 Doyle은 수업평가에서 강조되어야 할 교사의 특징을 제시하고 있는데, 이는 효과적인 수업방법의 특성이 되기도 한다. 다음의 여러 가지 특징은 수업방법의 평가기준이 될 수 있다.

① 학생들로 하여금 중요한 것과 그렇지 않은 것을 구분하도록 도와준다.
② 학생들의 학습 흥미가 지속되도록 도와준다.
③ 학생들의 발달수준에 적합한 학습내용을 제공한다.
④ 모든 학생들이 이해할 수 있도록 가르치려고 노력한다.
⑤ 학생들의 주의를 집중시킨다.
⑥ 학생들에게 수업목표를 알려준다.
⑦ 새로운 내용을 가르칠 때 이전에 학습한 내용과 관련짓도록 도와준다.
⑧ 교과내용을 분명하게 제시한다.
⑨ 학습내용을 적절히 구조화한다. 너무 많거나 너무 적지 않게 한다.
⑩ 학생들의 학습을 안내하고 지도한다.
⑪ 도움이 될 만한 피드백(feedback)을 제공한다.
⑫ 학생들의 이미 배운 내용을 새로운 상황에 적용하는 일을 도와준다.
⑬ 학생들이 학습한 내용을 잊지 않고 간직하도록 도와준다.
⑭ 학생들을 배려한다.
⑮ 학생들을 이해한다.
⑯ 학생들에게 도전의식을 갖게 한다.
⑰ 교과를 잘 알고 있다.

⑱ 교과의 주요 내용을 강조한다.

나. 수업평가의 방법

수업평가방법은 평가 주체에 따라 크게 두 가지로 분류된다. 하나는 교사 자신의 평가이며, 다른 하나는 학생이나 동료 교사 혹은 관계 전문가에 의한 평가이다. 이러한 구분은 결국 평가 정보를 누구로부터 얻느냐에 따른 것이다.

(1) 교사 자신의 평가

교사 자신의 평가는 다분히 수업방법의 개선을 목적으로 한다. 그리고 그 평가는 비형식적인 것이 대부분이다. 예컨대 수업이 끝난 후에 스스로 반성하는 것을 비롯하여 타 교사의 수업방법과 간간이 비교하는 형식을 띤다. 한편 이보다는 좀 더 체계적으로 평가하기도 한다. 예컨대 자신의 수업방법, 특히 교실 내에서의 수업 활동을 동영상(movie) 카메라로 찍어 스스로 분석하고 검토하는 일이다. 자신의 평가를 통하여 얻을 수 있는 자료들은 다음과 같다.

① 지도 대상의 특성
② 수업내용 및 자료의 적합성
③ 수업목표 및 목적 설정의 적절성
④ 학습결과, 즉 학업성취도
⑤ 자신의 수업기술의 종류
⑥ 자신의 수업방법상의 장단점

교사 자신의 평가 문항, 즉 교사 자신의 평가준거들은 어떠한 것들인가? 이를 수업의 흐름에 따라 다섯 가지로 나누어 살펴보면 다음과 같다.

첫째, 학습준비를 위한 활동

① 학생의 선수학습 중 결손 부분을 보충하였는가?

② 본시 학습과제의 구성은 학생의 발달수준에 적합한가?
③ 개인차에 따른 학습지도 계획은 수립되었는가?

둘째, 동기유발 방법
① 수업목표를 설명하였는가?
② 학생들의 지적 호기심을 자극시켰는가?
③ 학습태도의 형성에 노력하였는가?

셋째, 학습활동 지도
① 학생의 참여를 허용하고 그들의 활동을 보장하였는가?
② 개인차를 고려한 수업지도를 하였는가?
③ 학습내용에 적합한 수업방법을 선택하였는가?
④ 학습내용을 체계적이며 조직적으로 제시하였는가?
⑤ 수업 진행 과정에서 교사의 수업기술은 적절하였으며 효과적이었는가?
⑥ 학생에게 충분한 연습 기회를 주었는가?
⑦ 학습내용과 생활 사태와의 관계를 이야기하였는가?
⑧ 학습내용의 실제 적용을 위한 기회와 방법을 알려주었는가?

넷째, 학습평가와 강화 및 과제 부여
① 학습결과에 관한 평가는 다양하게 이루어졌는가?
② 결과에 관한 강화는 제때에 적절하게 이루어졌는가?
③ 강화 유형은 무엇이며, 주로 긍정적이었는가?
④ 평가 결과는 즉각 환류되었는가?
⑤ 학습과제는 제시되었는가?
⑥ 학습과제의 부여는 적절한가?
⑦ 학습과제 부여 시 개인차를 고려하였는가?

(2) 타인의 평가

동료나 관계 전문가에 의한 평가는 자신의 평가보다 체계적이며 구체적이다. 이들의 평가 목적도 물론 교사의 수업방법을 개선하기 위한 것이다. 다만, 부분적으로 인사나 또 다른 목적 하에 이루어지기도 한다. 이들이 평가할 수 있는 주요 항목들은 다음과 같다.

① 교사의 교과에 관한 전문적 지식 정도
② 교사의 수업목표 설정
③ 교사의 수업내용 선정과 조직
④ 교사와 학생의 상호작용 관계
⑤ 교사의 수업기술
⑥ 교사의 학습지도 준비와 자료의 활용 상태
⑦ 교사의 열의
⑧ 과제 부여, 시험, 기타 학생평가 업무

학생에 의한 평가는 타 평가방법과는 또 다른 관점을 제공한다. 왜냐하면 학생들은 교사의 수업 활동을 가장 많이, 그리고 직접 관찰하고 수용할 수 있기 때문이다. 학생평가를 통하여 얻을 수 있는 정보는 아래와 같다.

① 교사와 학생과의 관계
② 교사의 학습지도 능력
③ 교사의 인성적 특성
④ 교사의 윤리성, 전문성
⑤ 평가의 공정성

위 자료는 대체로 참여 관찰법, 평정 척도법, 질문지법, 면접법, 자기 평가법 등으로 얻을 수 있다. 그런데 문제는 이들 방법의 신뢰성과 타당성이다. 이 두 가지 문제가 보장되지 않을 때 수집된 정보는 하등 쓸모가 없게 된다. 예컨대 평정법을 활용하여 교사를 평가하고자 할 때, 학생들 간의 일치 정도, 동일한 학생들이 서로 다른 시기에 평가할 때 반응의 유사성이 신뢰도의 주된 문제이다. 또한 교사의 통제 하에 있지 않은 요인들을 평가하여 교사를 평가하거나, 수업과는 비교적 관련이 없는 것을 평가함으로써 교사의 수업방법을 제대로 평가하지 못하는 타당도의 문제가 있다.

다. 수업평가의 개선방향

전통적으로 교사의 수업활동은 그 전문성과 자율성 때문에 폐쇄적인 영역으로 인식되어 왔다. 즉, 교사의 수업 활동에 대한 분석은 그다지 개방적이지 않았다. 이 점은 수업평가를 부진하게 만들었다고 본다. 수업평가의 과제를 생각할 때, 그 주된 대상은 교사의 수업 활동이다. 수업 활동을 중심으로 몇 가지 문제점을 생각해 보자.

첫째, 수업 활동 중에 무엇을 평가할 것인가에 관한 문제이다. 일반적으로 수업평가에서는 수업 계획, 수업내용, 수업 과정 그리고 수업 결과를 평가한다. 그런데 문제는 이들 각각의 영역을 평가한다고 할 때 제기되는 하위변인들을 무엇으로 볼 것이냐이다. 예컨대 수업 과정을 평가할 때 그 구체적인 평가 변인들은 무엇이며, 이 변인들의 타당도와 신뢰도는 만족할 만한가의 문제이다. 대부분의 수업 효율성에 관한 연구에서는 어느 정도 평가대상을 구체적으로 분류하고 있지만, 명백한 효율성의 준거는 제시하지 못하고 있다.

둘째, 평가방법상의 문제가 있다. 수업평가방법에 자주 활용되는 것은 평정 척도법, 질문지법, 관찰법 등이다. 이들은 그 나름대로 평가에 기여를 한다. 그렇지만 이들의 타당도와 신뢰도 문제가 끊임없이 제기되고 있다. 이 문제가 해결되지 않는 한 수업평가는 편파적이거나 부정확하며 전혀 엉뚱하게 이끌어질 수 있다. 따라서 기존의 평정 척도법, 질문지법, 관찰법 및 체크리스트법 위주에서 벗어나 면담법이나 자기 반성법, 혹은 소규모 집단 토론법이나 수업 전문가의 수업 녹화자료 분석법 등을 적극적으로 활용하여야 할 것이다.

셋째, 평가 정보원의 문제이다. 누가 교사 수업을 평가할 것인가? 교사의 수업평가는 교사 자신과 주위 사람들에 의존한다. 이때 심각한 문제는 평가의 신뢰성이다. 감정이나 편견을 배제할 수 없으며, 교사 자신의 의욕, 즉 자신의 수업방법을 개선하고자 하는 강한 욕구가 없이는 평가 자체가 무의미하게 된다. 교사 스스로 수업 개선을 꾀하지 않을 때 이루어지는 평가는 어느 누구에 의해 수행되더라도 전혀 쓸모없는 일이다.

넷째, 평가 도구상의 문제이다. 수업평가 기술이 발달되지 않은 시점에서 신뢰성과 타당성이 다 같이 높은 도구는 절대적으로 필요하다. 그렇지만 표준화되고 객관적인 도구의 개발이 용이하지 않다. 때문에 대부분의 연구에서는 평가자나 주관자가 만든 도구를 활용하고 있는 실정이다. 좀 더 객관적이며 신뢰로운 도구의 개발이 요구된다.

다섯째, 지금까지의 수업평가 논의에서는 평가 결과의 활용 방안이 심각하게 이루어지지 않은 것 같다. 수업평가 결과의 재투입은 실제 수업의 개선을 지향하는 것으로, 이 과정이 불분명하다. 그리고 평가 결과에 대한 교사의 반응도 각양각색으로, 교사가 평가 결과를 긍정적으로 받아들이고 수업 개선에 전력하도록 지원체제를 확립할 필요가 있다.

여섯째, 수업평가의 대상을 다양하게 할 필요가 있다. 이제껏 교사의 외적 수업행동에 맞추어졌던 평가를 교사들의 내적 과정에 초점을 맞출 필요가 있다. 예컨대 교사가 의도한 대로 수업이 이루어지는지에 대한 여부, 학생들의 수업에 대한 몰입 정도, 수업 분위기, 교사와 학생과의 관계 등에 초점을 맞출 필요가 있다. 또한 교사의 교과와 교육학에 대한 지식과 더불어 교육관, 수업관, 학생관 등에 대한 평가도 이루어져야 할 것이다. 교사의 잘못된 교육목적과 수업관, 학생에 대한 이해의 부족은 수업의 질을 떨어뜨릴 뿐만 아니라 수업의 본래 목표와 목적을 달성하기 힘들다.

일곱째, 수업평가방법의 다양화를 추구하여야 할 것이다.

그동안 교육평가는 학생의 학습평가에 편중된 채 이루어져 왔다. 상대적으로 수업평가는 거의 관심 밖의 일이다. 교육과정 평가가 궁극적으로 수업의 질을 높이고자 하는 것일 때, 수업평가는 교육과정 평가의 주요 과업이 된다. 행정적인 차원에서도 적극 지원하고 조장하여야 할 것이다.

교육과정 평가의 맥락에서 교육의 질 관리는 국가나 지역수준보다는 일차적으로 학교수준의 교육과정 질을 관리하는 것을 의미한다. 왜냐하면 국가수준과 지역수준의 교육과정 평가는 궁극적으로 학교수준의 교육과정이 효과적으로 편성·운영될 수 있는 보다 좋은 여건을 만들어 주기 위한 목적에서 실시되기 때문이다. 또한, 학교교육과정의 질을 학생들의 교과목별 학업성취 수준과 학업성취 외에 교육내용의 질, 교수방법의 탁월성 등의 질로 구분할 때, 수업평가는 학교교육과정의 질 관리를 위한 중요한 기제로 간주할 수 있다.

학습문제

01. 교육과정의 질을 개선하기 위한 노력으로 수업평가가 갖는 의의를 설명하시오.

02. 수업평가는 어떠한 내용들로 구성되어야 하는지에 대한 Doyle의 견해를 설명하시오.

03. 기존의 수업평가에서 나타나는 문제점을 지적하고 바람직한 수업평가의 방향성에 대해 자신의 의견을 제시하시오.

참고문헌

강봉규, 이종성(1985). 교육과정・교육평가신강. 형설출판사.
강신웅(1984). 교육과정. 정민사.
강일국(2010). 다문화 대안학교 '새날학교'연구. 교육과정연구, 28(4), 1-28.
강현석(2011). 현대 교육과정 탐구. 학지사.
강현석, 주동범(2004). 현대 교육과정과 교육평가. 학지사.
곽병선(1988). 교육과정. 배영사.
곽병선 외(2009). 미래형 교육과정방향 및 실행 체제 연구. 교육과학기술부.
곽병선 외(2009). 2009 개정 교육과정이 추구하는 인간상과 교육목표 개선 연구, 한국교육과정평가원 교육과정개정연구위원회.
곽병선 외(1997). 제7차 교육과정 개정안의 교육적 인간상과 목표 연구, 한국교육개발원 교육과정개정연구위원회.
권기욱(2001). 대학 교육과정 평가 체계의 문제점과 개선 방안. 사회과학연구, 9(2), 459-490.
권낙원, 김동엽(2006). 교수-학습이론의 이해. 문음사.
권낙원, 김민환, 한승록, 추광재(2011). 교사를 위한 교육과정론. 공동체.
권낙원, 민용성, 최미정(2008). 학교 교육과정 개발론. 학지사.
경기도교육청(2005). 신바람과 감동을 주는 학급교육과정 길라잡이. 경기도교육청 장학자료 2006-1.
교육과학기술부(2008). 고등학교 교육과정 해설(Ⅰ) -총론, 재량 활동, 특별활동-. 미래엔 컬처 그룹.
교육과학기술부(2008). 중학교 교육과정 해설(Ⅰ) -총론, 특별활동-. 대한교과서 주식회사.
교육과학기술부(2008). 초등학교 교육과정 해설(Ⅰ) -총론, 재량 활동-. 대한교과서 주식회사.
교육과학기술부(2009). 창의적 체험활동. 교육과학기술부 제 2009-41호. 별책 18호.
교육과학기술부(2009). 初・중등학교 교육과정 총론. 교육과학기술부 고시 제2009-41호.
교육과학기술부(2009). 初・중등학교 교육과정 총론. 교육과학기술부 제 2009-41호. 별책 1호.
교육과학기술부(2010). 2009 개정 교육과정 적용을 위한 학교교육과정 편성・운영 매뉴얼- 초등학교.
교육과학기술부 보도자료(2009. 12. 17.). 「2009 개정 교육과정(초・중등학교 교육과정)」 발표.
교육인적자원부(1997). 初・중등학교 교육과정 - 국민 공통 기본 교육과정 - . [별책 1] 대한교과서주식회사.
교육인적자원부(1997). 初・중등학교 교육과정-국민 공통 기본 교육과정-. 교육부 고시 제

1997-15호[별책 1].
교육인적자원부(1998). 초등학교 교육과정 해설(Ⅰ) -총론, 재량활동-. 대한교과서주식회사.
교육인적자원부(1998). 학교교육과정 평가 현장 적용 연구(중간보고서)- 초등학교 편.
교육인적자원부(1999). 중학교 교육과정 해설(Ⅰ) -총론, 특별활동-. 대한교과서주식회사.
교육인적자원부(2003a). 일반계 고등학교 학교교육과정 준비에서 평가까지. 선명인쇄.
교육인적자원부(2003b). 학교교육과정 준비에서 평가까지 : 중학교. 선명인쇄.
교육인적자원부(2004). 제7차 교육과정 백서. 선명인쇄주식회사.
교육인적자원부(2007). 중학교 교육과정. 교육인적자원부 고시 제 2007-79호[별책 3].
교육인적자원부(2007). 초・중등학교 교육과정. 교육인적자원부 고시 제 2007-79호[별책 1].
교육인적자원부(2007). 초등학교 교육과정 해설(Ⅰ)-총론. 교육인적자원부 고시 제 2007-79호.
교육인적자원부(2007). 초등학교 교육과정. 교육인적자원부 고시 제 2007-79호[별책 2].
국가교육과학기술자문회의(2009). 미래형 교육과정 구상(안).
국가교육과학기술자문회의(2009). 미래형 교육과정 구상(안). 제8차 국민 대토론회 자료집(2009. 7. 24).
길형석, 손충기(1990). 교육과정과 교육평가. 동문사.
김동환(1992). 건전한 사회성검사의 개발과 타당화를 위한 분석연구. 세종대학교 대학원 박사학위논문.
김두정(2006). 학교교육과정의 편성 및 운영의 실제. 교육과정: 이론과 실제. 교육과학사.
김민환(2004). 실제적 교육방법론. 양서원.
김병성(1994). 교육과 사회. 학지사.
김성권(1993). 교육과정과 평가. 형설출판사.
김순애, 전종배(1993). 교육과정 및 교육평가. 재동문화사.
김영옥(2008). 유아 다문화교육의 통합적 적용. 학지사.
김용숙 외(2001). 학문 분야평가 인정제 교양교육 분야 종합보고서. 한국대학교육협의회.
김인식, 최호성(1996). 최신 교육과정 및 평가(수정판). 교육과학사.
김진숙, 이근호, 이영섭, 안연순(2010). 중학교 교육과정 총론 해설 개발 연구(2009 개정 교육과정 해설 연구 위탁과제). 한국교육과정평가원 연구보고 CRC 2010-14.
김종건(1988). 교육과정 개발의 목표모형에 관한 논의. 한국교원대학교 교수논총, 4(2), 41-75.
김종건 외(2002). 2002년 교육과정 후속지원연구과제 답신보고. 학교교육과정 평가방법에 관한 연구.
김종서(1987). 잠재적 교육과정. 익문사.
김현덕(2007). 다문화 교육과 국제이해교육의 비교 연구 : 미국 사례를 중심으로. 비교교육연구, 17(4), 1～23.

김호권(1980). 현대 교육과정론. 교육출판사.

류방란, 박상철(2004). 일반계 고등학교의 학교교육과정 운영 실태 분석. RR 2004-9. 한국교육개발원.

민용성 외(2009). 학교교육과정 평가 도구의 타당화 및 평가 실행 체제 연구. 한국교육과정평가원 연구보고 RRC 2009-6.

민용성 외(2010). 초등학교 교육과정 총론 해설 개발 연구(2009 개정 교육과정 해설 연구 위탁과제). 한국교육과정평가원 연구보고 CRC 2010-13.

민용성, 최화숙(2009). 다문화 사회에 대응하는 학교교육과정 개발 방향 탐색. 학습자중심교과교육연구, 9(3), 231-258.

박순경 외(2001). "제7차 초・중등학교 교육과정 평가 연구(Ⅰ): 교육과정 문서 및 적용 지원 체제. 한국교육과정평가원.

박순경 외(2008). 초・중등학교 교육과정 선진화 개혁 방안 연구(Ⅰ)-총괄-. 한국교육과정평가원 연구보고 CRC 2008-28-1.

박현주(2005). 교육과정 개발의 모형과 실제. 교육과학사.

박혜림(2008). 대학 교양교육과정의 평가 영역 및 준거 개발 연구. 고려대학교 대학원. 박사학위논문.

배호순(1999). 프로그램 평가론. 원미사.

배호순(2004). 교육과정 평가 논리의 탐구: 학교교육과정 평가 방법론의 서설. 교육과학사.

설규주(2009). 다문화 교육을 위한 초등 교수-학습과정안. 2009년 초・중등교사 다문화교육 직무연수 자료집. 서울대학교 중앙다문화교육센터.

손충기(2000). 학교중심 교육과정 개발(SBCD) 모형에 관한 연구. 교육연구, 19, 195-217.

이귀윤(2000). 교육과정 연구. 교육과학사.

이상주(1974). 의사결정의 관점에서 본 교육과정. 교육과정연구, 제1권. 59-74.

이성호(2004). 교육과정 개발과 평가. 양서원.

이성호(1992). 교육과정과 평가. 양서원.

이성호(2006). 교육과정 개발과 평가. 양서원.

이원희 외(2004). 초등교사 교육을 위한 교육학 기본과목(교육과정과 수업) 프로그램 개발. 교육인적자원부.

이영호, 김주창, 진영종, 김범춘(2003). 대학 인문교양교육의 현황 진단 및 정책대안. 인문사회연구회.

이홍우(1992). (증보)교육과정탐구. 박영사.

임명희, 최안복(2007). 다문화 교육과정과 관련변인에 관한 이론적 고찰. 한국보육학회지, 7(1), 1-24.

장영희(1997). 유아를 위한 다문화 교육의 개념 및 교수 방법에 대한 이론적 고찰. 성신연구논집, 35, 295-314.

장인실(2003). 다문화 교육(Multicultural education)이 한국 교사 교육과정 개혁에 주는 시사점, 교육과정연구, 21(3), 409-431.

정영근 외(2010). 고등학교 교육과정 총론 해설 개발 연구(2009 개정 교육과정 해설 연구 위탁과제). 한국교육과정평가원 연구보고 CRC 2010-15.

정정희(2006). 결혼 이주여성 자녀교육 프로그램 개발과 교육지원 방안. 경북대학교연구보고서.

조난심 외(1999). 국가 수준 교육과정 개발 및 적용 체제 개선을 위한 기초 연구. 한국교육과정평가원 연구보고 RRC 99-8.

조난심 외(2009a). 2009 개정 초・중등학교 교육과정 (총론) 시안 개발 연구. 2009 교육과정 개정 후속지원 연구 위탁과제 답신보고. 한국교육과정평가원.

조난심 외(2009b). 교육과정 자율화 현장 적용 모형 개발. 연구보고 CRC 2009-7. 한국교육과정평가원.

조난심 외(2009). 2009 개정 초・중등학교 교육과정 (총론) 시안 개발 연구. 교육과학기술부.

한국교육개발원(1993). 신한국 창조를 위한 교육개혁. 한국교육개발원.

한국교육과정학회(2002). 교원교육과정. 교육과학사.

한국교육과정학회(2010). 교육과정: 이론과 실제. 교육과학사.

한국대학교육협의회(2001). 학문분야평가인정제 시행을 위한 교양교육 분야의 평가기준. 한국대학교육협의회.

한국직업능력개발원(2009). 진로교육의 재정립과 학교교육의 내실화. 제3차 미래교육공동체 포럼 자료집.

한기언(1990). 교육철학 및 교육사. 양서원.

홍후조 외(2009a). 2009 개정 교육과정 창의적 체험활동 시안 개발 연구. 2009 교육과정 개정 후속지원연구 위탁과제 답신보고. 교육과학기술부.

홍후조 외(2009b). 선진화된 학교교육과정의 실천모델연구. 교육과학기술부.

홍후조, 강익수, 백경선, 성열관(2008). 초・중등학교 교육과정 선진화 개혁 방안 연구(Ⅱ) -교육과정 적정화 및 필수 교과 조정-. 연구보고 CRC 2008-28-2. 한국교육과정평가원.

홍후조 외(2009). 2009 개정 교육과정 창의적 체험활동 시안 개발 연구. 교육과학기술부.

홍후조(2011). 알기 쉬운 교육과정. 학지사.

황규호(1995). 학교단위 교육과정의 개발과 운영. 교육과정연구, 13, 25-38.

황정규(1984). 학교학습과 교육평가. 교육과학사.

추광재, 최화숙(2010). 교육과정의 이해. 강현출판사.

최호성(1993). 교육과정 평가의 모형 정립과 평가기준 설정 및 타당화 연구. 경북대학교 대학원 박사학위논문.

최호성(2008). 교육과정 및 평가-이해와 응용-. 교육과학사.

2009개정교육과정연구위원회(2009). 2009 개정 교육과정: 개정의 방향과 총론 시안(1차) 공청회 자료집.

2009개정교육과정연구위원회(2009). 2009 개정 교육과정: 개정의 방향과 총론 시안(2차) 공청회 자료집.

Alkin, M. C.(1969). Evaluation theory development. *Evaluation Comment, 2*, 2-7.

Banks, J. A.(2002). *An Introduction to Multicultural Education(3rd ed.).* Boston: Allyn & Bacon.

Banks, J. A. & Banks, C. M.(2007). *Multicultural education: Issues and perspectives(6th eds.).* New Jersey: Jon Wiley & Sons.

Beauchamp, G. A.(1968). *Curriculum theory: Meaning, Development, and use. Theory into Practice, 21*(1). 23-27.

Bloom, B. S.(1961). Tomorrow's Teaching, Oklahoma City: Frontiers of science Foundation.

Bloom, B. S.(1970). "To ward S theory of Testing Which Includes Measurement-Evaluation-Assessment" in M. D. C. Wittrock and D. C. Wiley, The Evaluation of instruction: issues and problems, New York: Holt, Rinehart and Winston.

Bloom, B. S. et al.(1971). Handbook on formative and Summative Evaluation of Student Learning, New York: McGraw-Hill Book Co., Inc.

Brady, L.(1987). *Curriculum Development.* New York: Prentice Hall.

Bruner, J. S.(1960). *The process of Education*, Cambridge, Mass: Harvard University Press.

Bruner, J. S.(1971). "The Process of Education Reconsidered", in robert R. Leeper (ed.), Dare to Care/Dare to Act, Washington, D. C.: The Association for Supervision and Curriculum Development.

Dewey, J.(1902). *The Child and the Curriculum*, Chicago: University of Chicago Press.

Dewey, J.(1916). *Democracy and Education*, New York: Macmillan Publishing co.

Dewey, J.(1955). *Experience and Education*, New York: The Macmillan Co.

Dewey, J.(1942). *The School and Society*, New York, The Banker & Taylor Co.

Doyle, K. O.(1975). *Student evaluation of instruction.* Mass. : Heath and Co.

Doyle, K. O.(1983). *Evaluating teaching.* Mass. : Lexington Books.

Eisner, E. L.(1979). *Educational imagination: On the design and evaluation of school programs.* New York: MacMillan Publishing Co.

Flanders, N.(1970). *Analyzing teaching behavior.* Reading, Mass. : Addison Wesley.

Gagné, R. M.(1970). *The Conditions of Learning*(2nd ed). New York: Holt, Rinehart and winston, Inc.

Gagné, R. M. and Leslie J. Briggs(1974). *Principles of Instructional Design*, New York: Holt, Rinehart and Winston, Inc.

Gagné, R. M. and Leslie J. Briggs(1975). *Essentials of Learning for Instruction.*(Expanded ed.). New York: Holt, Rinehart and Winston.

Glaser, R. and A. J. Nitko(1971). "Measurement in Learing and Instruction." In R. L. Thorndike (ed.), Educational Measurement(2nd ed.), Washington, D. C.: American Council on Education.

Goodlad, J. I.(1966). *The development of dealing with problems of curriculum and instruction*. U. S. Dept. of HEW.

Gronlund, N. E.(1973). *Individualizing classroom instruction*. New York: Macmillan.

Helbowitch,S.(2005). *Designing the school curriculum*. Boston: Allyn & Bacon.

Mager, R. F.(1962). *Preparing instructional objectives*. California: Fearon.

Marsh, C. et al.(1990). *Reconceptualizing School-based Curriculum Development: Decision at the School Level*. London: The Falmer Press.

McNeil, J. D.(1981). *Evaluating the Curriculum*, In Giroux, H. A., Penna, A. N., Pinar, W. F.(eds.). *Curriculum and Instruction*, Berkeley : McCutchan.

Nicholls, A. & Nicholls, A. H.(1976). *Developing a Curriculum: A Practical Guide(6th)*. London: George Allen & Unwin.

Ornstein, A. C. & Hunkins, F. P.(1988). *Curriculum: Foundations, Principles and Issues(4th eds.)*. Boston: Pearson.

Parlett, M., & Hamilton, D.(1976). *Evaluation as Illumination: A New Approach to the Study of Innovative Programs*. In G. V. Glass (Ed), *Evaluation Studies Review Annual* (Vol. 1). Beverly Hills, CA: Sage.

Posner, G. J.(1998). Models of curriculum planning. In L. E. Beyer & M. W. Apple (Eds), *The Curriculum: Problems, politics, and possibilities*. (2nd ed.). Albany: State University of New York Press.

Print, M.(1993). *Curriculum development and design(2nd)*. NSW: Allen & Unwin.

Provus, M.(1971). *Discrepancy evaluation for education program improvement and assessment*. Berkeley, CA : McCutchan.

Ramsey, L. D.(2004). *Teaching and learning in a diverse world: Multicultural education for young children(3rd ed.)*. New York: Teacher College Press.

Rossi, P. H., Freeman, H. E.(1985). *Evaluation: A systemic approch(6th ed)*. Thousands Oask, CA: Sage.

Saylor, J. G. & W. M. Alexander.(1980). *Curriculum planning for better teaching and learning*. New York: Rinehart and Co.

Scriven, M.(1973). The methodology of evaluation. In B. R. Worthern & J. R. Sanders(Eds.), *Educational evaluation : Theory and Practice(60-103)*. Ohio : Charles A. Jones Publishing Company.

Scriven, M.(1992). *Evaluation and critical reasoning: Logic's Last Frontier?* In R. A.

Talask (Ed).

Short, E. C.(1982). The Forms and use of alternative curriculum development strategies: Policy implications. *Curriculum Inquiry, 13*(1), 43-64.

Skilbeck, M.(1976). *School-based curriculum development and Teacher Education.* OECD.

Skilbeck, M.(1984). *School-based curriculum development.* London: Harper & Row.

Stake, R. E.(1967). *The countenance of educational evaluation.* Teachers College Record 68.

Steele, S. M.(1973). *Program Evaluation as an Administrative Concept.* Paper Presented at American Educational Research Association Meeting.

Stufflebeam, D. L.(1973). Excerpts from evaluation as enlightenment for decision-making.

Taba, H.(1962). *Curriculum development: Theory into practice.* New York: Harcourt, Brace & World, Inc.

Tanner, D. and L. N. Tanner(1980). *Curriculum development: Theory into practice,* New York: Macmillan Publishing Co.

Tyler, R. W.(1949). *Basic principles of curriculum and instruction.* Chicago : University of Chicago Press.

Walker, D. F.(1971). A naturalistic model for curriculum development. *School Review, 80*(1), 51-65.

Wheeler, D. K.(1967). *Curriculum process.* London: University of London Press.

Worthen, B. R., Sanders, J. R.(1973). *Educational evaluation: Theory and practice,* Wadworth Publishing Company, Inc., Belmont.

Worthen, B. R., Sanders, J. R., & Fitzpatrick, J. L.(1997). *Program evaluation: Alternative approach and practical guidelines*(2nd ed.). New York: Longman.

찾아보기

APPENDIX

초·중등학교 교육과정 총론

교육과학기술부 고시 제2012- 31호 [별책 1]

교육과학기술부 고시 제 2012 - 31호

초·중등교육법 제23조 제2항에 의거하여 초·중등학교 교육과정(교육과학기술부 고시 제 2012-14호, 2012. 7. 9.) 【별책 1】 총론을 일부 개정하여 다음과 같이 고시합니다.

2012년 12월 13일
교육과학기술부장관

1. 초·중등학교 교육과정 총론은 【별책 1】과 같습니다.
2. 초등학교 교육과정은 【별책 2】와 같습니다.
3. 중학교 교육과정은 【별책 3】과 같습니다.
4. 고등학교 교육과정은 【별책 4】와 같습니다.

부 칙

1. 이 교육과정은 학교 급별, 학년별로 다음과 같이 시행합니다.
   가. 2013년 3월 1일 : 초등학교 1, 2학년, 중학교 1학년, 고등학교 1학년(영어)
   나. 2014년 3월 1일 : 초등학교 3, 4학년, 중학교 2학년, 고등학교 1학년, 고등학교 2학년(영어)
   다. 2015년 3월 1일 : 초등학교 5, 6학년, 중학교 3학년, 고등학교 2학년, 고등학교 3학년(영어)
   라. 2016년 3월 1일 : 고등학교 3학년

2. 「훈령·예규 등의 발령 및 관리에 관한 규정」(대통령훈령 제248호)에 따라 이 고시 발령 후의 법령이나 현실 여건의 변화 등을 검토하여 이 고시의 폐지, 개정 등의 조치를 하여야 하는 기한은 2016년 2월 29일까지로 합니다.

교육과정의 성격

이 교육과정은 초·중등교육법 제23조 제2항에 의거하여 고시한 것으로, 초·중등학교의 교육 목적과 교육 목표를 달성하기 위한 국가 수준의 교육과정이며, 초·중등학교에서 편성, 운영하여야 할 학교 교육과정의 공통적, 일반적인 기준을 제시한 것이다.

이 교육과정의 성격은 다음과 같다.

가. 국가 수준의 공통성과 지역, 학교, 개인 수준의 다양성을 동시에 추구하는 교육과정이다.

나. 학습자의 자율성과 창의성을 신장하기 위한 학생 중심의 교육과정이다.

다. 교육청과 학교, 교원·학생·학부모가 함께 실현해 가는 교육과정이다.

라. 학교 교육 체제를 교육과정 중심으로 개선하기 위한 교육과정이다.

마. 교육의 과정과 결과의 질적 수준을 유지, 관리하기 위한 교육과정이다.

차 례

Ⅰ. 교육과정 구성의 방향

1. 추구하는 인간상

우리나라의 교육은 홍익인간의 이념 아래 모든 국민으로 하여금 인격을 도야하고, 자주적 생활 능력과 민주 시민으로서 필요한 자질을 갖추게 하여 인간다운 삶을 영위하게 하고, 민주 국가의 발전과 인류 공영의 이상을 실현하는 데 이바지하게 함을 목적으로 하고 있다.

이러한 교육 이념을 바탕으로, 이 교육과정이 추구하는 인간상은 다음과 같다.

가. 전인적 성장의 기반 위에 개성의 발달과 진로를 개척하는 사람
나. 기초 능력의 바탕 위에 새로운 발상과 도전으로 창의성을 발휘하는 사람
다. 문화적 소양과 다원적 가치에 대한 이해를 바탕으로 품격 있는 삶을 영위하는 사람
라. 세계와 소통하는 시민으로서 배려와 나눔의 정신으로 공동체 발전에 참여하는 사람

2. 교육과정 구성의 방침

추구하는 인간상을 구현하기 위한 이 교육과정 구성의 방침은 다음과 같다.

가. 배려와 나눔을 실천하는 창의적인 인재를 기를 수 있도록 교육과정을 구성한다.
나. 이 교육과정은 초등학교 1학년부터 중학교 3학년까지의 공통 교육과정과 고등학교 1학년부터 3학년까지의 선택 교육과정으로 편성한다.
다. 교육과정 편성·운영의 경직성을 탈피하고, 학년 간 상호 연계와 협력을 통한 학교 교육과정 편성·운영의 유연성을 부여하기 위하여 학년군을 설정한다.
라. 공통 교육과정의 교과는 교육 목적상의 근접성, 학문 탐구 대상 또는

방법상의 인접성, 생활양식에서의 연관성 등을 고려하여 교과군으로 재분류한다.

마. 선택 교육과정에서는 학생들의 기초영역 학습 강화와 진로 및 적성 등을 감안한 적정 학습이 가능하도록 4개의 교과 영역으로 구분하고, 필수이수단위를 제시한다. 특성화 고등학교와 산업수요 맞춤형 고등학교는 보통 교과의 4개 교과 영역과 전문 교과로 구분하고 필수 이수 단위를 제시한다.

바. 학기당 이수 교과목 수 축소를 통한 학습부담의 적정화와 의미 있는 학습활동이 전개될 수 있도록 집중이수를 확대한다.

사. 기존의 재량활동과 특별활동을 통합하여 배려와 나눔의 실천을 위한 '창의적 체험활동'을 신설한다.

아. 학교 교육과정 평가, 교과 평가의 개선, 국가 수준의 학업성취도 평가 실시 등을 통해 교육과정 질 관리 체제를 강화한다.

자. 모든 교육 활동을 통해 인성 교육을 실천할 수 있도록 교육과정을 구성한다.

Ⅱ. 학교 급별 교육과정 편성과 운영

1. 초등학교

가. 초등학교 교육목표

초등학교의 교육은 학생의 학습과 일상생활에 필요한 기초 능력 배양과 기본 생활 습관 형성, 바른 인성의 함양에 중점을 둔다.

(1) 풍부한 학습 경험을 통해 몸과 마음이 건강하고 균형 있게 자랄 수 있도록 하며, 다양한 일의 세계에 대한 기초적인 이해를 한다.

(2) 학습과 생활에서 문제를 인식하고 해결하는 기초 능력을 기르고, 이를 새롭게 경험할 수 있는 상상력을 키운다.

(3) 우리 문화에 대해 이해하고, 문화를 향유하는 올바른 태도를 기른다.

(4) 자신의 경험과 생각을 다양하게 표현하며 타인과 공감하고 협동하는 태도, 배려하는 마음을 기른다.

나. 편제와 시간 배당

(1) 편제

㈎ 초등학교 교육과정은 교과(군)와 창의적 체험활동으로 편성한다.

① 교과(군)는 국어, 사회/도덕, 수학, 과학/실과, 체육, 예술(음악/미술), 영어로 한다. 다만, 초등학교 1, 2학년의 교과는 국어, 수학, 바른 생활, 슬기로운 생활, 즐거운 생활로 한다.

② 창의적 체험활동은 자율 활동, 동아리 활동, 봉사 활동, 진로 활동으로 한다.

(2) 시간배당 기준

구분		1~2학년	3~4학년	5~6학년
교과(군)	국어	국 어 448	408	408
	사회/도덕	수 학 256	272	272
	수학		272	272
	과학/실과	바른 생활 128	204	340
	체육	슬기로운 생활 192	204	204
	예술(음악/미술)		272	272
	영어	즐거운 생활 384	136	204
창의적 체험활동		272	204	204
학년군별 총 수업시간 수		1,680	1,972	2,176

① 이 표에서 1시간 수업은 40분을 원칙으로 하되, 기후 및 계절, 학생의 발달 정도, 학습 내용의 성격 등과 학교 실정을 고려하여 탄력적으로 편성·운영할 수 있다.

② 학년군 및 교과(군)별 시간 배당은 연간 34주를 기준으로 한 2년간의 기준수업시수를 나타낸 것이다.

③ 학년군별 총 수업시간 수는 최소 수업 시수를 나타낸 것이다.

④ 실과의 수업 시간은 5~6학년 과학/실과의 수업시수에만 포함된 것이다.

다. 초등학교 교육과정 편성 · 운영의 중점

(1) 학교는 1학년 학생들의 입학 초기 적응 교육을 위해 창의적 체험활동의 시수를 활용하여 자율적으로 입학 초기 적응 프로그램 등을 편성 · 운영할 수 있다.

(2) 학교는 모든 교육 활동을 통해 학생의 인성과 기본 생활 습관을 형성할 수 있도록 교육과정을 편성 · 운영한다.

(3) 각 교과의 기초적, 기본적 요소들이 체계적으로 학습되도록 계획하고, 정확한 국어사용 능력을 신장할 수 있도록 배려한다. 특히, 기초적 국어사용 능력과 수리력이 부족한 학생들을 위해 별도의 프로그램을 편성 · 운영할 수 있다.

(4) 학교의 특성, 학생 · 교사 · 학부모의 요구 및 필요에 따라 학교가 자율적으로 교과(군)별 20% 범위 내에서 시수를 증감하여 운영할 수 있다.

(5) 초등학교에서는 학교의 여건과 교과(군)별 특성을 고려하여 학년, 학기별로 집중 이수를 통해 학기당 이수 교과 수를 감축하여 편성 · 운영할 수 있다.

(6) 정보통신활용교육, 보건교육, 한자교육 등은 관련 교과(군)와 창의적 체험활동 시간을 활용하여 체계적인 지도가 이루어질 수 있도록 한다.

(7) 전입 학생이 특정 교과목을 이수하지 못할 경우, 교육청과 학교에서는 '보충 학습 과정' 등을 통해 학습 결손이 발생하지 않도록 한다.

(8) 학년을 달리하는 학생을 대상으로 복식 학급을 편성, 운영하는 경우에는 교육 내용의 학년별 순서를 조정하거나 공통 주제를 중심으로 교재를 재구성하여 활용할 수 있다.

(9) 학교는 학생이 학년군별로 이수해야 할 학년별, 학기별 교과목을 편성하여 안내 한다.

(10) 예술(음악/미술)은 음악과 미술 교과를 중심으로 편성 · 운영한다.

2. 중학교

가. 중학교 교육목표

중학교의 교육은 초등학교 교육의 성과를 바탕으로, 학생의 학습과 일상생활에 필요한 기본 능력과 바른 인성, 민주 시민의 자질 함양에 중점을 둔다.

(1) 심신의 건강하고 조화로운 발달을 토대로 바른 인성을 기르고, 다양한 분야의 경험과 지식을 익혀 적극적으로 진로를 탐색한다.

(2) 학습과 생활에 필요한 기초 능력과 문제 해결력을 바탕으로 창의적 사고력을 기른다.

(3) 자신을 둘러싼 세계에 대한 경험을 토대로 다양한 문화와 가치에 대한 이해를 넓힌다.

(4) 타인과 공감하고 소통하는 능력, 배려하는 마음, 민주 시민으로서의 자질과 태도를 갖춘다.

나. 편제와 시간 배당 기준

(1) 편제

(가) 중학교 교육과정은 교과(군)와 창의적 체험활동으로 편성한다.

① 교과(군)는 국어, 사회(역사 포함)/도덕, 수학, 과학/기술 · 가정, 체육, 예술(음악/미술), 영어, 선택으로 한다. 선택은 한문, 정보, 환경과 녹색성장, 생활 외국어(독일어, 프랑스어, 스페인어, 중국어, 일본어, 러시아어, 아랍어, 베트남어), 보건, 진로와 직업 등 선택 과목으로 한다.

② 창의적 체험활동은 자율 활동, 동아리 활동, 봉사 활동, 진로 활동으로 한다.

(2) 시간 배당 기준

구 분		1~3학년
교과(군)	국어	442
	사회(역사 포함)/도덕	510
	수학	374
	과학/기술 · 가정	646
	체육	272
	예술(음악/미술)	272
	영어	340
	선택	204
창의적 체험활동		306
총 수업시간 수		3,366

① 이 표에서 1시간 수업은 45분을 원칙으로, 기후 및 계절, 학생의 발달 정도, 학습 내용의 성격 등과 학교 실정을 고려하여 탄력적으로 편성 · 운영할 수 있다.

② 학년군 및 교과(군)별 시간 배당은 연간 34주를 기준으로 한 3년간의 기준 수업 시수를 나타낸 것이다.

③ 총 수업시간 수는 3년간의 최소 수업 시수를 나타낸 것이다.

다. 중학교 교육과정 편성 · 운영의 중점

(1) 학교는 학생들이 이수해야 할 3년간의 교과목을 학년별, 학기별로 편성하여 안내한다.

(2) 교과(군)의 이수 시기와 수업 시수는 학교가 자율적으로 결정할 수 있다.

(3) 학교의 특성, 학생 · 교사 · 학부모의 요구 및 필요에 따라 학교가 자율적으로 교과(군)별 수업 시수를 20% 범위 내에서 증감하여 운영할 수 있다. 단. 체육, 예술(음악/미술) 교과목은 기준 수업 시수를 감축하여 편성할 수 없다.

(4) 교육 효과를 높이기 위해 학생의 학기당 이수 교과목 수를 8개 이내로 편성하도록 한다. 단, 체육, 예술(음악/미술) 교과목은 8개 이내에서

제외하여 편성할 수 있다.

(5) 예술(음악/미술)은 음악과 미술 교과를 중심으로 편성 · 운영한다.

(6) 선택과목을 개설할 경우, 학교는 2개 이상의 과목을 개설함으로써 학생들의 선택권이 보장되도록 한다.

(7) 학교는 필요한 경우 새로운 선택 과목을 개설할 수 있다. 새로운 과목을 개설하여 운영하고자 할 경우에는 시 · 도 교육청의 편성 · 운영 지침에 의거하여 사전에 필요한 절차를 거쳐야 한다.

(8) 학교는 학생의 직업 및 진로에 대한 탐색과 선택을 돕기 위해 진로 교육을 강화한 교육과정을 편성 · 운영한다.

(9) 전입 학생이 특정 교과목을 이수하지 못할 경우, 교육청과 학교에서는 '보충 학습 과정' 등을 통해 학습 결손이 발생하지 않도록 한다.

(10) 학교는 학생들의 건강한 심신 발달을 위해 '학교스포츠클럽 활동'을 편성 · 운영한다.

㈎ '학교스포츠클럽 활동'은 '창의적 체험활동'의 '동아리활동'으로 편성한다.

㈏ '학교스포츠클럽 활동'은 학년별 연간 34~68시간(총 136시간) 운영하며, 매 학기 편성하도록 한다.

㈐ '학교스포츠클럽 활동'의 시간은 교과(군)별 시수의 20% 범위 내에서 감축하거나, 창의적 체험활동 시수를 순증하여 확보한다. 다만, 여건이 어려운 학교의 경우 68시간 범위 내에서 기존 창의적 체험활동 시간을 활용하여 확보할 수 있다.

㈑ '학교스포츠클럽 활동'의 종목과 내용은 학생들의 희망을 반영하여 학교가 정하되, 다양한 종목을 개설함으로써 학생들의 선택권이 보장되도록 한다.

3. 고등학교

가. 고등학교 교육목표

고등학교 교육은 중학교 교육의 성과를 바탕으로, 학생의 적성과 소질에 맞는 진로 개척 능력과 세계 시민으로서의 자질을 함양하는데 중점을 둔다.

(1) 성숙한 자아의식을 토대로 다양한 분야의 지식과 기능을 익혀 진로를 개척하며 평생학습의 기본 역량과 태도를 갖춘다.

(2) 학습과 생활에서 새로운 이해와 가치를 창출할 수 있는 비판적, 창의적 사고력과 태도를 익힌다.

(3) 우리의 문화를 향유하고 다양한 문화와 가치를 수용할 수 있는 자질과 태도를 갖춘다.

(4) 국가 공동체의 발전을 위해 노력하고, 더불어 살아가며 협동하는 세계 시민으로서의 자질과 태도를 기른다.

나. 편제와 단위 배당 기준

(1) 편제

(가) 고등학교 교육과정은 교과(군)와 창의적 체험활동으로 편성한다.

(나) 교과는 보통 교과와 전문 교과로 한다.

① 보통 교과는 기본 과목과 일반 과목, 심화 과목으로 구분한다. 보통 교과 영역은 기초, 탐구, 체육·예술, 생활·교양으로 구성하며, 교과(군)는 국어, 수학, 영어, 사회(역사/도덕 포함), 과학, 체육, 예술(음악/미술), 기술·가정/제2외국어/한문/교양으로 한다.

② 전문 교과는 농생명 산업, 공업, 상업 정보, 수산·해운, 가사·실업 등에 관한 교과로 한다.

(다) 창의적 체험활동은 자율 활동, 동아리 활동, 봉사 활동, 진로 활동으로 한다.

(2) 단위 배당 기준

(2)-① 일반 고등학교(자율 고등학교 포함)와 특수 목적 고등학교(산업수요 맞춤형 고등학교 제외)

【표 1】

	교과 영역	교과(군)	필수 이수 단위		학교자율과정
			교과(군)	교과 영역	
교과(군)	기초	국어	15 (10)	45 (30)	학생의 적성과 진로를 고려하여 편성
		수학	15 (10)		
		영어	15 (10)		
	탐구	사회(역사/도덕 포함)	15 (10)	35 (20)	
		과학	15 (10)		
	체육·예술	체육	10 (5)	20 (10)	
		예술(음악/미술)	10 (5)		
	생활·교양	기술·가정/제2외국어/한문/교양	16 (12)	16 (12)	
	소 계		116(72)		64
창의적 체험활동			24(408시간)		
총 이수 단위			204		

① 1단위는 50분을 기준으로 하여 17회를 이수하는 수업량이다.

② 1시간의 수업은 50분을 원칙으로 하되, 기후 및 계절, 학생의 발달 정도, 학습 내용의 성격 등과 학교 실정을 고려하여 탄력적으로 편성·운영할 수 있다.

③ 필수 이수 단위의 교과(군) 및 교과 영역 단위 수는 해당 교과(군) 및 교과 영역의 '최소 이수 단위'를 가리킨다.

④ 필수 이수 단위의 ( )안의 숫자는 특수 목적 고등학교 및 체육·예술 등 교육과정 편성·운영의 자율권을 인정받은 학교가 이수할 것을 권장한다.

⑤ 창의적 체험활동의 단위는 최소 이수 단위 이며 ( )안의 숫자는 이수

단위를 이수 시간 수로 환산한 것이다.

⑥ 총 이수 단위 수는 고등학교 3년간 이수해야 할 '최소 이수 단위'를 가리킨다.

(2)-② 특성화 고등학교와 산업수요 맞춤형 고등학교

【표 2】

<table>
<tr><th></th><th></th><th>교과 영역</th><th>교과(군)</th><th>필수 이수 단위</th><th>학교자율과정</th></tr>
<tr><td rowspan="10">교과(군)</td><td rowspan="9">보통 교과</td><td rowspan="3">기초</td><td>국어</td><td rowspan="3">25</td><td rowspan="10">학생의 적성 · 진로와 산업계 수요를 고려하여 편성 (34)</td></tr>
<tr><td>수학</td></tr>
<tr><td>영어</td></tr>
<tr><td rowspan="2">탐구</td><td>사회(역사/도덕 포함)</td><td rowspan="2">15</td></tr>
<tr><td>과학</td></tr>
<tr><td rowspan="2">체육 · 예술</td><td>체육</td><td rowspan="2">10</td></tr>
<tr><td>예술(음악/미술)</td></tr>
<tr><td>생활 · 교양</td><td>기술 · 가정/제2외국어/
한문/교양</td><td>10</td></tr>
<tr><td colspan="2">소 계</td><td>60</td></tr>
<tr><td>전문 교과</td><td colspan="2">농생명 산업, 공업, 상업 정보,
수산 · 해운, 가사 · 실업 등</td><td>86</td></tr>
<tr><td colspan="4">창의적 체험활동</td><td colspan="2">24(408시간)</td></tr>
<tr><td colspan="4">총 이수 단위</td><td colspan="2">204</td></tr>
</table>

① 1단위는 50분을 기준으로 하여 17회를 이수하는 수업량이다.

② 1시간의 수업은 50분을 원칙으로 하되, 기후 및 계절, 학생의 발달 정도, 학습 내용의 성격 등과 학교 실정을 고려하여 탄력적으로 편성 · 운영할 수 있다.

③ 교과 영역별 필수 이수 단위는 '최소 이수 단위'이며 계열, 학교 및 학과의 특성을 고려하여 편성하되, 교과 영역별로 교과(군)을 균형 있게 편성한다.

④ 창의적 체험활동의 단위는 최소 이수 단위 이며 ( )안의 숫자는 이수

단위를 이수 시간 수로 환산한 것이다.

⑤ 총 이수 단위 수는 고등학교 3년간 이수해야 할 '최소 이수 단위'를 가리킨다.

(3) 보통 교과

【표 3】

교과 영역	교과(군)	과 목		
		기본	일반	심화
기초	국어		국어Ⅰ, 국어Ⅱ, 화법과 작문, 독서와 문법, 문학, 고전	
	수학	기초 수학	수학Ⅰ, 수학Ⅱ, 확률과 통계, 미적분Ⅰ, 미적분Ⅱ, 기하와 벡터	고급 수학Ⅰ 고급 수학Ⅱ
	영어	기초 영어	실용 영어Ⅰ, 실용 영어Ⅱ, 실용 영어 회화, 실용 영어 독해와 작문, 영어Ⅰ, 영어Ⅱ, 영어 회화, 영어 독해와 작문	심화 영어, 심화 영어 회화Ⅰ, 심화 영어 회화Ⅱ, 심화 영어 독해Ⅰ, 심화 영어 독해Ⅱ, 심화 영어 작문
탐구	사회 (역사/도덕 포함)		사회, 한국 지리, 세계 지리, 한국사, 동아시아사, 세계사, 경제, 법과 정치, 사회·문화	국제 정치, 국제 경제, 국제 관계와 국제 기구, 세계 문제, 비교 문화, 사회 과학 방법론, 한국의 사회와 문화, 국제법, 지역 이해, 인류의 미래 사회, 과제 연구
			생활과 윤리, 윤리와 사상	
	과학		과학, 물리Ⅰ, 물리Ⅱ, 화학Ⅰ, 화학Ⅱ, 생명 과학Ⅰ, 생명 과학Ⅱ, 지구 과학Ⅰ, 지구 과학Ⅱ	고급 물리, 물리 실험, 고급 화학, 화학 실험, 고급 생명 과학, 생명 과학 실험, 고급 지구 과학, 지구 과학 실험, 환경 과학, 과학사 및 과학 철학, 정보 과학, 과제 연구
체육·예술	체육		운동과 건강 생활, 스포츠 문화, 스포츠 과학	스포츠 개론, 체육과 진로 탐구, 육상 운동, 체조 운동, 수상 운동, 개인 및 대인 운동, 단체 운동, 체력 운동, 투기

					운동, 빙상 및 설상 운동, 표현 및 창작 운동, 스포츠경기 체력, 스포츠경기 기술, 스포츠경기 실습, 코칭론, 스포츠 경영·행정, 체육 전공 실기, 전공 지도 실습
	예술	예술 (음악/ 미술)		음악과 생활, 음악과 진로	음악 이론, 음악사, 시창·청음, 음악 전공 실기, 합창·합주, 공연 실습, 음악과 매체, 교양 실기
				미술창작, 미술문화	드로잉, 미술 이론, 미술사, 평면 조형, 입체 조형, 디자인·공예, 영상 미술, 미술 전공 실기
		예술			무용의 이해, 기초 한국 무용, 기초 발레, 기초 현대 무용, 무용 전공 실기, 무용 음악, 무용 감상과 비평, 안무
					문학 개론, 문장론, 고전 문학 감상, 현대 문학 감상, 시 창작 입문, 소설 창작 입문, 문예 창작 전공 실기
					연극의 이해, 연기, 무대 기술, 연극 제작 실습, 연극 감상과 비평, 영화의 이해, 영화기술, 영화 창작과 표현, 영화 제작 실습, 영화 감상과 비평
					사진의 이해, 기초 촬영, 중급 촬영, 암실 실기, 사진 편집, 디지털 사진 촬영, 디지털 사진 표현 기법, 사진 감상과 비평
생활 · 교양	기술·가정/ 제2외국어/ 한문/ 교양			기술·가정	농업 생명 과학, 공학 기술, 가정 과학, 경영 일반, 해양 과학, 정보
				독일어Ⅰ, 독일어Ⅱ	독일어 회화Ⅰ, 독일어 회화Ⅱ, 독일어 독해Ⅰ, 독일어 독해Ⅱ, 독일어 작문, 독일어권 문화

			프랑스어Ⅰ, 프랑스어Ⅱ,	프랑스어 회화Ⅰ, 프랑스어 회화Ⅱ, 프랑스어 독해Ⅰ, 프랑스어 독해Ⅱ, 프랑스어 작문, 프랑스어권 문화
			스페인어Ⅰ, 스페인어Ⅱ,	스페인어 회화Ⅰ, 스페인어 회화Ⅱ, 스페인어 독해Ⅰ, 스페인어 독해Ⅱ, 스페인어 작문, 스페인어권 문화
			중국어Ⅰ, 중국어Ⅱ,	중국어 회화Ⅰ, 중국어 회화Ⅱ, 중국어 독해Ⅰ, 중국어 독해Ⅱ, 중국어 작문, 중국 문화
			일본어Ⅰ, 일본어Ⅱ,	일본어 회화Ⅰ, 일본어 회화Ⅱ, 일본어 독해Ⅰ, 일본어 독해Ⅱ, 일본어 작문, 일본 문화
			러시아어Ⅰ, 러시아어Ⅱ,	러시아어 회화Ⅰ, 러시아어 회화Ⅱ, 러시아어 독해Ⅰ, 러시아어 독해Ⅱ, 러시아어 작문, 러시아 문화
			아랍어Ⅰ, 아랍어Ⅱ	아랍어 회화Ⅰ, 아랍어 회화Ⅱ, 아랍어 독해Ⅰ, 아랍어 독해Ⅱ, 아랍어 작문, 아랍 문화
			베트남어Ⅰ, 베트남어Ⅱ	베트남어 회화Ⅰ, 베트남어 회화Ⅱ, 베트남어 독해Ⅰ, 베트남어 독해Ⅱ, 베트남어 작문, 베트남 문화
			한문Ⅰ, 한문Ⅱ	
			철학, 논리학, 심리학, 교육학, 종교학, 진로와 직업, 보건, 환경과 녹색성장, 실용 경제	

① 일반 과목의 기본 단위 수는 5단위이며, 각 과목별로 1단위 범위 내에서 증감 운영이 가능하며, 가능한 한 한 학기에 이수하도록 한다. 단, 생활·교양 교과영역의 교양 교과(군)에 속하는 과목의 경우 3단위 범위 내에서 증감 운영할 수 있다.

② 특성화 고등학교와 산업수요 맞춤형 고등학교의 경우 일반 과목의 기본 단위 수는 5단위이며, 과목별로 3단위 범위 내에서 증감 운영

할 수 있다.

③ 기본 과목과 심화 과목의 이수 단위는 시 · 도 교육감이 정한다.

④ 위 표에 제시된 과목 중 사회(역사/도덕 포함) 교과(군)의 '한국사'는 반드시 이수한다.

⑤ 예술계열 고등학교 이외의 고등학교에서 예술(음악/미술)은 음악과 미술 교과를 중심으로 편성 · 운영한다.

(4) 전문 교과

【표 4】

교 과	과 목				기준 학과
농생명 산업	농업 이해 생명 공학 기술 작물 생산 기술 원예 기술 대 가축 관리 조경 농촌과 농지 개발 농업 기계 공작 식품 위생 농산물 유통 관리 관광 농업	농업 기초 기술 농업 영어 원예 원예 전문 생산 빈려 동물 관리 조경 설계 농업 토목 제도·설계 농업 기계 운전·작업 농산 식품 가공 농산물 유통 실무 성공적인 직업생활*	농업 정보 관리 친환경 농업 생활 원예 동물 자원 숲과 인간 조경 시공 관리 농업 토목 시공·측량 농업 기계 정비 축산·수산 식품 가공 환경 보전	농업 경영 재배 생산 자재 중소 가축 관리 신림 자원 기술 농업과 물 농업 기계 식품 과학 농산물 유통 환경 관리	식물자원과 동물자원과 산림자원과 조경과 농업토목과 농업기계과 식품가공과 농산물유통정보과 환경·관광농업과 생명공학기술과
공업	공업 일반 전문 제도 기계 공작법 공작 기계 전자 기계 회로 로봇 제작 주조 전력 설비 전자 회로 정보 통신 프로그래밍 토목 설계 지적 실무 건축 목공 색채 관리 시각 디자인 제조 화학	기초 제도 기계 일반 유체 기계 산업 설비 전자 기계 공작 재료 일반 금속 처리 전기·전자 측정 전자 기기 통신 시스템 디지털 논리 회로 토목 재료·시공 공간 정보 건축 구조체 시공 조형 컴퓨터 그래픽 분석 화학	정보기술과 활용 전기와 생활 공기 조화 설비 금형 제작 전자 기계 제어 금속 제조 전기 회로 전기 응용 전자·전산 응용 컴퓨터 구조 측량 수리·토질 건축 구조 건축 마감 시공 제품 디자인 공업 화학 파인 세라믹	공업 영어 기계 구조와 기능 기계 기초 공작 전자 기계 이론 로봇 기초 재료 가공 전기 기기 자동화 설비 통신 일반 시스템 프로그래밍 역학 지적 전산 건축 계획 디자인 일반 공예 단위조작·공정제어 세라믹 재료	기계과 전자기계과 금속재료과 전기과 전자과 통신과 컴퓨터응용과 토목과 건축과 디자인과 화학공업과 환경공업과 세라믹과 식품공업과 섬유과 인쇄과 자동차과

	세라믹 원리·공정 식품 공업 기술 염색·가공 제판 실제 자동차 섀시 선박 이론 항공기 기체 인간과 환경 컴퓨터 게임 기획 애니메이션 제작 방송 시스템	스마트 세라믹 섬유 재료 인쇄의 이해 사진 자동차 전기·전자 제어 선박 구조 항공기 기관 수질 관리 컴퓨터 게임 프로그래밍 만화 창작	발효 공업 방적·방사 인쇄 재료 디지털 인쇄 건설기계 구조·정비 선박 건조 항공기 장비 대기·소음 방지 컴퓨터 게임 그래픽 영화·방송 제작	식품 분석 제포·봉제 아날로그 인쇄 자동차 기관 자동차 차체 수리 항공기 일반 항공기 전자 장치 폐기물 처리 만화·애니메이션기초 촬영·조명	조선과 항공과 컴퓨터게임과 만화·애니메이션과 영상제작과
상업 정보	상업 경제 기업 자원 통합 관리 회계 정보 처리 시스템 자료 구조 상업 디자인 일반 전자 상거래 일반 웹 프로그래밍 창업 일반	회계 원리 재무 회계 글로벌 경영 모바일 콘텐츠 상업 디자인 실무 전자 상거래 실무 금융 일반 컴퓨터 일반	마케팅 원가 관리 회계 비즈니스 영어 프로그래밍 실무 유통 관리 미디어 콘텐츠 일반 금융 실무	기업과 경영 세무 회계 국제 상무 사무 관리 실무 물류 관리 미디어 콘텐츠 실무 커뮤니케이션 실무	경영정보과 회계정보과 무역정보과 유통정보과 정보처리과 콘텐츠개발과 전자상거래과 상업디자인과 관광경영과 금융정보과
수산·해운	수산 일반 수산 생물 양식 생물 질병 냉동 일반 선박 보조 기계 항해 선화 운송 생선회 실무 해양 플랜트 일반	해사 일반 수산 경영 일반 수산 가공 냉동 공조 기기 선박 전기·전자 선박 운용 전자 통신 기초 해양 레저·관광	해양의 이해 해양 생산 기술 수산물 유통 냉동 공조 실무 기계 설계·공작 해사 법규 전자 통신 기기 해양 물류 일반	수산·해운 산업 기초 수산 양식 해양 오염·방제 열기관 잠수 기술 해사 영어 전자 통신 운용 해양 정보 관리	해양생산과 수산양식과 자영수산과 수산식품과 해양환경과 냉동공조과 동력기계과 항해과 전자통신과 해양레저산업과 항만물류과 해양정보과
가사·실업	인간 발달 한국 조리 의복 재료·관리 자수와 편물 디스플레이 아동 생활 지도 관광 외식·조리 간호의 기초 노인 생활 지원 공중 보건	생활 서비스 산업의 이해 동양 조리 패션 디자인 주거 보육 원리와 보육 교사 관광 일반 관광 영어 보건 간호 헤어 미용	식품과 영양 서양 조리 한국 의복 구성 실내 디자인 보육과정 관광 경영 실무 관광 일본어 기초 간호 임상 실무 피부 미용	급식 관리 제과·제빵 서양 의복 구성 가구 디자인 놀이 지도 관광 서비스 실무 관광 중국어 복지 서비스의 기초 메이크업	조리과 의상과 실내디자인과 보육과 관광과 간호과 복지서비스과 미용과

① 전문 교육을 주로 하는 특성화 고등학교에서는 다음 과목을 필수로 이수한다.

㉮ 농생명 산업 계열 : 농업 이해, 농업 기초 기술

㉯ 공업 계열 : 공업 일반, 기초 제도

㉰ 상업 정보 계열 : 상업 경제, 회계 원리

㉱ 수산·해운 계열 : 해양의 이해, 수산·해운 산업 기초

㉲ 가사·실업 계열 : 인간 발달, 생활 서비스 산업의 이해

② '성공적인 직업생활*'은 모든 계열에서 선택할 수 있다.

③ 전문 교과의 각 과목에 대한 이수 단위는 시·도 교육감이 정한다.

나. 고등학교 교육과정 편성·운영의 중점

(1) 공통 지침

(가) 고등학교 교육과정의 총 이수 단위는 204단위이며 교과(군) 180단위, 창의적 체험활동 24단위(408시간)로 나누어 편성한다.

(나) 교과의 이수 시기와 단위는 학교에서 자율적으로 편성·운영할 수 있다.

(다) 교육 효과를 높이기 위해 학생의 학기당 이수 과목 수를 8개 이내로 편성하도록 한다. 단, 체육, 예술(음악/미술)과목은 8개 이내에서 제외하여 편성할 수 있다.

(라) 선택 과목 중에서 위계성을 갖는 과목의 경우 계열적 학습이 되도록 편성한다. 단, 학교의 실정 및 학생의 요구, 과목의 성격에 따라 탄력적으로 운영할 수 있다.

(마) 선택 과목은 학교의 실정과 학생들의 요구를 반영하여 편성하되, 학교는 필요에 따라 이 교육과정에 제시되어 있는 과목 외에 새로운 과목을 개설할 수 있다. 새로운 과목을 개설하여 운영하고자 할 경우에는 시·도 교육청의 교육과정 편성·운영 지침에 의거하여 사전에 필요한 절차를 거쳐야 한다.

(바) 일정 규모 이상의 학생이 이 교육과정의 편제에 있는 특정 선택 과목의 개설을 요청할 경우, 학교는 이를 개설해야 한다.

(사) 학교에서 개설하지 않은 선택 과목 이수를 희망하는 학생이 있을 경

우 그 과목을 개설한 다른 학교에서의 이수를 인정하도록 한다.

(아) 학교 및 학생의 필요에 따라 지역 사회의 학습장에서 행하는 학습을 이수 과목으로 인정할 수 있다. 다만 이 경우 시 · 도 교육청이 정하는 지침에 따른다.

(자) 학교는 필요에 따라 대학과목 선이수제의 과목을 개설할 수 있고, 국제적으로 공인받은 교육과정과 과목을 선택 과목으로 인정할 수 있다. 다만, 이와 관련된 구체적인 사항은 시 · 도 교육청의 지침에 따른다.

(차) 학교는 필요에 따라 교과의 총 이수 단위를 증배 운영할 수 있다. 단, 특성화 고등학교와 산업수요 맞춤형 고등학교는 전문 교과에서, 초 · 중등교육법 시행령 제90조 제1항의 제5호 내지 제7호에 해당하는 특수 목적 고등학교는 보통 교과의 심화 과목에 한하여 증배 운영할 수 있다.

(카) 학교는 학생이 3년간 이수해야 할 학년별, 학기별 과목을 편성하여 안내해야 한다.

(2) 일반 고등학교(자율 고등학교 포함)

(가) 교과(군)의 이수 단위 180단위 중 필수 이수 단위는 116단위 이상으로 한다.

(나) 초 · 중등교육법 시행령 제76조2의 제1항과 제4항에서 규정하는 일반 고등학교와 자율 고등학교에서는 보통 교과의 기본 과목, 일반 과목, 심화 과목을 중심으로 개설한다.

(다) 학생의 진로 과정을 고려하여 교과(군)별 최소 필수 이수 단위 수로 편성할 수 있으나, 교과 영역별로 제시된 단위 수를 편성 · 운영하여야 한다.

(라) 일반 고등학교에서 체육, 음악, 미술 등의 과정을 개설하거나 자율 학교로 지정된 학교의 경우 교과(군) 최소 이수 단위인 72단위로 편성 · 운영할 수 있다.

(마) 학교는 학생의 요구 및 흥미, 적성 등을 고려하여 진로를 적절히 안내할 수 있는 진로 집중 과정을 편성 · 운영하도록 한다. 이를 위해 학교

는 이 교육과정에 제시하는 '학교자율과정'에서 진로 집중 과정과 관련된 과목의 심화학습이 이루어질 수 있도록 편성 · 운영한다.

(바) 과학, 수학, 사회, 영어, 예술, 체육 등 교과를 중심으로 중점 학교를 운영할 수 있으며 이 경우, 학교자율과정의 50% 이상을 관련 교과목으로 편성할 수 있다.

(사) 체육, 음악, 미술 등의 과정을 개설하는 학교의 경우, 필요에 따라 지역 내 중점 학교 및 지역 사회 학습장 등을 활용할 수 있다.

(아) 일반 고등학교에서 직업에 관한 과정을 운영할 수 있으며, 이와 관련된 세부 지침은 시 · 도교육청에서 정한다.

(자) 학교에서 제2외국어 과목을 개설할 경우, 2개 이상의 과목을 동시에 개설하도록 노력해야 한다.

(3) 특수 목적 고등학교

(가) 특수 목적 고등학교는 교과(군)의 이수 단위 180단위 중 보통 교과 필수 이수 단위는 72단위 이상으로 편성하며, 보통 교과의 심화 과목을 80단위 이상 편성한다.

(나) 국제 계열 고등학교는 전공 관련 보통 교과의 심화 과목과 영어 및 제2외국어 교과의 심화 과목에서 80단위 이상 이수하되, 전공 관련 보통 교과에서 50% 이상 편성한다.

(다) 외국어 계열 고등학교에서는 보통 교과 심화 과목 총 이수 단위의 60% 이상을 전공 외국어로 하고, 전공 외국어 포함 2개 외국어로 보통 교과 심화 과목을 편성해야 한다.

(라) 이 교육과정에 명시되지 아니한 계열의 교육과정은 유사 계열의 교육과정에 준한다. 부득이 새로운 계열의 설치 및 그에 따른 교육과정을 편성할 경우와 학교의 실정에 따라 새로운 과목을 설정하여 운영하고자 할 경우에는 시 · 도 교육청의 교육과정 편성 · 운영 지침에 의거하여 사전에 필요한 절차를 거쳐야 한다.

(4) 특성화 고등학교 및 산업수요 맞춤형 고등학교

(가) 학교는 산업수요와 직업을 고려하여 학과를 개설하고, 학생의 취업 역량과 경력 개발을 고려하여 다음과 같이 교육과정을 편성·운영한다.

① 학교는 교과(군)의 이수 단위 180단위 중 보통 교과를 60단위 이상, 전문 교과를 86단위 이상 편성한다.

② 학생의 학기당 이수 과목 수를 8개 이내로 편성하도록 하되 실습 중심 과목은 제외한다.

③ 전문 교과는 학생의 경력 개발과 학과의 특성을 고려하여 필수 과목과 선택 과목 등으로 구분하여 편성하고, 전문 역량 향상을 위해 기초 지식과 실무 중심의 교육으로 운영한다.

④ 학교 자율 과정은 학교의 특성과 교육목표에 적합한 산업계 및 학생의 수요를 반영하여 학생의 경력 개발을 위한 교과를 편성·운영한다.

(나) 학과에 따라서는 세부 전공을 개설할 수 있으며, 세부 전공별로 전문 교과를 편성할 수 있다.

(다) 교과 내용은 학교 교육목표와 산업계의 수요 등을 고려하여 교과의 주제나 내용요소를 추가 구성할 수 있으며, 이에 적합한 다양한 교수·학습 활동과 평가를 연계하여 실시한다.

(라) 직업 기초 능력, 직업 윤리, 산업 안전 보건, 노동 관계법 등의 교육은 교과 또는 창의적 체험활동 등과 연계하여 실시할 수 있다. 특히, 실습 관련 교과를 지도할 경우에는 사전에 수업 내용과 관련된 산업안전보건 등에 대한 교육을 실시하여야 하고, 안전 장구를 착용하는 등 안전 조치를 취해야 한다.

(마) 전문 교과의 기초가 되는 과목을 선택하여 이수할 경우, 이를 해당 보통 교과의 이수로 간주할 수 있다.

(바) 내용이 유사하거나 관련되는 보통 교과의 과목과 전문 교과의 과목은 교체하여 편성·운영할 수 있다.

(사) 전문 교과는 필요한 경우 다른 계열의 전문 과목을 선택하여 편성·운영할 수 있다.

(아) 학과별 필수 과목은 필요한 경우 학교장이 정할 수 있으며, 2개 이상의 계열을 운영하는 경우, 해당 학과가 속한 계열의 필수 과목을 이수한다.

(자) 학교에서 배운 지식과 기술을 경험하고 적용함으로써 다양한 직업적 체험과 현장 적응력 제고 등을 위해 교육과정의 일환으로서 현장 실습을 운영하여야 한다.

① 현장 실습은 교육과정과 관련이 있는 직무를 경험할 수 있도록 운영하며, 학교 또는 학교와 산업계가 과정과 결과를 평가하도록 한다.

② 현장 실습은 다양한 형태로 운영할 수 있으며, 이와 관련된 구체적인 사항은 시 · 도 교육청이 정한 지침에 따른다.

(차) 창의적 체험활동은 학생의 진로 및 경력 개발, 인성 개발, 취업 역량 제고 등을 목적으로 차별화된 프로그램을 운영할 수 있다.

(카) 특성화 고등학교 외에 직업교육 관련 학과를 설치 · 운영할 경우, 특성화 고등학교의 편성 · 운영 지침에 따른다.

(타) 산업수요 맞춤형 고등학교는 산업계의 수요에 직접 연계된 맞춤형 교육과정을 운영하며, 산업계의 수요를 교육에 직접 반영하기 위하여 필요한 경우, 교육과학기술부 장관이 고시하는 교육과정과 다르게 자율적으로 교육과정을 편성 · 운영할 수 있다.

(파) 이 교육과정에 명시되지 아니한 계열의 교육과정은 유사 계열의 교육과정에 준한다. 부득이 새로운 계열의 설치 및 그에 따른 교육과정을 편성할 경우와 학교의 실정에 따라 새로운 과목을 설정하여 운영하고자 할 경우에는 시 · 도 교육청의 교육과정 편성 · 운영 지침에 의거하여 사전에 필요한 절차를 거쳐야 한다.

4. 학교 급별 공통 사항

가. 편성·운영

(1) 학교는 이 교육과정을 바탕으로 학교 실정에 알맞은 학교 교육과정을 편성 · 운영한다.

(2) 학교는 학교 교육과정 편성·운영 계획을 바탕으로 학년 및 교과목별 교육과정을 편성할 수 있다.

(3) 학교 교육과정은 모든 교원이 전문성을 발휘하여 참여하는 민주적인 절차와 과정을 거쳐 편성·운영한다.

(4) 교육과정의 합리적 편성과 효율적 운영을 위하여 교원, 교육과정(교과교육) 전문가, 학부모 등이 참여하는 학교 교육과정 위원회를 구성하여 운영하며, 이 위원회는 학교장의 교육과정 운영 및 의사 결정에 관한 자문의 역할을 담당한다. 단, 특성화 고등학교와 산업수요 맞춤형 고등학교의 경우에는 산업계 인사가 참여하여야 한다.

(5) 학교 교육과정을 편성·운영함에 있어서는 교원의 조직, 학생의 실태, 학부모의 요구, 지역 사회의 실정 및 교육 시설·설비 등 교육 여건과 환경이 충분히 반영되도록 노력한다.

(6) 학교는 동학년 모임, 교과별 모임, 현장 연구, 자체 연수 등을 통해서 교사들의 교육 활동 개선이 이루어지도록 한다.

(7) 학교가 종교 과목을 개설할 때에는 종교 이외의 과목을 포함, 복수로 과목을 편성하여 학생에게 선택의 기회를 주어야 한다.

(8) 각 교과의 기초적, 기본적 요소들이 체계적으로 학습되도록 계획하고, 이를 일관성 있고 지속성 있게 지도한다.

(9) 각 교과목별 학습 목표를 모든 학생이 성취하도록 지도하고, 능력에 알맞은 성취가 가능하도록 다양한 학습의 기회와 방법을 제공하며, 이를 위한 계획적인 배려와 지도를 하여 학습 결손이 누적되거나 학습 의욕이 저하되지 않도록 노력한다.

(10) 공통 교육과정에서는 학생의 능력과 적성, 진로를 고려하여 교육 내용과 방법을 다양화 한다. 특히 국어, 사회, 수학, 과학, 영어 교과에서는 수준별 수업을 권장한다.

(11) 수준별 수업 운영을 위한 학습 집단은 학교의 여건이나 학생의 특성에 따라 다양하게 편성할 수 있으며, 학습 결손을 보충할 수 있도록 '특별 보충 수업'을 운영할 수 있다. 특별 보충 수업의 편성·운영에 관한 제반 사항은 학교가 자율적으로 결정한다.

(12) 교과 수업은 탐구적인 활동을 통하여 개념 및 원리를 이해하고, 이를 새로운 사태에 적용하는 기회를 많이 가지게 한다. 특히 여러 가지 자료를 활용한 정보 처리 능력을 가지도록 하는 데 힘쓴다.

(13) 개별적인 학습 활동과 더불어 소집단 공동 학습 활동을 중시하여 공동으로 문제를 해결하는 경험을 많이 가지게 한다.

(14) 각 교과 활동에서는 학습의 개별화가 이루어지도록 하고, 발표 · 토의 활동과 실험, 관찰, 조사, 실측, 수집, 노작, 견학 등의 직접 체험 활동이 충분히 이루어지도록 유의한다.

(15) 학교는 창의적 체험활동이 실질적 체험학습이 되도록 지역사회의 유관기관과 적극적으로 연계 · 협력해서 프로그램을 운영해야 한다.

(16) 교과와 창의적 체험활동의 효율적인 운영을 위하여 지역 사회의 인적, 물적 자원을 계획적으로 활용한다.

(17) 창의적 체험활동에 배당된 시간 수는 학생의 요구와 학교의 실정에 기초하여 융통성 있게 배정하여 운영할 수 있다.

(18) 교과와 창의적 체험활동의 내용 배열은 반드시 학습의 순서를 의미하는 것이 아닌 예시적인 성격을 지니고 있으므로, 필요한 경우에 지역의 특수성, 계절 및 학교의 실정과 학생의 요구, 교사의 필요에 따라 각 교과목의 학년별 목표에 대한 지도 내용의 순서와 비중, 방법 등을 조정하여 운영할 수 있다.

(19) 심신 장애 학생을 위한 특수 학급을 설치, 운영하는 경우, 학생의 장애 정도와 능력을 고려하여 이 교육과정을 조정 · 운영하거나, 특수학교 교육과정 및 교수 · 학습 자료를 활용할 수 있다.

(20) 다문화 학생을 위한 특별 학급을 설치·운영하는 경우 다문화 학생의 한국어 능력을 고려하여 이 교육과정을 조정·운영하거나, 한국어 교육과정 및 교수·학습 자료를 활용할 수 있다. 한국어 교육과정은 학교의 특성, 학생·교사·학부모의 요구 및 필요에 따라 주당 10시간 내외에서 운영할 수 있다.

(21) 학습부진아, 장애를 가진 학생, 귀국 학생, 다문화 가정 자녀 등이 학교에서 충실한 학습 경험을 누릴 수 있도록 특별한 배려와 지원을

하도록 한다.

(22) 교육 활동 전반을 통하여 남녀의 역할, 학력과 직업 등에 관한 편견을 가지지 않도록 지도한다.

(23) 범교과 학습 주제는 관련되는 교과와 창의적 체험활동 등 교육 활동 전반에 걸쳐 통합적으로 다루어지도록 하고 지역 사회 및 가정과의 연계 지도에도 힘쓴다.

민주 시민 교육, 인성 교육, 환경 교육, 경제 교육, 에너지 교육, 근로 정신 함양 교육, 보건 교육, 안전 교육, 성 교육, 소비자 교육, 진로 교육, 통일 교육, 한국 정체성 교육, 국제 이해 교육, 해양 교육, 정보화 및 정보 윤리 교육, 청렴·반부패 교육, 물 보호 교육, 지속 가능 발전 교육, 양성 평등 교육, 장애인 이해 교육, 인권 교육, 안전·재해 대비 교육, 저출산·고령 사회 대비 교육, 여가 활용 교육, 호국·보훈 교육, 효도·경로·전통 윤리 교육, 아동·청소년 보호 교육, 다문화 교육, 문화 예술 교육, 농업·농촌 이해 교육, 지적 재산권 교육, 미디어 교육, 의사소통·토론 중심 교육, 논술 교육, 한국 문화사 교육, 한자 교육, 녹색 교육, 독도 교육 등

(24) 학교에서는 교육과정에 제시되지 않은 사회 현안에 대해 학생들의 올바른 이해를 돕기 위하여 계기 교육을 실시할 수 있으며, 이 경우 계기 교육 지침에 따른다.

(25) 교과용 도서 이외의 교수·학습 자료는 교육청이나 학교에서 개발한 것 등을 사용할 수 있다.

(26) 각 교과의 특성에 맞는 다양한 학습이 이루어질 수 있도록 교과 교실제 운영을 활성화한다.

(27) 실험·실습이나 실기 지도에 있어서는 시설 및 기계·기구, 약품 사용의 안전에 유의하도록 한다.

(28) 학교는 학생과 학부모의 요구를 바탕으로 방과 후 학교 또는 방학 중 프로그램을 개설할 수 있으며, 학생들의 자발적인 참여를 원칙으로 한다.

(29) 학생이 건전한 생활 태도와 행동 양식을 갖추어 학습에 임할 수 있도록 학교 교육과정 전반을 통해 지도한다.

(30) 학생의 건전한 학교생활을 위해 가정 및 지역과 연계하여 지도한다.

나. 평가 활동

(1) 학교는 학교 교육과정 편성과 운영의 적합성, 타당성, 효과성을 자체 평가하여 문제점과 개선점을 추출하고, 다음 학년도의 교육과정 편성·운영에 그 결과를 반영한다.

(2) 학교에서 실시하는 평가 활동은 다음과 같은 사항을 고려해서 이루어지도록 한다.

(가) 평가는 모든 학생들이 교육 목표를 성공적으로 달성하기 위한 교육의 과정으로 실시한다.

(나) 학교는 다양한 평가 도구와 방법으로 성취도를 평가하여 학생의 목표 도달도를 확인하고, 수업의 질 개선을 위한 자료로 활용한다.

(다) 교과의 평가는 선택형 평가보다는, 서술형이나 논술형 평가 그리고 수행 평가의 비중을 늘려서 교과별 특성에 적합한 평가를 실시하도록 한다.

(라) 실험·실습의 평가는 교과목의 성격을 고려하여 합리적인 세부 평가 기준을 마련하여 실시한다.

(마) 정의적, 기능적, 창의적인 면이 특히 중시되는 교과의 평가는 타당한 평정 기준과 척도에 의거하여 실시한다.

(바) 학교와 교사는 학교에서 가르친 내용과 기능을 평가하도록 한다. 학생이 학교에서 배울 기회를 마련해 주지 않고, 학교 밖의 교육 수단을 통해서 익힐 수밖에 없는 내용과 기능은 평가하지 않도록 유의한다.

(사) 창의적 체험활동에 대한 평가는 창의적 체험활동의 내용과 특성을 감안하여 평가의 주안점을 학교에서 작성, 활용한다.

Ⅲ. 학교 교육과정 지원

1. 학교 교육과정 편성·운영 지원

가. 국가 수준 지원 사항

이 교육과정의 원활한 편성·운영을 위하여 국가 수준에서는 다음과 같이 평가하고 지원한다.

(1) 시·도 교육청의 교육과정 지원 활동과 단위학교의 교육과정 편성·운영 활동이 상호 유기적으로 이루어질 수 있도록 행·재정적 지원을 한다.

(2) 이 교육과정의 질 관리를 위하여 국가 수준에서는 주기적으로 학업 성취도 평가, 학교와 교육 기관 평가, 교육과정 편성·운영에 관한 평가를 실시한다.

㈎ 학업 성취도를 평가하기 위하여 교과별, 학년(군)별 학생 평가를 실시하고, 평가 결과는 교육과정의 적절성 확보와 그 개선에 활용한다. 특성화 고등학교 및 산업수요 맞춤형 고등학교에서는 교육과정의 특성을 고려하여 기초 학력과 평생 학습 역량 등의 강화를 위한 학업 성취도를 평가할 수 있으며, 평가 결과는 기초학력과 직업 기초 능력의 향상, 취업 역량 강화 등을 위해 활용할 수 있다.

㈏ 학교의 교육과정 편성·운영과 교육청의 교육과정 지원 상황을 파악하기 위하여 학교와 관련 교육청에 대한 평가를 주기적으로 실시한다.

㈐ 교육과정 편성·운영과 지원 체제의 적절성과 실효성을 평가하기 위한 연구를 수행한다.

(3) 국가 수준에서는 학교에서 교육과정의 정신을 구현한 평가 활동이 원활히 이루어질 수 있도록 다양한 방안을 강구해서 학교 현장에 제공해 주어야 한다.

㈎ 교과별로 '평가 기준'을 개발, 보급하여 학교가 교과 교육과정의 목표에 부합되는 평가를 실시할 수 있도록 한다.

㈏ 교과별 평가 활동에 활용할 수 있는 다양한 평가 방법, 절차, 도구

등을 개발하여 학교에 제공한다.

(4) 국가 수준에서는 산업과 직업 세계를 고려하여 기준 학과를 제시하고, 기준 학과별 국가 직무 능력 표준이나 직무 분석 결과에 기초하여 교육과정을 편성·운영할 수 있도록 지원하여야 한다.

나. 교육청 수준 지원 사항

이 교육과정의 원활한 편성·운영을 위하여 교육청은 다음과 같은 사항을 지원한다.

(1) 교육과정의 편성·운영에 관한 조사 연구와 자문 기능을 담당할 위원회를 구성하여 운영한다. 이 위원회에는 교원, 교육 행정가, 교육학 전문가, 교과 교육 전문가, 학부모, 지역 사회 인사, 산업체 인사 등이 참여할 수 있다.

(2) 지역의 특수성, 교육의 실태, 학생·교원·주민의 요구와 필요 등을 반영하여 교육 중점을 설정하고, 학교 교육과정 편성·운영 지침을 작성한다.

(3) 교육과정 편성·운영의 개선을 위한 연구학교를 운영하고, 수업 개선을 위한 연구 교사를 두어 교과별 연구회 활동을 적극적으로 지원한다.

(4) 학년군, 교과군 도입을 통한 단위학교 교육과정 자율 편성과 창의적 체험활동의 효율적인 운영을 위한 교육과정 컨설팅 등 지원 기구를 조직하여 교육과정 편성·운영을 위한 각종 자료를 연구, 개발하여 보급한다.

(5) 교원의 학교 교육과정 편성·운영 능력 향상과 교과와 창의적 체험활동에 대한 지도 능력 제고를 위하여 각급 학교 교원에 대한 연수 계획을 수립, 시행한다.

(6) 각급 학교가 새 학년도 시작에 앞서 교육과정 편성·운영에 관한 계획을 세울 수 있도록 교육과정 편성·운영 자료를 개발·보급하고, 교원의 전보를 적기에 시행한다.

(7) 학교 교육과정 편성과 운영을 위한 교육 시설, 설비, 자료 등의 정비 확충에 필요한 행·재정적인 지원을 한다.

(8) 학교가 지역사회의 유관기관과 적극적으로 연계·협력해서 교과, 창의적 체험활동을 내실 있게 운영할 수 있도록 지원하며, 관내 학교가 활용 가능한 '지역 자원목록'을 작성하여 제공하는 등 구체적인 지원 방안을 마련한다.

(9) 수준별 수업을 효율적으로 운영하도록 지원하며, 학습 결손을 보충할 수 있도록 '특별 보충 수업'을 운영하는 데 필요한 행·재정적인 지원을 한다.

(10) 개별학교의 희망과 여건을 반영하여 지역내 학교간 개설할 집중과정을 조정하고, 그 편성·운영을 지원한다. 특히, 소수 학생이 지망하는 집중과정을 개설할 학교를 지정하고, 원활한 교육과정 편성·운영을 위한 행·재정적 지원을 한다.

(11) 특정 분야에서 탁월한 재능을 보이는 학생과 학습 장애가 있는 학생들을 위한 교육 기회를 마련하고 지원한다.

(12) 귀국자 및 다문화 가정 자녀의 교육 경험의 특성과 배경을 고려하여 이 교육과정을 이수하는 데 어려움이 없도록 지원한다.

(13) 전·입학, 귀국 등에 따라 공통 교과를 이수하지 못한 학생들이 해당 교과를 이수할 수 있도록 다양한 기회를 마련해 주고, 학생들이 지역 사회의 공공성 있는 사회 교육 시설을 통해 이수한 과정을 인정해 주는 방안을 마련한다.

(14) 지역 사회와 학교의 여건에 따라 초등학교 저학년 학생을 학교에서 돌볼 수 있는 기능을 강화하고, 이에 대해 교육청은 특별한 배려와 지원을 하도록 한다.

(15) 교육과정에 제시되지 않은 교과목을 설치, 운영하는 경우에 대비하여, 교육청은 관련 지침을 학교에 제시해 주고, 학교로 하여금 필요한 사전 절차를 밟도록 지원한다.

(16) 복식 학급 운영 등 소규모 학교의 정상적인 교육과정 운영을 지원하기 위해서 교원의 배치, 학생의 교육받을 기회의 확충 등에 필요한 행·재정적인 지원을 한다.

(17) 학교 교육과정의 효과적 운영을 위하여 학생의 배정, 교원의 순회

및 수급, 학교 간 시설과 설비의 공동 활용, 자료의 공동 개발 활용에 관하여 학교 간 및 인접 교육청 간의 협조 체제를 구축한다.

(18) 학생의 교육활동에 필요한 교과용 도서의 인정, 개발, 보급을 위해 노력한다.

(19) 특성화 고등학교와 산업수요 맞춤형 고등학교는 개설 전공과 유사한 산업체와 협력하여 특성화된 교육과정과 실습과목을 편성·운영할 수 있으며, 학생의 현장 실습이 내실 있게 운영될 수 있도록 행·재정적 지원을 한다.

(20) 학교에 대한 교육과정 운영 지원 실태와 각급 학교의 교육과정 편성·운영 실태를 정기적으로 파악하고, 효과적인 교육과정의 운영과 개선 및 질 관리에 필요한 적절한 지원을 한다.

(21) 학교의 교육과정 편성·운영에 대한 질 관리 및 교육과정 편성·운영 체제의 적절성과 실효성을 높이기 위하여 학업 성취도 평가, 교육과정 편성·운영 평가 등을 실시할 수 있다.

2. 특수한 학교에서의 교육과정 편성과 운영

가. 초·중·고등학교에 준하는 학교의 교육과정은 이 교육과정에 따라서 편성·운영한다.

나. 국가가 설립 운영하는 학교의 교육과정은 해당 시·도 교육청의 편성·운영 지침을 참고하여 학교장이 편성한다.

다. 공민학교, 고등 공민학교, 고등기술학교, 근로 청소년을 위한 특별 학급 및 산업체 부설 학교, 기타 특수한 학교는 이 교육과정을 바탕으로 학교의 실정과 학생의 특성에 알맞은 학교 교육과정을 편성하고, 시·도 교육감의 승인을 얻어 운영한다.

라. 야간 수업을 하는 학교의 교육과정은 이 교육과정을 따르되, 다만 단위 수업 시간을 40분으로 단축하여 운영할 수 있다.

마. 방송통신중학교 및 방송통신고등학교는 이 교육과정에 제시된 중학교 및 고등학교 교육과정을 따르되, 시·도 교육감의 승인을 얻어 이

교육과정의 편제와 시간·단위 배당 기준을 다음과 같이 조정하여 운영할 수 있다.

(1) 편제와 시간·단위 배당 기준은 중학교 및 고등학교 교육과정에 준하되, 중학교는 2,652시간 이상, 고등학교는 162단위 이상 이수하도록 한다.

(2) 〈삭제〉

(3) 학교 출석 수업 일수는 연간 20일 이상으로 한다.

바. 특성화 학교, 자율 학교 등 법령에 의거하여 교육과정 편성·운영의 자율성이 부여되는 학교의 경우에는 학교의 설립 목적 및 특성에 따른 교육이 가능하도록 교육과정 편성·운영의 자율권을 부여하고, 이와 관련한 구체적인 사항은 시·도교육청의 지침에 따른다.

사. 교육과정의 연구 등을 위해 새로운 방식으로 교육과정을 편성, 운영하고자 하는 학교는, 교육과학기술부 장관의 승인을 받아 이 교육과정의 기준과는 다르게 학교 교육과정을 편성·운영할 수 있다.

공저자소개

권낙원

공주사범대학 교육학과(문학사)
서울대학교 교육대학원 교육심리 전공(교육학 석사)
미국 미네소타 대학교 대학원 교육과정 및 수업 전공(Ph.D.)
한국교육개발원 연구원, 주임연구원, 책임연구원
중학교 특별활동교과용도서 심의회 심의위원 역임
학습자중심 교과교육학회 회장 역임
한국교원대학교 제1대학장 역임
현 한국교원대학교 교육학과 명예교수

현장교사를 위한 수업모형(2010, 공저)
수업모형(2010, 역)
교사전문성으로서의 수업의 윤리적 측면(2009)
은유분석을 통한 교사상 분석(2008)
교수-학습이론의 이해(2006, 공저, 문화관광부 우수 학술 도서 선정) 외 다수

민용성

한국교원대학교 초등교육과(교육학사)
한국교원대학교 대학원 교육학과 교육과정 전공(교육학 석사)
한국교원대학교 대학원 교육학과 교육과정 전공(교육학 박사)
현 한국교육과정평가원 연구위원

교과 교육내용의 적합성 준거 개발(2011)
2009 개정 고등학교 교육과정의 '학교자율과정' 편성 현황 분석 및 시사점 탐색(2011, 공동)
2009 개정 고등학교 교육과정의 편성운영 실태 분석 연구(2011, 공동)
주5일 수업제 시행에 대비한 초등학교 수업일수 및 수업시수 국제 비교(2010, 공동)
학교 교육과정 개발론(2008, 공저) 외 다수

한희정

한국교원대학교 초등교육과(교육학사)
한국교원대학교 대학원 교육학과 교육과정 전공(교육학 석사)
한국교원대학교 대학원 교육학과 교육과정 전공(교육학 박사)
미국 몬타나 대학교 맨스필드센터, 교환연구원
현 부산 성전초등학교 교사, 한국교원대학교 강사

교육과정 재구성력 지표로서 PCK 표상 탐색(2010)
구성주의적 교육과정 설계를 위한 인지적 교수도구로서 ICT 활용 가능성 탐색
(2007, 공동)
ICT 활용 영어교육(2004, 공저) 외 다수

최화숙
한국교원대학교 독일어교육과 졸업(교육학사)
한국교원대학교 대학원 교육학과 교육과정 전공(교육학 석사)
한국교원대학교 대학원 교육학과 교육과정 전공(교육학 박사)
현 서남대학교 교직과 교수

교육과정의 이해(2010, 공저)
현장교사를 위한 수업모형(2010, 공저)
학교교육과정 개발 연구 동향과 시사점(2010, 공동)
다문화 사회에 대응하는 학교교육과정 개발 방향 탐색(2009, 공동)
도행지(陶行知)의 학습자중심 교육과정 구성 원리 탐색(2009, 공동) 외 다수

이재철
한국교원대학교 기술교육과 졸업(교육학사)
고려대학교 대학원 교육학과 교육과정 전공(교육학 석사)
한국교원대학교 대학원 교육학과 교육과정 전공(교육학 박사)
현 경기도 여주여자중학교 교사, 한국교원대학교 강사

노인봉사활동이 청소년의 진로발달에 미치는 효과(2011, 공동)
청소년단체활동과 사회성 발달과의 관계(2004, 공동) 외 다수

교육과정

2011년 12월 30일 초 판 1쇄 발행
2020년 3월 10일 초 판 7쇄 발행

공저자 / 권낙원 · 민용성 · 한희정 ·
최화숙 · 이재철
발행인 / 이 중 수
발행처 / **동 문 사**

저 자
인 지

서울특별시 서대문구 홍제동 137-8
Tel : (02) 736-3718(대), 736-3710, 3720
Fax : (02) 736-3719
등록번호 : 제9-17호
가격 : 18,000원

ISBN : 978-89-8251-510-1 (93370)
E-mail : dong736@naver.com
www.dongmunsa.com